LE ROI
LOUIS-PHILIPPE

— PARIS —

IMPRIMÉ PAR J. CLAYE ET Cᵉ
RUE SAINT-BENOIT, 7

Peint par Winterhalter. — Dessiné par Staal. — Gravé par Pannier.

Louis Philippe

LE ROI
LOUIS-PHILIPPE

LISTE CIVILE

PAR

M. LE COMTE DE MONTALIVET

NOUVELLE ÉDITION
ENTIÈREMENT REVUE ET CONSIDÉRABLEMENT AUGMENTÉE DE NOTES
PIÈCES JUSTIFICATIVES ET DOCUMENTS INÉDITS

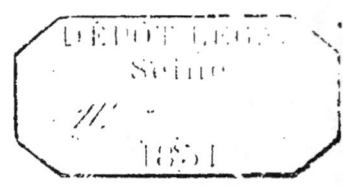

PARIS

MICHEL LÉVY FRÈRES, ÉDITEURS

RUE VIVIENNE, 2 BIS.

1851

AVANT-PROPOS

AVANT-PROPOS

Un an s'est à peine écoulé depuis la mort du roi Louis-Philippe : la justice qu'il espérait fermement de l'avenir, est venue pour sa mémoire le lendemain du jour où il avait cessé de vivre. Le prince mort a triomphé des calomniateurs qui l'avaient vaincu pendant sa vie ; et la défense du roi, qui trouvait tant d'incrédules aux jours de sa puissance, est devenue facile lorsque la tombe s'est ouverte pour mettre un terme aux douleurs de l'exil. De là le succès de ces pages dédiées au roi que j'ai aimé et servi.

Mon livre a été lu, et nul n'a récusé mon témoignage [1].

Le plus élevé, le plus saint de tous les suffrages, est venu consacrer mes travaux. La reine a reconnu Louis-Philippe tout entier, dans le portrait que j'en avais tracé.

Si je place le portrait sous la protection de ces récents souvenirs, ce n'est pas, assurément, pour proclamer le mérite du peintre, mais pour attester la sincérité de l'œuvre; c'est surtout pour expliquer comment, pressé par d'honorables instances, je n'ai pas dû

---

[1]. Aucune publicité n'a fait défaut à cet écrit, pas même celle de la contrefaçon étrangère. Plus de cent journaux français en ont répété les parties les plus importantes. Soixante l'ont reproduit tout entier dans une série de publications successives.

hésiter à rendre, par des développements nouveaux, la vérité plus complète.

Une seule critique bien faite pour me toucher, s'est mêlée à l'assentiment général manifesté par le silence des uns, constaté par le suffrage du plus grand nombre. Elle peut se résumer en ces termes : Pourquoi avoir parlé si tard? Pourquoi sous le règne de Louis-Philippe avoir retenu tant de vérités si propres à éclairer la conscience publique? On eût évité par là de fatales erreurs, et prévenu peut-être leurs plus cruelles conséquences.

Certaines consciences s'accommoderaient fort aujourd'hui de déplacer les responsabilités et de pouvoir offrir leur ignorance comme excuse d'une opposition personnelle et fatale. Je ne saurais, en ce qui me concerne, faire cette concession aux embarras d'une situation que je n'ai pas à ménager. Bien plus, je me dois à moi-même de protester hautement contre le reproche d'avoir gardé un silence condamnable, alors même que le dédain de Louis-Philippe pour la calomnie m'en eût fait une loi. J'ai proclamé à plusieurs reprises les faits qu'on prétend connaître aujourd'hui pour la première fois; à plusieurs reprises je me suis efforcé de les faire pénétrer dans la conscience publique. Mais hélas! ces vérités devant lesquelles on s'incline aujourd'hui, on affectait de les traiter alors de pieux mensonges ; dans ce témoignage même que l'équivoque approbation de certains opposants rendait au dévouement d'un serviteur fidèle, on trouvait un argument pour imposer à l'opinion des masses le doute et l'incrédulité. Que ma parole ait alors manqué d'autorité, je le concède facilement à mes adversaires; mais qu'ils ne cherchent pas à excuser par une assertion sans fondement, la foi plus ou moins sincère qu'ils ont accordée à de fatales calomnies. A dix années de distance, en 1837 à la chambre des députés, en 1847 à la chambre des pairs, ce sont les mêmes faits que j'ai invoqués, les mêmes vérités que j'ai mises en lumière.

Dans la séance de la chambre des députés du 27 avril 1837, j'insistai avec force sur l'insuffisance des revenus cumulés de la Liste civile et du domaine privé pour faire face aux obligations de la couronne. Je saisis cette occasion de faire connaître le généreux usage auquel le roi Louis-Philippe consacrait la totalité de ses ressources personnelles. J'abordai à la tribune toutes les questions que j'ai développées plus tard dans cet écrit. — Je rappelai, aux applaudissements de la chambre, les nombreux bienfaits de la charité royale, partout invoquée, toujours présente : les arts encouragés par des commandes dont le chiffre, dans le cours d'une seule année, s'était élevé au décuple du crédit de même nature inscrit annuellement par les chambres au budget de l'État : l'amélioration des forêts de la couronne poursuivie avec le zèle du propriétaire le plus jaloux d'assurer à ses enfants une fortune toujours croissante : les palais nationaux embellis ou restaurés. . . . .

. . . .

— Je terminai par ces mots :

. . . « En définitive, l'insuffisance de tous « les revenus de la couronne peut s'exprimer « par le chiffre de 17,679,000 fr., que nous « proclamons hautement, parce qu'il est la « meilleure réponse à toutes les calomnies dont « la couronne a été l'objet. Nous avons ex-« primé, par l'organe de M. le président du « conseil, le désir que le jour arrivât enfin où « nous pussions faire cette réponse : nous avons « cru qu'elle serait faite par des chiffres beau-« coup mieux que par toutes les paroles que « nous pourrions prononcer à cette tribune. »

En 1847, à la chambre des pairs, je m'exprimais ainsi :

« Je crois n'avoir plus rien à ajouter à ces

« détails de chiffres pour porter la conviction la
« plus entière dans vos esprits...... Mais, per-
« mettez-moi, avant de finir, et en faisant un
« retour sur ces accusations et sur tant d'au-
« tres, de dire un mot à la chambre. Devant la
« pensée nationale qui a restauré Versailles;
« devant la pensée monarchique, populaire et
« filiale, qui a restauré le château d'Henri IV
« à Pau; devant la pensée artistique et royale
« qui a restauré si noblement et si fidèlement ce
« musée de palais qu'on appelle Fontainebleau;
« devant cette pensée touchante qui a élevé une
« chapelle à la mémoire d'un aïeul sur les ri-
« vages de l'Afrique, à la mémoire d'un fils à
« Neuilly, à la mémoire de toute une famille
« royale à Dreux; devant cette pensée d'amé-
« lioration qui se porte incessamment sur tou-
« tes les parties du domaine de la couronne, et
« sur les forêts en particulier; devant tous ces
« résultats, je me résigne à comprendre la froi-
« deur et l'impassibilité; car, en définitive, je

« ne fais que me soumettre à cette fatale indif-
« férence qui travaille et qui mine la société
« tout entière. Mais, qu'en face de ces ma-
« gnifiques résultats, qu'en face des char-
« ges énormes qu'ils ont imposées à la Liste
« civile aussi bien qu'au domaine privé, on
« vienne prononcer le mot de bénéfices, oh!
« alors, Messieurs, le mot devient odieux, et
« je suis obligé de dire à mon collègue[1] que
« le prononcer de nouveau serait mêler une
« ironie amère à la plus révoltante des in-
« justices. »

N'était-ce pas, dès lors, avertir le pays? N'é-
tait-ce pas protester contre le mensonge, et,
comme aujourd'hui, regarder en face les calomniateurs?

Mais que pouvaient de faibles paroles contre le parti pris de quelques-uns, contre la crédulité d'un si grand nombre? Rien. La chute,

---

1. M. le marquis de Boissy.

l'exil et la mort, devaient être, hélas! les auxiliaires les plus puissants de la justice et de la vérité.

J'ai recueilli cette force née de tant de douleurs, et pour la mettre en œuvre j'ai suivi pas à pas les accusations dirigées contre les sentiments intimes de Louis-Philippe. Mais la mémoire de ce prince ne doit pas être seulement défendue dans le cercle de sa vie intérieure; elle doit l'être partout où elle a été attaquée par le mensonge. Ce sera l'œuvre de publications ultérieures.

En me proposant ainsi de suivre l'histoire du roi sur les traces encore si fraîches de la calomnie, je n'aurai pas cédé à une simple combinaison d'esprit, je me serai attaché à une idée vraie.

En effet, sous le règne de Louis-Philippe, la calomnie n'a pas dédaigné les petites choses, elle s'est attachée surtout aux grandes. Elle a presque négligé les défauts du roi; elle s'est attaquée à ses qualités, qu'elle dénaturait après les avoir proclamées.

Le roi était le modèle des pères de famille; on a dit qu'il était avide et qu'il voulait enrichir ses enfants aux dépens de l'État.

En acceptant la couronne en 1830, il a sauvé la France de l'anarchie déjà prête à fondre sur elle; on a dit que, cédant à une ambition criminelle, il avait préparé lui-même et exploité la révolution contre son souverain, contre un vieillard, contre un enfant.

Dans les camps et sur le trône il a toujours aimé ou voulu la paix; cette sagesse politique ne devait rien coûter à l'honneur de la France; on l'a flétrie par quatre mots faciles à retenir: Paix à tout prix.

Très-instruit des affaires et des moyens de régner, il voulait maintenir et développer son influence dans le cercle légal de la Constitution; on a dit qu'il prétendait sacrifier les lois du pays à son amour du pouvoir, et l'on a imaginé pour l'exprimer la réunion simple et fatale de deux mots: Gouvernement personnel.

Ami du travail, ambitieux de bien-être pour tous, il donnait une immense impulsion aux entreprises publiques ou privées; on a dit qu'il était voué au culte des intérêts matériels, et que pour mieux gouverner les esprits il voulait abaisser les âmes: un mot cette fois suffira : Corruption.

Tels sont les points de repère tracés par les ennemis même de Louis-Philippe. Nous les suivrons résolument dans la voie qu'ils nous ont ouverte. Ambition, paix à tout prix, gouvernement personnel, corruption : nous n'hésiterons pas à nous placer nous-même à ces différents points de vue pour continuer nos études sur Louis-Philippe. Mais dès à présent la conscience publique a prononcé sur les sentiments intimes de ce prince. Son exil même aura servi sa gloire: son impartialité sereine a dominé les événements les plus contraires, les fortunes les plus diverses. Louis-Philippe n'a pas su seulement se défendre de tout sentiment amer pour le pays qui l'avait repoussé dans un jour d'égarement, il n'a pas même désespéré de la France, comme en désespérait Napoléon à Sainte-Hélène : son orgueilleuse douleur ne l'a pas condamnée pour toujours à la République ou aux Cosaques. Il croyait encore à la monarchie, et à la grandeur qui l'accompagne. Mais sa haute raison fondait avant tout cette espérance sur la réunion des partis monarchiques qu'il regardait comme la condition nécessaire du salut de la société. Louis-Philippe voulait et conseillait cette grande conciliation. Il ne la croyait pas moins compatible avec l'honneur de sa mémoire et de sa maison qu'avec l'avenir de la liberté en France.

. . . Ce vœu suprême d'une intelligence qui s'est éteinte dans toute sa force, d'un patriotisme éclairé tour à tour par la puissance et par l'exil, sera-t-il un jour entendu par la France?

Qui pourrait le dire, hélas!...— J'ai le droit du moins de m'en emparer, pour résumer par un seul trait les sentiments qui éclatent dans les récits de ce livre : la dernière pensée politique de Louis-Philippe a été une pensée d'union et de désintéressement personnel, une victoire remportée sur les préjugés et sur les passions vulgaires.

...... Fasse le Ciel que la lumière de la vérité vienne enfin éclairer mon pays sur ses véritables intérêts, dissiper les illusions qui ont tant de fois trompé son attente, en le conduisant à un résultat opposé à celui qu'il voulait atteindre! Puisse-t'elle le ramener dans ces voies d'équité, de sagesse, de morale publique, & de respect de tous les droits, qui peuvent seules donner à son Gouvernement, la force nécessaire pour comprimer les passions hostiles, & rétablir la confiance pour la garantie de sa stabilité. Tel a toujours été le plus cher de mes vœux; & les malheurs que j'éprouve avec toute ma famille, ne font que le rendre plus fervent dans nos cœurs

Louis Philippe

Claremont, Mai 1849.

I.

LES CALOMNIES.

— COMMENT ELLES ONT ÉTÉ CONFONDUES. —

LE ROI LOUIS-PHILIPPE

LISTE CIVILE

I.

LES CALOMNIES.
— COMMENT ELLES ONT ÉTÉ CONFONDUES. —

Henri IV avait dit à ses contemporains : « Vous ne me rendrez justice qu'après ma mort. » J'ai souvent entendu Louis-Philippe répéter ces douloureuses paroles de son aïeul.

Le roi Louis-Philippe n'est plus; le jour de la justice a commencé pour lui. Ce n'est pas que sa mémoire réclame les honneurs du panégyrique; elle n'en a pas besoin. C'est dans un simple exposé des faits qu'elle doit trouver à la fois son plus bel éloge et l'hommage le plus digne d'elle.

La calomnie, ce poison lent du règne de Louis-Philippe, s'est surtout attachée à ses sentiments personnels, sachant bien qu'en les dénaturant, elle attaquait dans sa source la plus pure l'autorité morale que le caractère et les vertus privées de ce prince devaient imprimer aux actes politiques de son gouvernement. Nous nous plaçons donc sur le véritable terrain de la lutte, nous visons bien au cœur même de la calomnie en parlant de la vie intime du roi. En effet, ce qu'on ne saurait trop admirer dans cette noble vie, c'est l'unité de conduite et de sentiments qui en a marqué toutes les époques. La destinée tout entière de Louis-Philippe, depuis le long exil de sa jeunesse jusqu'à l'exil suprême de ses vieux jours, peut se résumer dans ces seuls mots : — dévouement absolu à la France. Cette vérité ressortira du témoignage que nous devions à l'histoire sur des faits qui se sont développés devant nous pendant dix-huit années, et que nous avons connus mieux que personne.

Mais nous pouvons le dire tout d'abord : avant d'être vaincue par l'autorité des faits, la calomnie devait être confondue et flétrie au sein même de son triomphe. Le 24 février 1848, tous les documents qui pouvaient intéresser le passé, le présent ou l'avenir de la famille d'Orléans, depuis les épanchements du cœur jusqu'aux combinaisons les plus élevées de la politique, tous les papiers, depuis les lettres de famille les plus intimes jusqu'aux comptes des dépenses les plus secrètes, tous, sans en rien excepter, sont restés aux mains de ceux-là même qui avaient poursuivi le roi de leur haine envenimée et de leurs clameurs hostiles. Jamais assurément catastrophe plus terrible, venant fondre sur une dynastie, n'éclaira d'une lumière plus éclatante et plus imprévue ses sentiments, ses desseins, ses intérêts. Devant un concours de circonstances dont je ne me propose pas aujourd'hui de sonder les causes et d'analyser le douloureux ensemble, la retraite du roi et de la famille royale dut être si prompte, que ni elle, ni ses serviteurs n'eurent un moment pour recueillir les premiers objets nécessaires au départ. Le dénûment dans lequel le roi quitta Paris était tel qu'il dut emprunter 3,000 fr. lors de son passage à Versailles. Comment, au sein même de cette tempête irrésistible dans sa rapidité, songer aux papiers qui encombraient le palais des Tuileries, le Palais-Royal, le Louvre et l'hôtel de la place Vendôme? Pas un seul n'échappa aux hommes qui, dans cette journée néfaste et par un décret impénétrable de la Providence, devaient triompher sans combat et sans gloire. En vain un serviteur fidèle se hâta-t-il de jeter dans un endroit obscur et retiré deux portefeuilles précieux que son dévouement se proposait de recueillir plus tard : ceux-là même ne purent échapper aux recherches du gouvernement de l'Hôtel de Ville, aidées par les conseils avides d'une trahison secrète. Ainsi ces calomniateurs infatigables, qui avaient accusé chaque jour le roi Louis-Philippe de conspirer contre les lois, de trahir l'honneur de la France, de spolier l'État, d'amasser des richesses à l'étranger, tenaient entre leurs mains la preuve de toutes les mauvaises pensées et de tous les crimes que leurs calomnies meurtrières avaient imputés au prince!

Il y a soixante ans que d'incessantes révolutions bouleversent la France, et tous les pouvoirs qui l'ont successivement gouvernée ont paru condamnés à se précipiter, par un enchaînement fatal, dans un abîme commun que leurs ruines même ne pouvaient combler : Louis XVI, Napoléon, Louis XVIII, Charles X, avaient été entraînés tour à tour sur cette pente rapide qui semble emporter la fortune et le nom même de la France vers des écueils inconnus ; mais pas un seul de ces chefs de gouvernement n'avait été frappé d'une manière aussi soudaine, aussi imprévue, aussi fatale que le roi Louis-Philippe. Louis XVI pendant la longue et douloureuse agonie de la royauté, les princes ses frères avant de se réfugier sur le sol étranger, Marie-Louise avant d'abandonner Paris, l'empereur avant d'abdiquer à Fontainebleau, Louis XVIII pendant quinze jours (du 5 au 20 mars), Napoléon une fois encore pendant son martyre de l'Élysée, Charles X enfin, à partir du jour où il avait signé ses funestes ordonnances, tous avaient pu se recueillir et garantir des profanations de la publicité leur gloire ou leurs intérêts. Pour l'auguste chef de la maison d'Orléans, la Providence eut d'autres rigueurs et d'autres dangers. Son corps devait échapper à ses ennemis; mais son âme, mais ses sentiments secrets devaient en quelque sorte rester prisonniers entre les mains de ses accusateurs les plus acharnés.

Quatre mois durant, ils ont fouillé ces archives que leur livrait un coup de foudre; d'un œil ardent et passionné ils ont lu ces correspondances, ces notes, ces mémoires, et le jour où il aurait fallu prouver que pendant dix-huit ans ils n'avaient pas menti à la France et au monde, leur langue s'est glacée dans leur bouche, et leur plume s'est brisée entre leurs doigts. Déjà ils avaient banni toute une race royale; mais ils n'avaient pu bannir indéfiniment avec elle la justice et la vérité, ces deux grandes consolatrices de l'exil, supérieures à leurs atteintes et plus fortes que tous les décrets parlementaires. Une croisade pacifique et sainte s'est formée, qui prend pour armes les documents historiques, et pour but la pureté même de l'histoire. La plume exercée d'un écrivain placé près d'une source pure et élevée [1], a déjà retracé les

---

[1]. M. le comte d'Haussonville, gendre de M. le duc de Broglie : HISTOIRE DE LA POLITIQUE EXTÉRIEURE DU GOUVERNEMENT FRANÇAIS, 1830-1848.

phases diverses de cette diplomatie habile et nationale qui a su faire sortir du sein de la paix plus de succès politiques que n'en ont souvent amené à leur suite les guerres les plus glorieuses. Des publicistes justement accrédités par leur science ou par leur situation ont déjà porté une vive lumière sur la gestion de nos finances sous la monarchie [1]. Leurs écrits ont vengé le dernier gouvernement des étranges accusations d'abus et de désordres portées contre lui, par ceux-là même dont la politique autant que les folles dépenses, allaient tarir toutes les sources de la prospérité nationale. Plus tard, sans doute, d'autres écrivains porteront aussi leur consciencieux examen sur les résultats de notre administration intérieure pendant le règne du roi Louis-Philippe. La république, qui a tant usé les

---

1. M. Dumon, ancien ministre des finances : DE L'ÉQUILIBRE DES BUDGETS SOUS LA MONARCHIE DE 1830.

M. Lacave Laplagne, ancien ministre de finances : OBSERVATIONS SUR L'ADMINISTRATION DES FINANCES PENDANT LE GOUVERNEMENT DE JUILLET.

M. Vitet, ancien député et vice-président du comité des finances du conseil d'État : HISTOIRE FINANCIÈRE DU GOUVERNEMENT DE JUILLET.

mots sans user des choses, profiterait beaucoup aux grandes leçons de cette *liberté* légale, de cette *égalité* devant la loi, de cette *fraternité* avare de sang humain, prodigue de clémence, de travail et de charité, qui furent les caractères distinctifs de la politique intérieure de la dernière monarchie ; mais nous nous arrêtons ici aux limites du cercle modeste qu'il ne nous convient pas de franchir aujourd'hui : le titre même de cet exposé nous en fait un devoir, et nous entrons directement dans notre sujet.

La politique seule était loin de suffire à défrayer les auteurs des attaques incessantes dirigées contre la royauté de juillet. Leurs calomnies la poursuivaient avec plus d'acharnement encore dans ses affaires intimes et privées. Dénaturer certains faits, grossir les autres, en inventer enfin de matériellement faux, tels étaient les procédés par lesquels on s'efforçait chaque jour de pervertir l'opinion publique, en la soulevant contre l'homme et le père de famille en même temps que contre le monarque. L'avarice et la rapacité de Louis-Philippe, tel était le texte inépuisable des accusations empoisonnées que la presse démagogique, et souvent, hélas! l'opposition dynastique elle-même faisaient arriver au peuple par les mille canaux d'une immense publicité. Articles de journaux, insertions de lettres, dénonciations anonymes, pamphlets et almanachs populaires, rien n'était épargné. En vain des démentis officiels furent produits deux fois à la tribune avec une énergique indignation, développés, j'ose le dire, avec l'autorité d'une bonne foi non contestée alors, et consacrée depuis par le temps [1]. En vain des journaux et des écrivains courageux cherchèrent à désabuser cette crédulité française, qui penche toujours du côté de la critique et de l'opposition : leurs efforts réunis ne purent arrêter les ravages de ce torrent empoisonné; le doute et l'hésitation pénétraient dans bien des esprits; l'animosité, la haine aveugle s'emparaient de bien des âmes. La masse même de la bourgeoisie parisienne arriva par degrés à

---

1. Discours du ministre de l'intérieur sur l'insuffisance du domaine privé. (Chambre des Députés, MONITEUR du 28 avril 1837.)

Discours de l'intendant général de la liste civile sur les forêts de la couronne. (Chambre des Pairs, MONITEUR du 4 août 1847.)

cet esprit d'indifférence et d'abandon qui, au jour du danger suprême, devait rendre toute défense impossible. Se défendre, en effet, c'était se condamner à parcourir toute une carrière de guerre civile qui faisait horreur à l'âme généreuse du roi : guerre cruelle qui eût ensanglanté tout à la fois la France et cette ville de Paris dont il avait donné le nom à son petit-fils.

En ce qui concerne les affaires intimes et privées du roi Louis-Philippe, les documents tombés aux mains de la révolution victorieuse étaient plus nombreux et plus précis encore que ceux qui intéressaient directement la politique. Tous, sans exception, étaient répartis entre deux administrations, celle de la liste civile et du domaine privé; et, qu'on le remarque bien, ces archives se composent, par leur nature même, d'ordres de dépenses, de budgets et de comptes qui forment autant de documents faciles à vérifier et irréfutables par eux-mêmes. Que la mauvaise foi veuille interpréter, au gré des passions qui la conseillent, le caractère et la portée des pièces diplomatiques et administratives saisies par la révolte triom-

phante; elle pourra le faire, sans doute, et elle le
fera. Certes, son succès n'est plus possible aujour-
d'hui, et les accusateurs de la politique des dix-
huit ans, accusés à leur tour, ne peuvent échapper
aux condamnations de l'histoire. Cependant, la
mauvaise foi ne meurt jamais de ses défaites; elle
a toujours ses écrivains, ses journaux et son peuple : elle maintiendra donc encore le bien-jugé des
passions démagogiques contre la politique du roi
Louis-Philippe. Mais, s'il est un terrain sur lequel
les hommes de mauvaise foi rencontreront toutes
les difficultés d'une position fausse et tous les embarras de la conscience, c'est assurément celui des
affaires qui se résument en chiffres, en comptes et
en pièces à l'appui. « Il nous importe peu, disait,
il y a quelques mois, un orateur montagnard, de
savoir dans quel sens plus ou moins généreux les
dettes de la liste civile ont pu être contractées. »
Qu'il y a loin, m'écriai-je à mon tour, de ce langage contraint et embarrassé aux accusations que
vous dirigiez autrefois contre la monarchie avec
une si injurieuse assurance! Alors vous vouliez
tout connaître, ou plutôt, à vous entendre, vous

connaissiez tout; vous saviez que les revenus du domaine privé s'élevaient à une somme quatre ou cinq fois plus forte que le chiffre des aveux officiels; vous saviez que Louis-Philippe faisait incessamment passer des fonds en Angleterre; vous saviez que l'administration de la liste civile détruisait les forêts de la couronne; vous saviez enfin que la munificence et la charité étaient bannies du palais des rois! le superbe dédain que vous affectez maintenant en présence des faits qui vous pressent de toutes parts vous semble le moyen le plus certain de conserver à vos passions leur allié le plus nécessaire, leur complice le plus sûr, l'aveuglement et l'ignorance de la foule; mais, Dieu merci, la conscience publique a d'autres exigences, et la France sait déjà quel nom méritent les accusateurs qui ont préparé par le trouble des âmes les maux dont elle souffre.

II.

ORIGINE DES EMBARRAS DE LA LISTE CIVILE
ET DU DOMAINE PRIVÉ.
— LE ROI CHARLES X. — LA FAMILLE BONAPARTE. —
LE COMMERCE ET LES OUVRIERS.
—BENJAMIN CONSTANT.— AUDRY DE PUYRAVEAU. —
J. LAFFITTE.

II.

ORIGINE DES EMBARRAS DE LA LISTE CIVILE ET DU DOMAINE PRIVÉ. — LE ROI CHARLES X. — LA FAMILLE BONAPARTE. — LE COMMERCE ET LES OUVRIERS. — BENJAMIN CONSTANT. — AUDRY DE PUYRAVEAU. — J. LAFFITTE.

Le chiffre des dettes du roi au 24 février 1848 est le premier fait qui domine cette étude historique. Ces dettes, contractées soit par la liste civile, soit par le domaine privé, s'élevaient à cette époque à plus de trente-et-un millions [1].

---

[1]. L'administration de la liquidation de l'ancienne liste civile et du domaine privé à laquelle j'ai été complétement étranger, et dont on ignore encore les résultats définitifs, fera bientôt con-

Il n'est pas une seule de ces dettes qui ait eu pour cause un placement de fonds à l'étranger. On ne saurait trop insister sur ce fait, qui répond victorieusement à l'une des calomnies les plus opiniâtres et malheureusement les plus populaires qui aient été dirigées contre le roi Louis-Philippe. A aucune époque de son règne, sous aucune forme, ni directement ni indirectement, ce prince n'a fait passer un seul écu hors de France; il avait concentré sur son pays toute sa confiance, comme tout son dévouement. Plusieurs fois sollicité de mettre ainsi à couvert une partie du patrimoine de ses enfants, Louis-Philippe s'y refusa toujours avec cette inébranlable fermeté qu'il apportait dans l'accomplissement de tous les desseins qui intéressaient sa conscience ou son honneur.

Un jour surtout, cette résolution fut mise à une épreuve décisive. En 1840, à l'époque de la négociation du mariage de M. le duc de Nemours avec la princesse de Saxe-Cobourg-Gotha, lorsque déjà

naître ce chiffre dans son exactitude précise. Jusque-là, c'est au moyen des anciens documents restés dans mes mains que je suis arrivé au chiffre minimum de trente-et-un millions.

les premières paroles avaient été échangées, le duc Ferdinand, père de la princesse, demanda avec instances que la dot constituée par le roi à M. le duc de Nemours fût placée à l'étranger.

« Vous êtes dans un pays de révolutions, disait-on au roi, vous régnez sur la nation la plus mobile du monde; son génie disposé à toutes les témérités, son cœur ouvert à toutes les passions, peuvent l'entraîner un jour hors des voies modérées dans lesquelles votre sagesse a su la maintenir jusqu'ici. La prudence exige que vous preniez des sûretés, pour vos enfants, sinon pour vous, contre le retour des mesures révolutionnaires qui, en d'autres temps, ont déjà bouleversé tant d'existences.

« Si la France doit souffrir, répondit le roi,
« nous souffrirons avec elle; je ne séparerai jamais
« ma destinée ni celle de ma famille des destinées
« de mon pays. »

Les instances redoublèrent : elles devinrent très-vives. Le roi déclara qu'en constituant une dot, il y mettait pour condition absolue qu'elle serait placée sur le grand-livre de la dette publique en

France, et que si cette condition n'était pas acceptée, le mariage serait rompu. Ce fut alors seulement que le duc Ferdinand de Saxe-Cobourg-Gotha se résolut à accepter cette condition et à conclure ce mariage qui devait donner à la reine une fille digne d'elle.

De tels sentiments, au reste, n'étaient pas nouveaux chez Louis-Philippe : à dater du jour où il est rentré en France, ce prince, on ne peut trop le répéter, n'a fait à l'étranger aucun placement de fonds : tout au contraire, il retira, en 1817, des mains de MM. Coutts, ses banquiers à Londres, une somme de 300,000 fr., pour contribuer, avec la vente de plusieurs propriétés, à la liquidation de la succession de son père. Le reliquat qu'il laissa chez MM. Coutts représentait le chiffre de ses économies depuis son mariage avec la princesse des Deux-Siciles, accru de quelques placements personnels faits en 1815. Le tout ne s'élevait pas au-dessus de douze cents liv. st. de revenu annuel, au commencement de 1818. C'est ce compte ancien, dont le chiffre ne s'est jamais augmenté que des intérêts de la faible somme primitivement placée,

qui a été l'occasion et l'objet des comptes de
MM. Coutts publiés par la REVUE RÉTROSPECTIVE [1].
« La branche d'Orléans, disait M. Dupin le 14 janvier 1832 à la Chambre des députés, la dynastie aujourd'hui régnante s'est identifiée avec la nation française au plus haut degré. Jamais prince, jamais dynastie n'a plus lié son sort et ses destinées au sol de la patrie que la maison d'Orléans : elle a confié son avenir et tout ce qui lui appartenait au sol français. Non-seulement le roi actuel n'a jamais acheté de biens qu'en France, mais il n'a jamais

---

[1]. La REVUE RÉTROSPECTIVE était une publication qu'on peut caractériser plus ou moins sévèrement, mais que, pour ma part, je suis disposé à absoudre de toute complicité avec les passions du gouvernement provisoire. Les lettres du roi et les documents relatifs à la famille royale publiés par ce recueil ont été en fait le plus bel hommage que l'on pût rendre au patriotisme, à la loyauté, à la pureté des sentiments des princes exilés. C'est ainsi qu'après avoir lu la correspondance du roi des Français avec le roi des Belges de 1831 à 1834, il n'est plus permis de croire à la calomnie de *la paix à tout prix*, et qu'après avoir lu les lettres écrites par le roi Louis-Philippe à l'occasion des mariages espagnols, et surtout son exposé du 14 septembre 1846 à la reine des Belges, il est impossible, en France comme en Angleterre, de croire encore à l'accusation d'ambition de famille et de déloyauté envers un allié fidèle.

placé d'argent qu'en France; tout est sous la main de la nation, comme tout est sous la garde de son gouvernement constitutionnel. »

Dix-sept ans plus tard, dans un acte solennel et du sein de l'exil, le roi Louis-Philippe s'exprimait ainsi lui-même :

« Lorsque après vingt et un ans de mon premier
« exil, les portes de la patrie me furent enfin rou-
« vertes, et que je pus recueillir les débris du pa-
« trimoine de ma maison, ce fut exclusivement en
« France que je travaillai à le reconstituer. Dans
« l'aveugle confiance que le sentiment de mon pa-
« triotisme m'inspirait en notre avenir, tout ce dont
« j'ai eu la disposition depuis lors, fut employé *en*
« *France*. Rien ne fut envoyé à l'étranger, dans la
« prévision d'événements qui me paraissaient im-
« possibles, et qui se sont cependant si amèrement
« réalisés depuis, contre tout droit et contre toute
« équité. »

Ainsi le roi, fidèle à lui-même, refusa constamment de faire aucun placement à l'étranger, soit sur les fonds de sa liste civile, soit sur les revenus du domaine privé. Il ne consentit pas même à prendre les sûretés qui lui étaient demandées pour les dots des princes ses fils ou des princesses ses filles. Noble témérité qui a permis au gouvernement provisoire de saisir à la fois les biens de toute espèce du roi et de la famille royale, depuis les forêts séculaires du domaine privé jusqu'à la dot de la reine des Belges, depuis le douaire de madame la duchesse d'Orléans jusqu'à la fortune entière (17,000 francs de rente 5 pour cent au porteur) de son plus jeune fils, le duc de Chartres! Patriotique imprudence, qui a fourni aux passions démagogiques les moyens de priver en même temps le roi et tous les membres de sa famille de toute espèce de revenus pendant plus de neuf mois!

Les embarras de la liste civile et du domaine privé remontent aux premiers jours qui suivirent la révolution de 1830. A cette époque de souffrances publiques, où la cherté du pain et la stagnation des affaires précédaient de si peu de mois l'invasion du choléra et de la guerre civile, les revenus du roi furent largement employés, non pas seulement à des travaux féconds pour les ouvriers, pour les entrepreneurs et pour les artistes, mais encore d'une manière plus directe au soulagement des misères publiques et des infortunes particulières. Là fut la première et bien noble origine des dettes de la liste civile et du domaine privé.

Le premier de nos souvenirs par sa date est aussi le plus imposant par le profond respect que commande la grande infortune à laquelle il se rattache. Au moment même où il allait monter sur le trône pour épargner à la France les malheurs qui devaient fondre sur elle dix-huit ans plus tard, le duc d'Orléans apprit, par un message signé du roi Charles X, que ce prince avait besoin de *six cent mille francs en or, et que le porteur devait faire en sorte de les lui procurer.* (Ce sont à peu près les termes de ce message précis et laconique.) Le duc d'Orléans répondit au général envoyé par le roi Charles X que la somme d'argent qu'il venait chercher allait être mise à sa disposition. Il écrivit sur-le-champ au baron Louis, ministre des finances, pour l'inviter à remettre au général *** 600,000 fr. en or destinés au roi Charles X.

« Je couvrirai, ajoutait-il, le trésor public de
« cette avance. »

Les 600,000 fr. furent remis en effet le jour même entre les mains du général, qui put repartir aussitôt annoncer au roi qui s'éloignait le succès de sa mission.

Trois semaines après, le roi Louis-Philippe apprend que M. le duc d'Angoulême, pressé de supprimer les charges considérables que lui imposait l'entretien du haras de Meudon, créé par lui en 1821, s'apprêtait à le faire vendre. Inspiré par une double sympathie pour l'auguste fondateur et pour l'institution même qu'il regardait comme éminemment utile au pays, le roi Louis-Philippe donna l'ordre de l'acquérir. Dès le 15 septembre, le haras tout entier était devenu sa propriété personnelle, moyennant un prix de 250,000 francs. Cette somme fut payée comptant entre les mains de M. le duc de Guiche, naguère administrateur habile du haras de Meudon, devenu pour la vente le mandataire spécial du prince. Toutefois, en consentant à cette vente, M. le duc de Guiche avait fait la réserve de réclamer auprès de *qui de droit* le prix de travaux de main-d'œuvre et de constructions que M. le duc d'Angoulême avait fait faire à ses frais sur les terrains du domaine de la couronne affectés au haras. Ces travaux de diverses natures avaient tous profité à l'État : par suite de la révolution récente, le domaine de la couronne faisait retour à l'État; l'État devenait donc le débiteur naturel du prince. Les travaux avaient d'ailleurs été l'objet d'une évaluation régulière et administrative fort éloignée de celle de l'auguste vendeur. Les deux questions furent soumises au nouveau roi. Il les trancha l'une et l'autre au profit de M. le duc d'Angoulême et de l'État. Il fit payer entre les mains du mandataire, et sur les fonds de sa cassette particulière, une somme de 100,000 francs qui représentait le double de l'évaluation présentée par l'administration.

En 1831, presque une année, jour pour jour, après la première preuve de la sollicitude empressée du roi Louis-Philippe pour les intérêts du roi Charles X, sa sympathie fut éveillée de nouveau par la lecture d'un journal anglais. Ce journal annonçait qu'un *warrant* avait été rendu en Écosse contre le roi Charles X : une portion de ses effets était déjà saisie, et sa liberté même était mise en péril. Un de ses créanciers de la première émigration, M. de Pfaffenhoffen, après avoir vainement fatigué de ses réclamations les Chambres françaises pendant longues années, poursuivait maintenant son royal débiteur jusque sur le sol étranger. Il s'armait à la fois de toute la rigueur des lois de la France et de l'Angleterre. Profondément ému de ces poursuites qu'il avait ignorées et des conséquences qui en pouvaient résulter, Louis-Philippe manda immédiatement son trésorier, M. Jamet. Il lui donna l'ordre de rechercher, sans perdre un seul instant, M. de Pfaffenhoffen, et de traiter à tout prix avec lui. Deux conditions étaient imposées au négociateur : une promptitude qui ne ménageât rien pour le succès, et le secret le plus absolu. Peu de jours après, grâce aux soins du trésorier de la couronne, et par les bons offices de M. Casimir Périer, dont l'intervention se cacha sous le nom d'un ami, M. Édouard Arnold, la volonté du roi était accomplie. Au moyen du paiement immédiat d'une somme de 100,000 francs et de la constitution d'une rente annuelle et viagère de 10,000 francs payable de trois mois en trois mois et par avance, le comte de Pfaffenhoffen renonça au bénéfice du jugement qu'il avait obtenu en Écosse contre le roi Charles X. Nous croyons devoir citer textuellement les termes mêmes de l'article 1er de la transaction : « M. le comte de Pfaffenhoffen renonce de la manière la plus expresse au bénéfice du *warrant*, et par suite à exercer actuellement et à l'avenir toute contrainte par corps qu'il pourrait avoir obtenue contre la personne de Charles X, soit toute saisie et autres actions généralement quelconques sur tous les biens et effets mobiliers de Charles X hors de France, sous la réserve de ses droits pour les exercer en France. En conséquence, il se désiste sans réserve de la saisie de ses voitures et autres effets mobiliers, et de l'action intentée à Édimbourg contre Charles X, et il renonce à donner à ces saisie et action aucune espèce de suite. » Ainsi le créancier impitoyable fut désintéressé, sans même que l'auguste débiteur pût connaître la main qui écartait l'inquiétude de sa retraite et les périls de sa personne.

Quelques mois plus tard, le roi Louis-Philippe luttait de toute la force de sa prérogative constitutionnelle contre l'adoption de la loi qui bannissait la branche aînée des Bourbons, et qui imposait à chacun de ses princes l'obligation de vendre dans le délai d'une année les propriétés qu'il possédait en France. Le roi avait déjà obtenu que la nouvelle loi fût dépouillée des mesures violentes et de la sanction odieuse (la peine de mort) introduites dans la loi dite d'amnistie rendue en 1816 contre la famille Bonaparte [1]. Néanmoins cette modification était loin de suffire au roi Louis-Philippe : son vœu le plus ardent eût été de rayer la loi elle-même des codes français, et de ne laisser entre les royautés déchues et la royauté nouvelle d'autres barrières que celles de la volonté de la France. Membre alors de son conseil, où j'avais l'honneur de siéger comme collègue de Casimir Périer, je fus témoin

---

1. L'article 5 de la loi du 9 décembre 1816 exclut à perpétuité du territoire français tous les membres ou alliés de la famille *Buonaparte*, sous la peine portée par l'article 91 du Code pénal, ainsi conçu : « L'attentat ou le complot dont le but sera d'exciter la guerre civile en armant ou en portant les citoyens à s'armer les uns contre les autres seront punis *de la peine de mort*, et les biens des coupables seront confisqués. » Le roi Louis-Philippe fit disparaître de cet article et de la législation fançaise la peine de mort et la confiscation des biens. — Loi du 27 avril 1832, art. 12.

des longues luttes que le roi soutint avec une infatigable habileté contre l'énergique insistance de son premier ministre, engagé sur cette question avec son parti dans les deux Chambres, non par ses passions, mais par les nécessités de la politique.

La résistance opiniâtre et prolongée du roi dut céder enfin, après cinq mois de combats, à l'argument suprême de tout ministre constitutionnel, la démission. Le roi s'arrêta devant la retraite certaine de Casimir Périer, retraite qui eût été si funeste aux intérêts de la France, et sacrifia une fois de plus ses sentiments intimes à ces intérêts sacrés. Du moins le roi ne cessa de veiller avec un soin religieux à ce que cette loi de bannissement ne fût qu'une sorte de protestation écrite, et ne devînt jamais une arme offensive dans les mains de son gouvernement.

Louis-Philippe se considérait comme le premier gardien d'intérêts que les princes exilés ne pouvaient plus défendre. Il fit bientôt proposer et adopter, pour la liquidation des dettes de la liste civile de Charles X, une loi dont l'article 1er est ainsi conçu : « L'ancienne liste civile sera liquidée aux frais et pour le compte de l'État. » Nous citons cet article, d'une précision si généreuse et si équitable, non pour la vaine satisfaction d'adresser à qui que ce soit une leçon inutile, mais pour signaler une fois de plus cette honorable et vive sollicitude qui ne s'est jamais démentie, et qui ne demandait qu'à être avertie pour se manifester et pour agir.

Il ne suffit pas cependant de raconter la lutte soutenue par le roi Louis-Philippe contre la loi de bannissement des princes de la branche aînée des Bourbons ; il faut aussi montrer la famille de l'empereur Napoléon protégée, tantôt contre les douleurs de l'exil par l'autorisation donnée à plusieurs de ses membres de revoir la France, tantôt contre elle-même par un généreux pardon comme à l'époque de la tentative de Strasbourg, tantôt enfin contre les embarras d'une position malheureuse, comme en 1847 et 1848, au moment où les ministres avaient reçu du roi l'ordre de demander aux Chambres un crédit annuel de 150,000 fr. pour constituer au profit du prince Jérôme, l'ancien roi de Westphalie, une pension réversible en partie sur son fils, Jérôme Napoléon [1]. Il y a plus : la munificence personnelle du roi avait déjà protégé un autre Bonaparte. Le sacrifice d'argent ne fut pas considérable sans doute ; il eut du moins, par la pensée qui l'inspirait, une véritable grandeur. Un membre de la famille de l'empereur, jeune encore, éloigné des siens et voyageant en Belgique, était pressé par des créanciers exigeants, et sur le point d'être mis en prison pour dettes. Il eut la pensée de faire connaître au roi Louis-Philippe les embarras d'une position qui s'aggravait chaque jour, et bientôt la cassette royale sauva la liberté du neveu de l'empereur.

Ainsi, par un privilége unique peut-être dans l'histoire, la Providence faisait du roi Louis-Philippe le protecteur des familles princières au nom desquelles d'implacables factions s'efforçaient incessamment de le perdre dans l'opinion du pays.

Le cœur du roi n'était pas seulement ému par le spectacle des grandes infortunes politiques ; les souf-

---

[1]. Pièces annéxes et justificatives n° I. — Lettre de M. Napoléon Bonaparte et réponse de M. de Montalivet.

frances du peuple attiraient surtout sa sympathie et occupaient sans cesse sa pensée. Dès 1830, pendant que ses ministres proposaient par son ordre aux Chambres des mesures destinées à rendre la sécurité au commerce, le mouvement aux affaires et le travail aux ouvriers, Louis-Philippe, donnant l'exemple, établissait de vastes chantiers de travail et de charité dans ses domaines privés ou dans les domaines de la couronne, dont il avait la jouissance provisoire. Sa main surtout s'ouvrait largement pour secourir toutes les misères populaires, que la cherté des subsistances rendait plus cruelles encore. Pendant l'hiver de 1830 à 1831, une somme de plus de deux millions fut consacrée par lui à des distributions de pain, de soupes, de viande, de vêtements, de literie et de secours en argent à la population indigente de Paris, et des départements qui souffraient le plus de la disette et de la stagnation des affaires. Ah! si cette charité, systématiquement enveloppée dans une simplicité discrète, mérite jamais que quelques critiques viennent se mêler aux louanges de l'histoire, c'est pour n'avoir pas souvent fait une part plus large à la publicité que lui conseillait la politique. Dans ses bonnes œuvres comme en toutes choses d'ailleurs, Louis-Philippe réprouvait le charlatanisme et l'apparat; le secret lui paraissait le plus indispensable auxiliaire de la charité royale.

On sait que les souffrances du commerce avaient fixé, dès les premiers jours de son avénement, toute l'attention du roi. Trente millions avaient été consacrés par une loi spéciale à faire des avances au commerce en général, surtout aux industries dont la stagnation momentanée mettait en péril l'existence des grandes populations ouvrières. Cependant plusieurs établissements industriels n'avaient pas seulement un pressant besoin d'avances : quelques-uns, et des plus considérables, ne pouvaient se maintenir qu'à l'aide de subventions permanentes. Le principe de ces subventions n'avait pas été admis par la loi, qui n'autorisait que des avances remboursables à échéances fixes. Le roi n'hésita pas à venir au secours de l'État, et à compléter les bienfaits de la loi par des sacrifices personnels qui s'élevèrent à plusieurs millions.

D'autres malheurs restaient encore à soulager.

Justement avare des deniers publics, la loi ne dispensait, ainsi que nous venons de le dire, ses générosités qu'au commerce et à l'industrie : l'ébranlement de certaines fortunes particulières n'y trouvait aucun appui. La bonté de Louis-Philippe ne resta pas sourde à de douloureuses confidences. Dans cette première crise, le roi consacra plus de 1,200,000 fr. à réparer des ruines honorables, à soutenir certaines existences menacées. Parmi ses obligés de cette époque, nous pouvons, sans inconvénient aujourd'hui, citer en première ligne Benjamin Constant. Dès longtemps détourné de ses intérêts personnels par les travaux de la pensée, et plus tard par les luttes de la tribune, Benjamin Constant voyait arriver à la fois les infirmités de la vieillesse et les angoisses d'une pauvreté qu'il n'avait pas prévue. La liberté de ce brillant esprit pouvait y périr. Le secret de ces embarras fut mal gardé pour le roi, qui envoya immédiatement au grand publiciste un bon de 200,000 fr. sur sa cassette.

Deux autres noms bien connus figurent encore parmi ceux des capitalistes ou des négociants qui durent à Louis-Philippe de ne pas subir les rigoureuses conséquences d'un naufrage commercial : ce sont ceux de MM. Audry de Puyraveau et Jacques Laffitte.

M. Audry de Puyraveau, associé d'un honorable négociant, M. Gallot, avait vu sa maison de commerce ébranlée par la secousse révolutionnaire. Des indemnités reçues de la ville de Paris pour réparation des dommages éprouvés pendant les journées de juillet, une part dans la distribution du fonds de 30 millions accordés par la loi spéciale, n'avaient pas suffi à raffermir son crédit. Une main secourable pouvait seule l'arrêter sur le penchant de sa ruine : cette main fut celle du roi, qui, par une largesse de 200,000 francs, sauva la maison Audry de Puyraveau, Gallot et compagnie.

La situation de M. Laffitte offrait à la générosité du roi une occasion encore plus digne d'elle. Ici, par une rare exception, l'intérêt général se liait étroitement à l'intérêt privé. L'avenir d'un grand nombre d'établissements financiers et commerciaux dépendait du sort que les événements feraient à la maison Laffitte. Sa ruine eût été une nouvelle et grave atteinte au crédit public, une nouvelle calamité pour le commerce. La Banque de France avait longtemps accordé toute confiance au célèbre banquier, si puissant encore par le crédit de 1830. La révolution de juillet vint démontrer tout ce qu'il y avait eu de factice dans cette grande prospérité, et exposer au grand jour les plaies jusqu'alors ignorées de la maison Laffitte. La Banque de France, au milieu de ses inquiétudes et de ses embarras particuliers, dut renoncer à continuer les énormes avances qu'en dehors même des limites posées par ses statuts elle avait consenties à M. Laffitte. Pour sauver les débris de l'immense fiction qui s'écroulait, il fallait trouver dans les délais les plus restreints une somme de 10 millions en argent ou en engagements à courtes échéances, et une garantie de 6 millions, en tout 16 millions. Demander une telle avance à la loi des 30 millions était chose impossible. La loi était applicable à l'universalité des négociants français; un seul homme ne pouvait donc en usurper le bénéfice; de plus, M. Laffitte était lui-même un des membres du gouvernement chargé de répartir sous sa responsabilité la somme allouée par les Chambres.

En vain M. Laffitte cherchait à vendre ses belles propriétés de Maisons et de Breteuil ; les capitaux fuyaient effrayés par l'orage révolutionnaire, qui, de la France, commençait à se propager en Europe; toute vente, même à vil prix, était impraticable.

Le roi n'hésita point à sauver M. Laffitte.

Malgré les embarras personnels qui allaient en résulter pour lui, malgré des frais d'actes estimés à près d'un million, malgré la dépréciation d'une propriété dont, à une époque des plus prospères, M. le comte Roy avait refusé de donner cinq millions et demi, le roi consentit à se rendre acquéreur de la forêt de Breteuil, et il en offrit tout d'abord un prix qu'on ne lui demandait pas, les 10 millions que M. Laffitte avait jugés indispensables à son salut. En même temps le roi accordait à M. Laffitte une garantie de 6 millions, moyennant laquelle la Banque consentit à proroger un prêt antérieur de pareille somme. Cette garantie devait se résoudre encore en nouveaux sacrifices pour le roi. En effet, le temps empirait de plus en plus la situation de M. Laffitte, impuissant à remplir aucune des conditions qu'il avait souscrites par l'acte de prêt du mois d'octobre 1830. En 1832, la Banque de France, ne recevant ni capital ni intérêts, s'adressa à l'administration de la liste civile, et réclama le bénéfice de la garantie souscrite par le roi. L'intendant général se retrancha dans le droit commun, en vertu duquel une caution ne peut et ne doit être poursuivie qu'après la discussion du débiteur principal. Bientôt ce principe, admis en général par la Banque pour les cautions ordinaires, mais contesté par elle dans le cas de la garantie royale, telle qu'elle l'entendait, fut admis et consacré par les tribunaux. Il ne restait plus à la Banque qu'à poursuivre son débiteur, et les poursuites allaient commencer. Le péril était aussi menaçant que celui des derniers mois de 1830 ; la faillite de M. Laffitte semblait inévitable et prochaine. A des créances pressantes et toutes exigibles, il ne pouvait offrir qu'un actif de propriétés foncières dépréciées, d'actions alors sans valeur, et de recouvrements à long terme plus ou moins discutables. Le roi n'ignorait pas cette situation, qui n'avait d'ailleurs rien de secret pour l'opinion publique.

C'était en 1834. Devenus, antérieurement déjà, les adversaires passionnés de la politique du roi, MM. Laffitte et Audry de Puyraveau s'étaient bientôt rangés parmi les ennemis déclarés de la royauté de juillet. M. Laffitte, pour sa part, avait déjà demandé pardon *à Dieu et aux hommes* de ce qu'il avait fait pour elle. Le souvenir des bienfaits méconnus aurait bien pu, dans sa légitime amertume, dresser une barrière infranchissable entre le cœur de Louis-Philippe et la détresse de M. Laffitte : il n'en fut rien, et le roi, qui, de tous les rois, a le plus souvent pardonné, donna l'ordre à l'intendant général de la liste civile de tout faire pour sauver son ancien ministre. A la suite de laborieuses conférences avec les fonctionnaires supérieurs de la Banque, l'intendant général conclut enfin une convention par laquelle, moyennant un dernier paiement consenti par le roi aux lieu et place de M. Laffitte, la Banque s'obligeait à accorder tous les délais convenables à son débiteur pour la réalisation des diverses valeurs composant son actif. Le roi paya donc encore à la Banque 1,200,000 fr. Cette somme, réunie à celle de 300,000 fr. d'intérêts déjà payés pour lui en mars 1832, portait au chiffre total de 1,500,000 fr. le nouveau sacrifice accompli par une sollicitude supérieure à toutes les passions du cœur humain. C'est ainsi qu'il a été donné à M. Laffitte de terminer avec calme et profit une liquidation qui, sans l'aide de la générosité royale, eût été deux fois sa ruine.

En racontant pour la première fois de tels faits dans tous leurs détails, loin de nous la pensée d'exhaler un ressentiment que désavouerait la tombe de Weybridge! Dans un récit destiné à dégager des nuages de la calomnie la figure de Louis-Philippe, les noms de MM. Laffitte et Audry de Puyraveau prenaient naturellement leur place. La moralité historique explique ici les préférences de notre mémoire pour les bienfaits voués d'avance aux honneurs de l'ingratitude.

Il convient maintenant de grouper ces divers faits et de les traduire en chiffres. Indépendamment de toutes les dépenses consacrées à seconder la renaissance du travail, indépendamment de tous les frais d'une représentation qui rendait la royauté accessible et profitable à toutes les classes de la société, le roi Louis-Philippe, dès les premiers temps de son règne, s'était généreusement grevé d'une dépense absolument imprévue de près de 16 millions. Il avait en outre souscrit une garantie de 6 autres millions, qui se changea plus tard en une nouvelle charge de 1,200,000 francs. L'ensemble de ces sacrifices s'éleva donc à plus de 17 millions. Pour unique compensation, le domaine privé, devenu acquéreur de la forêt de Breteuil, avait recueilli un accroissement de revenu net qui n'a pas atteint 110,000 fr. en 1831 et 1832, et dont la moyenne n'a pas dépassé 210,000 fr. pendant les années suivantes.

Il y avait bien là de quoi faire réfléchir le roi et le père de famille. Son premier souci aurait dû être de combler les déficits qu'une période si courte avait suffi à creuser. Mais le roi avait pour principe que les revenus versés entre ses mains par le trésor public devaient retourner au pays par toutes les dépenses propres à favoriser ses intérêts et sa gloire. Soulager les infortunes, réparer les injustices du sort, encourager les lettres et les arts, favoriser l'industrie, se mettre incessamment en rapport avec les grands corps de l'État, avec la garde nationale et l'armée, rétablir enfin la dotation de la couronne dans tout l'éclat qui convient au chef d'une grande nation, tels étaient les termes dans lesquels ce prince définissait lui-même le noble mandat de la royauté.

Quant au père de famille et au propriétaire du domaine privé, il pensait que le roi devait, plus encore que le duc d'Orléans, contribuer, par des travaux et des améliorations, au bien-être des populations qui entouraient les anciennes résidences de sa Maison. Les ressources attribuées par l'État à la couronne n'avaient pas été pour Louis-Philippe le signal d'économies à faire sur les ressources provenant de ses propriétés patrimoniales. Pendant qu'il consacrait les premières à la restauration et à l'embellissement des palais de la couronne, il continuait à dispenser les secondes aux artistes, aux entrepreneurs et aux ouvriers, en travaux de tous genres dans les résidences du domaine privé. A Neuilly, à Eu, à Bizy, à Laferté-Vidame, ces lieux toujours aimés; à Dreux, ce Saint-Denis de famille qui, élevé aux frais de Louis-Philippe, aura coûté seulement des larmes à la France, des dépenses considérables ne cessaient de porter l'aisance partout où le travail pouvait la recueillir.

On pouvait donc le prévoir dès les premières années qui suivirent 1830 ; les économies de l'avenir ne devaient pas venir réparer les prodigalités d'un passé déjà trop généreux.

III.

SUITE DU CHAPITRE PRÉCÉDENT.
LA LOI DE LA LISTE CIVILE. — LA QUESTION
DES DOTATIONS.

III.

SUITE DU CHAPITRE PRÉCÉDENT. — LA LOI DE LA LISTE CIVILE. — LA QUESTION DES DOTATIONS. —

Une nouvelle cause devait bientôt ajouter aux embarras de la situation personnelle du roi. En effet, la loi du 2 mars 1832, qui régla le chiffre et les conditions essentielles de la liste civile, réduisit à 12 millions l'allocation royale que le ministère de MM. Laffitte et Dupont (de l'Eure) avait proposé de fixer à 18 millions, et sur laquelle le roi avait compté pour faire face à toutes les charges de la couronne. L'esprit de défiance et de crédulité qui devait miner insensiblement et ruiner enfin plus tard les institutions monarchiques, s'était déjà fait jour dans plusieurs articles de la loi nouvelle. Contrairement au droit historique et au texte même du titre primitif, rappelés et consacrés de nouveau par la loi du 15 janvier 1825, la Chambre des députés supprima l'apanage de la maison d'Orléans, sans admettre en même temps le principe fixe et assuré, soit d'un nouvel apanage, soit de dotations princières : et cependant voici comment M. Dupin, dans une discussion sans réplique, caractérisait le droit de la maison d'Orléans :

« .... Ainsi, comme on le voit par les lettres-patentes de l'édit de Louis XIV de mars 1661, enregistré au parlement le 10 mai de la même année, l'apanage de la maison d'Orléans n'a pas été constitué à titre gratuit, mais à *titre successif,* pour tenir lieu au chef de cette branche, alors mineur, de *sa part héréditaire* dans la succession du *père commun.* Cet apanage constituait la *légitime* de la branche d'Orléans; il formait le prix de *sa renonciation* au profit de l'aîné (Louis XIV) aux domaines, terres et seigneuries, meubles et effets mobiliers *échus par le trépas de feu leur dit seigneur et père.* — Par là, le vœu de la nature avait été rempli, et la royauté avait acquitté ses obligations, comme le dirent plus tard les lettres-patentes du 7 décembre 1766 [1]. » C'est en s'appuyant aussi sur la science de l'histoire et sur l'étude du contrat primitif que Casimir Périer disait à la tribune de la Chambre des députés le 3 octobre 1831 : « Les biens apanagers sont ceux que Louis XIV avait constitués en faveur de son frère mineur *pour lui tenir lieu de sa part héréditaire* dans la succession du roi leur père. » La Chambre, surprise par un amendement improvisé, se borna à voter un article qui statuait que des dotations seraient accordées aux princes et aux princesses de la famille royale *en cas d'insuffisance du domaine privé* [2].

L'expérience a prouvé que cette disposition législative contenait en germe les plus grands dangers pour la politique et les plus graves embarras pour les affaires privées du roi. Les mauvaises passions ne tardèrent pas à s'emparer de ce terrain, si bien préparé pour elles par la légèreté et la défiance parlementaires. C'est de ce moment sur-

---

[1]. Dupin, TRAITÉ DES APANAGES, troisième édition.
[2]. Article 21, loi du 2 mars 1832.

tout que datent les exagérations systématiques de la valeur du domaine privé, produites avec tant d'impudence et acceptées avec une si étrange crédulité [1]. C'est alors aussi que commencèrent à se produire avec une odieuse opiniâtreté les accusations d'envois et de placements de fonds à l'étranger. On disposait ainsi d'avance les esprits à accueillir avec défaveur toute demande de crédits pour l'exécution loyale de la loi du 2 mars 1832; on ébranlait la fermeté des ministères appelés à réclamer des Chambres les dotations nécessaires à l'indépendance et à l'établissement des princes et des princesses de la famille royale; enfin, on

---

1. Le dédain de quelques journalistes pour la vérité et même pour la vraisemblance est poussé si loin, qu'on a pu lire, après la mort du roi Louis-Philippe, dans plusieurs feuilles, françaises et étrangères :

« Les droits à payer par la famille d'Orléans, après le décès du comte de Neuilly, montent à neuf millions environ !!! »

Ces droits, tels qu'ils ont été payés par les héritiers, sous le contrôle de l'administration de l'enregistrement, se sont élevés en tout à la somme de 216,071 fr. !!!

Et encore, cette somme comprend les droits provenant des déclarations faites pour les rentes ou actions nominatives ou au porteur que le roi possédait en Angleterre et en Amérique.

parvenait à créer pour la Liste civile et pour le domaine privé de nouvelles charges et de nouveaux embarras. Le tableau des passions, des fautes ou des faiblesses qui ont fait de la question des dotations princières l'une des plus funestes à la royauté de Juillet n'entre pas dans notre cadre; c'est dans l'exposé général de la politique intérieure des dix-huit années de règne du roi Louis-Philippe qu'une telle étude doit trouver sa place. Il faut toutefois signaler à l'opinion une vérité acquise dès ce moment à l'histoire : jamais, à aucune époque, le roi n'a fait une condition à un seul de ses ministres de la présentation d'une loi de dotation, jamais il n'a formé ou dissous un cabinet dans l'intérêt de cette question de famille; au contraire, il s'est toujours empressé de la subordonner aux exigences de la politique générale, et même à la durée des divers cabinets.

Un seul ministère a vu son existence brisée par le rejet d'une loi de dotation; mais il est tombé devant un vote de la Chambre des députés, et non devant une exigence ou un mécontentement de la couronne. Ce ministère, imposé au roi, le 12 mai

1839, par le triomphe *de la coalition*, avait pu croire qu'un gage particulier de dévouement rachèterait, en partie du moins, le vice de son origine. Dans cette pensée, il avait offert au roi de présenter une loi de dotation dont le cabinet conservateur de M. Molé n'avait pas cru pouvoir prendre l'initiative ; mais le ministère du 12 mai n'avait subi à cet égard ni conditions ni contrainte. Sa conviction et son habileté avaient seules déterminé la présentation de la loi à la Chambre des députés. La dotation échoua devant l'incurable défaut de tous les ministères de *tiers-parti*, devant le doute et l'inaction du pouvoir aux jours de lutte et de péril. Cependant le roi, que le silence des ministres parlementaires dans une question aussi personnelle pour lui avait pu justement offenser, reçut avec une vive répugnance les démissions volontaires qui lui furent offertes, et ne se résigna qu'avec peine à les regarder comme irrévocables.

Un coup d'œil rétrospectif sur l'histoire de plusieurs des ministères qui se sont succédé depuis 1830, rend plus palpable encore la vérité que nous avons établie, à savoir, que le roi Louis-Philippe, malgré la conviction profonde du droit de sa famille qu'il se plaisait à proclamer, a toujours mis un soin religieux à séparer la politique générale de ses intérêts personnels et spécialement de la question des dotations princières.

Ainsi que je l'ai déjà dit, le premier ministère qui s'occupa de la liste civile et de la situation de la famille royale fut celui qui avait M. Laffitte pour président, et dans lequel M. Dupont (de l'Eure) siégeait comme garde des sceaux. C'était au mois de décembre 1830. Ministre de l'intérieur de ce cabinet, j'ai pris part à toutes ses délibérations sur ce grave sujet. Je puis donc rendre à MM. Laffitte et Dupont (de l'Eure) cette justice de dire qu'ils résolurent les questions qui leur étaient soumises avec un entrain monarchique qui ne laissait rien à désirer. M. Laffitte, en sa qualité de président, avait pris l'initiative du projet de loi devant le conseil des ministres. Ce fut d'accord avec M. Dupont (de l'Eure) qu'il le porta à la Chambre des députés le 15 décembre 1830.

Ce projet fixait la liste civile à dix-huit millions, reconnaissait le principe de l'apanage, en accordait la jouissance à l'héritier du trône quand il aurait atteint l'âge de dix-huit ans, et statuait enfin que des dotations seraient allouées à tous les princes et à toutes les princesses de la famille royale. Voici dans quels termes M. Laffitte fit connaître à la Chambre des députés l'opinion unanime du conseil des ministres, en ce qui concerne spécialement l'apanage et les dotations princières :

« Nous avons jugé convenable de faire au sujet de l'apanage une disposition particulière. Cette disposition nous a semblé à la fois digne du trône et favorable même au trésor. Nous avons pensé que l'apanage d'Orléans formerait une dotation digne des héritiers présomptifs de la couronne. En conséquence nous vous proposons d'établir que lorsque les héritiers présomptifs auront atteint l'âge de dix-huit ans, l'apanage se détachera de la couronne et formera leur dotation temporaire, pour revenir à la couronne lorsqu'ils monteront sur le trône. Cette disposition nous a paru assurer aux fils aînés des rois une situation convenable; elle épargnera d'ailleurs au trésor la dépense de leur dotation. L'apanage d'Orléans produit un revenu de deux millions.

« Vous approuverez sans doute la disposition par laquelle les princes puînés devront recevoir une dot quand sera venu le temps de leur établissement. Nous la leur donnerons en propriétés qui rapportent peu dans nos mains, mais qui rapporteront beaucoup dans des mains particulières, c'est-à-dire en forêts [1]. »

Aucun ministre ne pouvait se recommander au

---

[1]. Ces dispositions étaient rédigées ainsi qu'il suit :

Art. 20. L'ancien apanage d'Orléans, constitué en 1664, 1672, 1692, ainsi que la petite forêt d'Orléans, qui en faisait ordinairement partie, ayant fait retour à l'État, il en sera disposé comme il suit :

Art. 21. Cet apanage formera la dotation particulière de l'héritier présomptif de la couronne, quand il aura atteint l'âge de dix-huit ans.

Quand il n'y aura pas d'héritier mâle, quand cet héritier n'aura pas dix-huit ans, ou quand il arrivera au trône, l'apanage d'Orléans se confondra avec la dotation de la couronne et n'en sera détaché de nouveau que dans les cas ci-dessus énoncés.

Art. 27. La dotation des fils puînés du Roi et des princesses ses filles sera réglée ultérieurement par une loi à mesure que les princes et princesses atteindront l'âge auquel il devra être pourvu à leur établissement.

roi par un langage plus conforme à ses opinions. Nous devons ajouter qu'aucun président du conseil n'eût été plus propre que M. Laffitte à assurer, par ses relations avec la gauche, l'adoption d'un projet qui donnait une si complète satisfaction aux désirs personnels du roi. S'il restait au pouvoir, la loi ne semblait devoir rencontrer aucune difficulté sérieuse ; s'il quittait les affaires, elle courait les plus grands dangers. Le roi le savait ; mais la politique de M. Laffitte, se rapprochant de plus en plus de celle de l'opposition, menaçait à la fois la paix et le crédit public. Le roi n'hésita pas, et, sans prendre souci du sort de la loi de dotation, il se sépara de M. Laffitte pour contracter avec le parti conservateur, dans la personne de son chef le plus illustre, Casimir Périer, cette indissoluble alliance à laquelle il est resté fidèle pendant dix-huit années de règne. Sous le ministère de M. Périer, et de son consentement, la liste civile fut réduite de 18 à 12 millions, le domaine de la couronne restreint, le principe de l'apanage écarté, et les dotations rendues éventuelles ; et cependant jamais ministre put-il compter sur un appui plus énergique et plus constant de la part du souverain?

En renonçant à discuter toutes ces questions, Casimir Périer blessait les intérêts de Louis-Philippe, comme il blessa plus tard ses sentiments en le forçant à sanctionner la loi qui bannissait les princes de la branche aînée. Louis-Philippe ressentait vivement de telles blessures, qui pénétraient jusqu'au fond de son âme et portaient atteinte à ses convictions les plus enracinées. Je l'ai souvent entendu s'en plaindre non sans amertume, mais le roi n'en conserva pas moins à Casimir Périer une fidélité à toute épreuve : il savait bien en effet que le salut du pays dépendait alors du maintien au pouvoir de ce grand adversaire des utopies et des témérités de la gauche.

Quelques années plus tard, en 1837, une circonstance de famille fit naturellement renaître la question de dotation sous les auspices d'un nom sympathique et populaire. La princesse Marie venait de se marier : le roi, toujours prêt à céder aux exigences de la politique, mais toujours résolu à reproduire les questions qu'il considérait comme liées étroitement à son honneur ou à son droit, invita son ministère à s'occuper de la dot stipulée dans le traité de mariage et du projet de loi qui devait y pourvoir. M. le comte Molé était alors président du conseil. J'avais l'honneur de siéger encore comme ministre de l'intérieur dans ce cabinet qui avait débuté par l'amnistie, et qui devait finir deux ans plus tard par les luttes de la coalition. Le ministère était complétement d'accord avec le roi sur le droit des dotations princières; en obtenant des Chambres l'allocation de la dot de la reine des Belges, il en avait déjà fait triompher le principe. Cependant des circonstances parlementaires nouvelles et l'hostilité déjà déclarée de plusieurs membres éminents du parti conservateur firent penser à M. le comte Molé et à ses collègues que le moment n'était pas opportun pour la présentation d'un nouveau projet de loi de dotation si rapproché du premier.

Je fus chargé par mes collègues d'aller faire connaître au roi la résolution du cabinet. Aucun d'eux, on le comprendra sans peine, n'était pressé d'aller porter à Saind-Cloud une résolution qui devait y être reçue avec un vif déplaisir. Ils pensèrent d'ailleurs avec raison que mon dévouement bien connu pour la famille royale donnerait à leur délibération le caractère qui lui appartenait réellement, celui d'un ajournement prononcé à regret, et inspiré seulement par l'intérêt bien entendu de la couronne. Après m'avoir entendu, le roi fit appeler la reine et Madame Adélaïde, et m'imposa la pénible mission de leur faire connaître moi-même la résolution du cabinet, en reproduisant devant elles tous les motifs qui l'avaient dictée. Ce fut le seul témoignage du mécontentement que lui avait causé ma démarche. Au moment où je me retirais :

« Je ne me rends, me dit tristement le roi, à au-
« cune des raisons que vous m'avez exposées pour
« justifier une décision qui me blesse et me cause
« un profond chagrin; mais, ajouta-t-il en rele-
« vant la tête, que le ministère fasse bien les
« affaires du pays, tout le reste sera bientôt ou-
« blié. »

On se souvient que, peu de temps après, le roi soutint énergiquement le comte Molé dans sa lutte glorieuse contre les ambitions parlementaires coalisées, qu'il lui accorda deux dissolutions successives, et qu'il fit encore, au dernier moment, les plus grands efforts pour le retenir, lui et ses collègues. Le ministre qui avait porté à Saint-Cloud la décision du cabinet relative à la dot de la princesse Marie reprit alors près du roi ses anciennes fonctions d'intendant général de la liste civile, recevant ainsi de nouvelles marques d'une confiance qui sera l'honneur de sa vie.

De tels actes, les paroles que nous avons citées, et qui en résument si bien le caractère, démontrent mieux que nous ne saurions le faire, avec quelle conviction profonde Louis-Philippe cherchait à faire triompher le droit de sa famille, avec quelle fermeté d'âme il savait le subordonner aux intérêts de son gouvernement.

Cependant cette victoire du roi sur lui-même ne faisait qu'accroître ses embarras personnels, en retardant l'exécution de la disposition légale qui du moins avait assuré des dotations et des dots aux princes et aux princesses de la famille royale, en cas d'insuffisance du domaine privé. Cette insuffisance avait été démontrée et admise en principe par les chambres, lorsqu'elles avaient alloué la dot de la princesse Louise d'Orléans devenue reine des Belges ; mais, par une contradiction étrange, ou plutôt par l'effet de certaines combinaisons parlementaires, d'autres dispositions se firent jour dans la Chambre des députés. La dotation de M. le duc de Nemours vint échouer tout à coup devant la ligue de passions ou d'intérêts divers réunis contre le roi ou contre le ministère. A dater de ce moment, tout le poids des dotations dut retomber sur la liste civile et sur le domaine privé, contre toute convenance et contre toute équité, car, on ne peut trop le répéter, le domaine privé était réellement et absolument *insuffisant* pour y faire face.

En janvier 1832, M. Dupin portait le revenu net du domaine privé à 1,300,000 fr. Encore, pour que le produit net de cette année et des années suivantes pût être regardé comme parfaitement liquide et disponible, il aurait fallu admettre cette supposition, contraire au bon sens comme à la vérité, que le roi ne ferait dans ses anciennes résidences princières d'autres dépenses de bâtiments, de parcs et de mobilier, que celles absolument indispensables pour leur conservation. Il était impossible que Louis-Philippe renonçât entièrement à des travaux d'embellissement qui devaient être une des gloires de son règne, comme elles avaient déjà fait l'honneur du duc d'Orléans.

Le chiffre de 1,300,000 fr. énoncé par M. Dupin en 1832, était d'ailleurs exagéré. Pour s'en convaincre, il suffit de consulter le tableau des produits et des charges du domaine privé pendant les années qui ont suivi[1]. En ne portant au compte de ces charges *aucun* des travaux neufs faits dans les résidences de Neuilly, d'Eu, de Bizy, de Laferté-Vidame et de Dreux, mais seulement les travaux de conservation et d'entretien, on trouve que le produit net et moyen du domaine privé, calculé sur une période de onze années, n'a pas atteint 1,168,000 fr. Si en outre on y ajoute 30,000 francs de rente 5 p. 100 affectés aux chapelles funéraires de Dreux et de Saint-Ferdinand, et 66,859 francs

---

[1]. PIÈCES ANNEXES ET JUSTIFICATIVES n° II. — Évaluation du revenu annuel et moyen du domaine privé sous le règne du roi Louis-Philippe.

de rente 5 p. 100 sans affectation spéciale qui se trouvaient le 24 février entre les mains du trésorier de la couronne, on n'arrive encore qu'à un revenu net de 1,265,000 francs.

Nous sommes donc assurés de rester en deçà des limites de la vérité en basant l'examen de l'insuffisance du domaine privé sur un revenu net évalué à 1,300,000 francs.

Rapprochons maintenant de ces chiffres les dépenses qu'occasionnaient au roi les princes et les princesses de la maison royale;

Ces dépenses étaient de deux sortes :

1° Celles de la vie commune ou intérieure, qui consistaient en dépenses de bâtiments, de mobilier, de nourriture, de chauffage, d'éclairage, etc.

2° Les pensions, les services d'honneur, les services personnels, les écuries, les voyages, les présents, les encouragements et les dons de bienfaisance accordés par les princes.

Les dépenses de cette dernière catégorie étaient régulièrement constatées par des pièces à l'appui et par des comptes exactement tenus, qui nous permettent d'en mettre le tableau pour plusieurs années sous les yeux du public :

1843.	2,479,592 fr.
1844.	2,970,871
1845.	2,720,410
1846.	2,201,266
1847.	2,392,293

Les dépenses de la vie commune échappaient, par leur nature même, à la spécialité et à la division par personnes ; l'évaluation en semblerait donc fort difficile, s'il n'existait un terme de comparaison qui conduit à une appréciation convenable. Le roi Charles X, de 1825 à 1830, avait évalué à 1,800,000 francs les dépenses de la vie commune pour les princes et princesses de sa maison ; chaque année, cette somme était versée dans les caisses de la liste civile, après avoir été retenue par ses ordres sur la dotation de 7 millions affectée par la loi du 15 janvier 1825 aux princes et princesses de la famille royale *pour leur tenir lieu d'apanage*. En adoptant le chiffre de 1,800,000 francs pour représenter les dépenses de la vie commune des princes et princesses de la maison d'Orléans, nous nous bornerons à faire remarquer combien ce chiffre est modéré, si l'on considère la proportion du nombre des princes et princesses dans chacune des deux familles royales. On peut donc, sans craindre de se tromper, augmenter de 1,800,000 francs chacun des chiffres du tableau précédent. On sera ainsi en mesure d'apprécier avec exactitude l'ensemble des charges supportées par la liste civile et par le domaine privé, pour les dépenses des princes et des princesses. Rectification faite, ces dépenses se sont élevées, de 1843 à 1847 inclusivement, aux chiffres suivants :

1843.	4,279,592 fr.
1844.	4,770,871
1845.	4,520,410
1846.	5,001,266
1847.	4,192,293

ce qui donne par année une dépense moyenne de 4,552,886 francs, et, en rapprochant ce chiffre du revenu net du domaine privé, estimé moyennement à 1,300,000 francs, on voit que l'insuffisance du domaine privé pouvait et devait se traduire, de 1843 à 1847, par le chiffre de 3,252,886 francs, c'est-à-dire 3 millions et un quart environ. Posée dans ces termes précis et authentiques, la question n'est plus douteuse. Par l'art. 21 de la loi du 2 mars 1832, l'État s'était engagé à doter les princes et les princesses de la famille royale *en cas d'insuffisance du domaine privé.* Or, cette insuffisance s'élevait à 3 millions deux cent cinquante mille francs. La loi n'a donc pas été exécutée, et l'État, en manquant à des engagements sacrés, compliquait gravement les affaires personnelles du roi dès les premiers mois de 1832.

D'après tout ce qui précède, on peut dire que les embarras financiers du roi Louis-Philippe avaient une double origine, facile à résumer en peu de mots et en ces termes : le roi avait fait plus qu'il ne pouvait, l'État moins qu'il ne devait.

IV.

GALERIES HISTORIQUES DE VERSAILLES.
— RESTAURATION ET DÉCORATION DES PALAIS. —
CHAPELLE DE SAINT LOUIS A TUNIS.
— PARCS ET JARDINS. — FORÊTS. —
ACCROISSEMENT DU DOMAINE DE L'ÉTAT AUX FRAIS
DU ROI LOUIS-PHILIPPE.

IV.

GALERIES HISTORIQUES DE VERSAILLES. — RESTAURATION ET DÉCORATION DES PALAIS. — CHAPELLE DE SAINT-LOUIS A TUNIS. — PARCS ET JARDINS. — FORÊTS. — ACCROISSEMENT DU DOMAINE DE L'ÉTAT AUX FRAIS DU ROI LOUIS-PHILIPPE.

Pour réparer les effets d'une situation doublement onéreuse, Louis-Philippe avait à choisir entre deux conduites : ou bien il pouvait jouir de la dotation de la couronne comme d'un usufruit tel qu'il est défini par le Code civil, sans faire ni plus ni moins que ce qui est permis ou ordonné par cette charte du droit commun ; dans ce cas, les palais de la couronne étaient conservés, mais non pas embellis et accrus; les forêts entretenues, mais non pourvues de plantations nouvelles; les manufactures royales maintenues dans les anciennes limites de leurs budgets; les arts soutenus, mais non royalement encouragés; la charité exercée dans le cercle restreint des fortunes privées. Suivant l'autre conduite, Louis-Philippe pouvait jouir de la dotation en roi, conformément au droit exceptionnel et spécial consacré par la loi du 2 mars 1832. Dans ce cas, les palais de la couronne, trop longtemps négligés, reprenaient leur ancienne splendeur; les forêts, percées de routes d'exploitation ou d'agrément, garnies de nombreuses constructions destinées à en mieux assurer la conservation, améliorées enfin par une foule de travaux de toute espèce, s'augmentaient encore par des semis et des plantations considérables; les manufactures royales concouraient, par de larges travaux, à la restauration des monuments et des palais; enfin la charité prenait vraiment des proportions royales. Par le premier des deux systèmes (et il pouvait assurément se croire en droit de l'adopter), le roi entrait dans la voie des grandes économies et s'assurait des ressources personnelles considérables. En s'attachant au second, il perpétuait une situation difficile et embarrassée; mais il restait fidèle aux termes dans lesquels il avait lui-même défini sa mission dès les premiers jours de son avénement au trône. Louis-Philippe n'hésita pas, et il voulut poursuivre jusqu'à la fin l'œuvre qu'il avait déjà commencée.

L'attention du roi se porta d'abord sur les palais de la couronne, qui tous réclamaient plus ou moins une large et intelligente restauration; mais l'entreprise était trop vaste pour qu'on pût de prime abord l'embrasser tout entière. Les réparations et l'achèvement du Louvre et des Tuileries constituaient seuls une œuvre immense. Des travaux considérables étaient à exécuter sans délai dans les autres palais, surtout dans ceux de Versailles, de Saint-Cloud et de Fontainebleau, depuis trop longtemps négligés. Il fallait choisir. Le roi opta pour les travaux que lui seul pouvait concevoir, entreprendre et terminer.

L'achèvement du Louvre n'intéressait pas seulement la couronne, mais aussi l'État, et Paris lui-même, siége de tous les grands pouvoirs, particulièrement fier de ce palais comme d'un monument plus parisien que tous les autres. En refusant de s'associer, dès 1833, à la pensée de M. Thiers, qui lui proposait de voter un crédit pour les travaux du Louvre, la Chambre des députés céda seulement à des considérations de détail qui ne touchaient en rien au fond des choses. Le roi avait, si je puis m'exprimer ainsi, rempli son devoir envers le Louvre en demandant à l'État de poursuivre cette œuvre nationale, trop forte et trop lourde pour les seules ressources de la liste civile. Un pressentiment intime lui disait d'ailleurs que tôt ou tard le Louvre serait achevé. Cette pensée d'achèvement, si elle ne devait pas être suggérée par l'intérêt de l'État ou par l'orgueil des bourgeois de Paris, prendrait inévitablement naissance quelque jour dans l'esprit d'opposition, jaloux d'exécuter surtout ce que le roi aurait voulu mais n'aurait pas pu entreprendre. Le roi tourna donc principalement ses efforts du côté des palais qui, situés à une certaine distance de Paris, entourés de populations faibles ou pauvres, ne pouvaient rien attendre de l'intervention de l'État. Il voulut faire et il fit ce que nul prince et nul gouvernement n'eussent fait après lui.

Le palais de Versailles occupa surtout la pensée du roi. Dans cet admirable monument du règne de Louis XIV, la première république avait plus d'une fois poursuivi les plus grands souvenirs de la monarchie française. Dépouillé, en 1794, de ses meubles et de ses ornements les plus précieux, le palais de Versailles fut successivement destiné à devenir une succursale des Invalides, ou à être morcelé et vendu. Plus tard, en 1808, l'empereur Napoléon exprimait la volonté de le faire disposer comme résidence impériale pendant l'été. En 1814, une des premières pensées de Louis XVIII, à son avénement au trône, fut de rétablir la cour à Versailles; il recula bientôt, comme avait reculé l'empereur lui-même, devant les dépenses qu'auraient entraînées l'arrangement intérieur et l'ameublement du palais, et il se borna à faire restaurer les peintures et les dorures des grands appartements. Enfin, dès les premiers mois de 1831, la pensée d'établir à Versailles des invalides militaires fut reproduite et faillit triompher. La résistance énergique du roi, aidée de l'opinon de quelques-uns de ses ministres, refoula ce projet dans le passé révolutionnaire.

Louis-Philippe résolut alors de sauver pour toujours l'ancienne demeure de son auguste aïeul, si souvent menacée par l'incessante mobilité du pouvoir et des idées ; il voulut la mettre hors de l'atteinte des révolutions par la grandeur d'une destination nouvelle, et il atteignit ce but en consacrant le palais de Versailles à toutes les *gloires de la France.*

La révolution de février a mis le trône en poudre, et cependant la grande œuvre de Louis-Philippe reste debout, destinée à vivre autant que la civilisation même, sans autres ennemis que les réformateurs modernes et la barbarie qui leur fait cortége. Dès que la pensée créatrice du roi se révéla, le pays comprit qu'il y avait dans l'œuvre projetée un grand intérêt d'honneur national, et répondit par une immense acclamation. Les partis semblèrent tomber une fois d'accord, et la haine même fut réduite à se courber sous la pression du sentiment universel. Ce jour-là, le roi eut comme un avant-goût des grandes justices de l'histoire.

Le vaste musée de Versailles est, en effet, l'œuvre personnelle de Louis-Philippe. Pendant plusieurs années, il y a consacré à la fois tous les loisirs que lui laissait la politique et presque toutes les ressources de sa Liste civile. Lui-même il a discuté et tracé le plan de toutes les salles, de toutes les galeries, qui contiennent plus de quatre mille tableaux ou portraits et environ. mille œuvres de sculpture. Il a désigné lui-même la place qui devait être attribuée à chaque époque, à chaque personnage. Dans ce vaste classement de tous les souvenirs glorieux pour le pays, le royal ordonnateur ne reculait devant aucun acte de l'impartialité même la plus hardie. Du haut d'un esprit libre de toutes passions et de tous préjugés, Louis-Philippe décida, dès le début, que tout ce qui était national devait être mis en lumière, que tout ce qui était honorable devait être honoré. Les témoins nombreux ne manquaient pas aux visites royales, et les témoins restaient souvent étonnés de ces décisions fort supérieures à la sphère d'une politique vulgaire et égoïste. Le roi avait coutume d'exprimer tout haut sa pensée, donnant ses ordres devant les nombreux ouvriers occupés aux travaux du palais, comme devant les fonctionnaires de tous rangs qui l'accompagnaient dans chacune de ses visites. C'est ainsi que beaucoup de personnes se rappellent encore le jour de l'année 1833 où Louis-Philippe désigna plusieurs salles destinées à recueillir, avec les portraits de Louis XVIII et de Charles X, les souvenirs glorieux de la restauration. Quelques mois à peine s'étaient écoulés depuis l'insurrection de la Vendée. Une prudence bien naturelle lui donnait des conseils d'abstention ou d'ajournement; on lui rappelait la fureur populaire, naguère encore si ardente à se ruer sur des emblèmes historiques qui avaient eu aussi leur part de la gloire française.

« Non, répondit le roi, je ne reculerai pas devant
« la passion populaire, et je la ferai taire en la bra-
« vant. »

Les salles de la restauration furent ouvertes; la passion s'inclina et se tut.

La haute impartialité du roi Louis-Philippe ne s'appliquait pas seulement aux époques anciennes ou récentes de nos annales : c'est avec la même liberté d'esprit qu'il faisait la part de son propre règne. Nous reproduisons encore ici textuellement sa pensée et ses paroles profondément gravées dans nos souvenirs et recueillies par d'autres témoins fidèles.

Dans la pensée d'élever, en le ranimant, le travail des manufactures des Gobelins et de Beauvais, le roi avait décidé que plusieurs salles des palais de la couronne seraient entièrement décorées de tentures et de tapisseries dues à l'art savant de leurs ouvriers. A cet effet, deux peintres [1], connus par de belles œuvres, furent chargés, comme autrefois Van der Meulen et Lebrun, de préparer des cartons-modèles. L'une des salles était réservée au règne de Louis-Philippe : les deux artistes avaient choisi, pour en consacrer la mémoire, les victoires remportées en Afrique sous le commandement ou en présence des fils du roi. Ces faits militaires étaient retracés dans des médaillons supportés par de grandes *Renommées*. Les cartons furent soumis au roi.

1. M. Couder, membre de l'Institut, et M. Alaux, directeur de l'école de Rome et membre de l'Institut.

« Je vous remercie, dit-il, d'avoir choisi mon
« règne comme sujet de vos travaux ; mais je ne
« saurais admettre la manière dont vous l'avez ca-
« ractérisé. Les victoires d'Afrique appartiennent
« moins à ma propre gloire qu'à celle de mes fils
« et de l'armée. D'ailleurs, vos Renommées sont
« trop grandes : quelle serait donc la taille de celles
« que vous destineriez à Marengo, à Austerlitz ou
« à Wagram? Restons ce que nous sommes, nous
« n'en serons pas plus petits. Du côté de Napo-
« léon, l'éclat des victoires et la grandeur des con-
« quêtes ; du mien, les douceurs de la paix et les
« bienfaits de la liberté. Représentez l'industrie et
« l'agriculture protégées, les monuments achevés
« et restaurés, d'immenses travaux publics entre-
« pris, les sciences et les arts encouragés ; placez
« en face de la Paix se reposant sur l'épée de la
« France, la Loi dominant toutes les situations,
« même la mienne, et j'ose espérer que la posté-
« rité reconnaîtra les principaux caractères de mon
« règne. »

Obéissant désormais au nouveau programme, les
deux peintres exécutèrent d'autres cartons, et la

pensée de Louis-Philippe a été depuis magnifiquement réalisée par l'industrie des Gobelins.

On sait que des esprits ombrageux ont signalé la création du musée de Versailles comme une témérité grosse de dangers pour l'avenir. Cette glorification éclatante des armées de la république et du génie de Napoléon leur paraissait un aliment nouveau pour les passions qu'ont laissées après eux la république et l'empire. Depuis lors, ils ont cru voir la justification de leurs craintes dans le triomphe de la faction républicaine au 24 février, et plus tard dans la renaissance du bonapartisme, se réveillant au bruit de nos discordes civiles. Il y a là une question de philosophie historique très-digne assurément d'être étudiée à fond ; mais cette étude nous entraînerait hors des limites de notre cadre. Nous nous bornerons en ce moment à dire que l'accueil fait par le public tout entier et par les partis eux-mêmes à la création du musée de Versailles est une réponse péremptoire à la critique que nous venons de signaler. L'unanime applaudissement sorti de tous les rangs et de toutes les opinions prouva, dès l'origine, que l'appel fait par la royauté à l'apaisement des passions avait été entendu. La république est née d'un jour sans pouvoir; le bonapartisme, déjà né une fois de la république, s'est montré à sa suite comme une protestation historique de l'ordre contre l'anarchie; mais la glorification des grandes choses de la république et de l'empire n'est pour rien, ni dans le retour des misères républicaines, ni dans l'apparition de l'ombre impériale. Si le musée de Versailles a été une témérité, cette témérité fut heureuse : elle ne compromit pas la politique du roi, et elle sauva pour toujours le plus beau monument du siècle de Louis XIV.

Tous les détails relatifs à l'exécution de cette œuvre immense, tous les faits qui constatent l'intervention active et incessante du roi, sont consignés dans une collection de trois cent quatre-vingt-dix-huit procès-verbaux des visites royales; M. Nepveu, l'habile architecte du palais, les adressait régulièrement à M. Dubuc, directeur des bâtiments de la couronne. Dans les premiers mois de 1833, le roi avait fait à Versailles trois courses préliminaires; le 1er septembre de la même année, un rapport de l'intendant général de la liste civile, approuvé par le roi, et inséré au *Moniteur*, donnait une date précise à la nouvelle destination du palais de Louis XIV [1] ; mais la première visite vraiment sérieuse, celle qui eut pour but de donner aux travaux une direction précise, se place au 2 décembre de la même année : la dernière (c'était la trois cent quatre-vingt-dix-huitième) eut lieu le 10 décembre 1847. On peut donc dire que, pour l'unique satisfaction de léguer à l'État cet immense musée, Louis-Philippe a consacré presque une année entière de son règne à ordonner et à suivre pied à pied tous les travaux de restauration du palais de Versailles. L'État a recueilli ce legs en 1848, et, puisqu'il s'est chargé de l'apurement des comptes du roi, l'Etat sait aujourd'hui ce qu'a coûté à Louis-Philippe l'usufruit du palais de Versailles et de ses dépendances [2].

---

1. Pièces annexes et justificatives n° III. — Note sur la création et sur l'inauguration des galeries historiques du palais de Versailles.

2. Les deux Trianons sont compris dans les dépendances du palais de Versailles.

Les sommes dépensées par le roi pour la création qu'il avait tant à cœur s'élèvent en bloc à 23,494,000 fr. [1].

Le roi ne croyait cependant pas avoir assez fait encore. De nouveaux plans avaient été dressés par son ordre pour compléter l'œuvre dans un sens conforme au caractère particulier de son règne. La gloire militaire, les victoires des armées françaises sur terre et sur mer, occupaient la totalité des salles et des galeries du palais successivement ouvertes

---

[1]. Le tableau suivant en fait connaître le détail :

Entretien des bâtiments et du système des eaux et grosses réparations indispensables.	2,640,000 fr.	15,059,000 fr.
Travaux neufs et extraordinaires.	12,419,000	
Commandes, acquisitions et restaurations de peinture et de sculpture.		6,625,000
Acquisition et restauration de mobilier.		1,810,000
Total.		23,494,000 fr.

Ce tableau ne comprend ni les frais de garde et de surveillance journalière du musée, du palais et de ses dépendances, ni les dépenses des potagers, orangeries, pépinières, parcs et jardins, dont l'ensemble s'est encore élevé, pendant dix-sept années et demie, à plusieurs millions.

au public. Le roi voulut que des galeries nouvelles fussent consacrées à la gloire politique et aux vertus civiles. Déjà l'emplacement de ce musée nouveau était désigné dans la partie du palais qui s'étend parallèlement à la grande aile du midi, sur l'un des côtés de la rue de la Surintendance, lorsque la révolution de février vint opposer un fatal obstacle à la réalisation de cette patriotique pensée.

Enfin le roi n'aurait pas cru lui-même à l'achèvement de son œuvre, si la pensée créatrice du musée de Versailles n'avait pas été complétée par un grand travail historique, et si l'art de la gravure n'avait pas été appelé à rendre, par une reproduction fidèle, le nouveau musée accessible à ceux-là même qui ne pouvaient venir l'admirer de tous les points de la France et de l'Europe. La plus grande partie du travail historique avait paru avant le 24 février 1848, sous le titre de *Galeries historiques du palais de Versailles* [1]. Il avait été confié

---

1. Neuf tomes, dont le sixième en deux volumes, avaient déjà reproduit la plus grande partie du musée de Versailles ; le dixième tome, déjà commencé, devait être consacré aux portraits du règne de Louis XIV ; le onzième, aux portraits des règnes de Louis XV,

par le roi aux savantes recherches de M. A. Trognon, ancien précepteur de M. le prince de Joinville, et de M. de Cailleux, directeur des musées royaux. L'impression était faite aux frais de la liste civile par l'imprimerie royale. Le roi n'a pas cessé de suivre de l'œil cette importante publication ; il en a même écrit quelques pages. Neuf cent soixante exemplaires étaient gratuitemement distribués, et chaque volume, aussitôt après avoir paru, était envoyé spécialement et sans exception à toutes les bibliothèques de France. Quant à l'œuvre de gravure, la liste civile n'en faisait pas directement les frais ; le roi est venu seulement en aide à un habile éditeur, M. Gavard, au moyen d'une subvention totale de un million environ, consacrée bien moins à l'éditeur qu'à l'art de la gravure, aux artistes qui le cultivent, à toutes les industries qui s'y rattachent et aux nombreux ou-

de Louis XVI et de la révolution française ; le douzième, aux portraits du consulat, de l'empire et des règnes de Louis XVIII, de Charles X et de Louis-Philippe ; le treizième, aux sculptures, et le quatorzième aux résidences royales et aux plans ; enfin un quinzième volume de supplément devait être réservé pour les galeries et les salles qui pourraient être ultérieurement construites.

vriers qu'elles font vivre [1]. C'est ainsi que la résurrection de Versailles a été à la fois un accroissement du domaine de l'État, un encouragement pour les arts, et une nouvelle source de prospérité pour le travail national.

Pendant que le palais de Versailles reprenait son ancienne splendeur, les autres monuments de la couronne avaient aussi leur part d'améliorations annuelles et d'embellissements progressifs. Le palais de Fontainebleau voyait renaître ses magnificences historiques : depuis le vestibule de saint Louis et les galeries de François Ier et de Henri II jusqu'à la galerie de Diane et au cabinet où Napoléon signa son abdication, toutes ses parties reprenaient

---

[1]. Pour donner une idée de l'étendue de ces divers encouragements, il suffira de dire que M. Gavard a payé pour les trois éditions in-f°, in-4° et in-8° seulement des *Galeries historiques*, et sans y comprendre en rien les dépenses relatives aux parties détachées et publiées à part :

Au commerce de papier...............	456,000 fr.
Aux imprimeurs et typographes........	70,000
Aux imprimeurs en taille-douce.........	292,000
Aux graveurs et aux dessinateurs environ.	1,000,000
Total........	1,818,000 fr.

une vie nouvelle sans rien perdre de la physionomie particulière à chaque époque [1].

Le palais de Saint-Cloud, ancienne propriété de la maison d'Orléans acquise par Louis XVI et adoptée depuis par Napoléon comme sa résidence favorite; Saint-Cloud, ce témoin muet de la chute d'une première république et de deux monarchies, devenait, grâce à l'architecture et aux arts, plus digne des souvenirs qu'il rappelle [2].

Le roi n'avait jamais pu visiter le château de Pau, mais là était le berceau, là vivaient tous les souvenirs de son aïeul Henri IV; c'était comme un lieu de rendez-vous entre Paris et Madrid. Le château de Pau ne pouvait être oublié par le roi Louis-Philippe. En 1830, l'ancienne demeure de Henri IV était dans un état de délabrement complet, les planchers du premier étage, presque tous croulés, permettaient à peine au voyageur de vi-

1. Pièces annexes et justificatives n° IV. — Note sur les travaux exécutés au palais de Fontainebleau, sous le règne de Louis-Philippe.

2. Les travaux de Fontainebleau et de Saint-Cloud ont été exécutés sous l'habile direction de M. Dubreuil, architecte du roi.

siter ce palais désigné à sa curiosité par un sentiment unanime et populaire. En 1848, l'ancien château était sorti de ses ruines; les souvenirs renaissaient avec lui; un mobilier ancien ou fidèlement reproduit, offrait aux regards comme un musée du moyen âge; et chaque année, un crédit nouveau, toujours alloué au milieu même des plus grands embarras de la liste civile, permettait d'espérer bientôt une restauration complète du château de Henri IV [1].

Louis-Philippe ne se bornait pas d'ailleurs à honorer la France par des travaux d'art exécutés au sein du pays même : il voulut encore perpétuer un saint nom et de glorieux souvenirs en élevant à ses frais sur la terre étrangère un monument français. Par un article secret du traité de 1830 conclu à Tunis peu après la prise d'Alger, Hussein-Bey, oncle du bey actuel, s'était engagé à céder à la France, sur les ruines de Carthage, un emplacement pour y ériger un monument à la mémoire de saint Louis; mais la guerre sainte que les

---

[1]. PIÈCES ANNEXES ET JUSTIFICATIVES n° V. — Note sur la restauration du palais de Pau.

Arabes organisèrent contre nous, la prise de Tripoli par les Turcs, l'avénement d'Achmet au trône de Tunis, et certaines alliances hostiles à nos intérêts africains, ne permirent pas de profiter de cette cession, et la firent même tomber dans l'oubli. La pensée nationale du gouvernement français sous le roi Charles X n'avait pas été perdue pour le roi Louis-Philippe : il la reprit dans une occasion favorable que lui fournit l'année 1840, et réclama l'exécution de l'engagement pris dix années auparavant par le gouvernement tunisien. M. de Lagau, nouvel agent du roi à Tunis, reçut bientôt l'ordre d'entamer une négociation qui amena immédiatement le bey à renouveler la promesse de 1830.

Cependant, pour élever un monument digne à la fois du saint roi et de son descendant, le ministère n'avait pas, comme on dit en style de finances, de *crédit ouvert;* il fallait faire aux Chambres une proposition spéciale. Ainsi qu'il arrive trop souvent, le ministère montrait de l'hésitation et prononçait le grand mot d'inopportunité. Le roi trancha la difficulté en déclarant qu'il se chargeait personnellement de la dépense. Peu de jours après, le roi confiait à un jeune architecte, M. Jourdain, la mission d'aller construire le monument sur le sommet de la colline qui domine les lieux où fut Carthage, et où la tradition veut que saint Louis ait rendu son âme à Dieu. Dès le 29 juillet 1840, M. de Lagau prit officiellement possession de tout le plateau de cette colline; le 25 août suivant, il posa la première pierre du pieux monument, et l'inauguration de la chapelle de saint Louis [1] put avoir lieu à pareil jour de l'année 1841, en présence d'une division navale qui voyait avec joie la croix du Christ reparaître, après six siècles, sur le point le plus apparent d'un rivage musulman [2].

Quelques jours avant cette solennité, le transport de la statue de saint Louis, destinée à la chapelle, avait été marqué par un incident digne d'intérêt. Le chariot construit à cette occasion n'ayant pu

1. Cette chapelle fut construite par M. Jourdain, d'après les plans de son vénérable maître, M. Fontaine, dont le nom est si honorablement lié, par ses travaux, aux règnes de Napoléon et de Louis-Philippe.

2. Pièces annexes et justificatives n° VI. — Note sur la chapelle de Saint-Louis à Tunis.

être mis en mouvement par douze chevaux de trait, le bey fit mettre à la disposition du chargé d'affaires de France trois cents *nizams*. On vit alors les fils des infidèles que saint Louis était venu combattre s'atteler à ce chariot et le conduire, tambour en tête, jusqu'au sommet du mont Louis-Philippe. Cet hommage rendu à l'un de nos plus grands rois produisit une telle impression sur les indigènes, qu'ils ne tardèrent pas à considérer la chapelle royale comme un *marabout* ou lieu d'immunités, et l'on a vu plus d'une fois des familles musulmanes menacées par des ennemis puissants aller dresser leurs tentes près de *la demeure du saint français*, pour y chercher une sécurité qu'elles y trouvent toujours. C'est qu'en effet le caractère de cet épisode des travaux ordonnés par le roi ne fut pas seulement d'avoir honoré dignement la mémoire de son héroïque aïeul, mais encore d'avoir fortifié l'influence française à Tunis. Grâce à cette influence, l'épiscopat de Carthage a été rétabli, l'hôpital et le collége Saint-Louis se sont successivement élevés à l'ombre de la croix qui surmonte la chapelle, et les premiers pas ont été faits vers l'abolition de l'esclavage, qui a été décrétée depuis dans toute l'étendue de la régence.

Deux années plus tard, non loin du rivage africain, le roi faisait élever un autre monument à la mémoire d'un de ses frères. C'est à Malte, dans la partie de l'église catholique de Saint-Jean consacrée aux Grands-maîtres de la langue française, que reposaient, depuis 1808, les restes de Louis-Charles d'Orléans, comte de Beaujolais, mort à l'âge de vingt-neuf ans dans les bras de Louis-Philippe exilé comme lui. Le caveau qui renferme ces restes précieux est désigné aujourd'hui à la piété du voyageur par un monument digne à la fois des deux frères dont la tendresse avait survécu à une cruelle séparation [1].

L'ensemble des travaux ordonnés par le roi pendant les dix-huit années de son règne, dans le service des bâtiments de la couronne, a exigé une dépense de près de 53 millions et demi; mais il importe de décomposer ce chiffre et de distinguer les dépenses d'entretien ordinaire, qu'on pouvait re-

---

1. PIÈCES ANNEXES ET JUSTIFICATIVES n° VII. — Procès-verbal et inscription.

garder comme obligatoires, des dépenses purement facultatives, auxquelles le roi n'était pas tenu de pourvoir, qu'il pouvait ajourner, modifier ou supprimer entièrement, suivant les seules inspirations de sa volonté. En effet, c'est là qu'il faut chercher l'étendue de ses libéralités envers l'État et la mesure des calomnies dont il a été l'objet ; nous poursuivrons successivement cette recherche dans toutes les parties de la dotation immobilière de la couronne.

Le chiffre total des dépenses dans les palais et bâtiments du domaine royal se décompose ainsi qu'il suit :

Entretien ordinaire et grosses réparations . . . . 19,800,000 fr.

Travaux extraordinaires et facultatifs. . . . . 33,615,000 [1]

---

[1]. Tableau des dépenses extraordinaires et facultatives ordonnées par le roi dans les batiments de la couronne.

Dépenses par détail du 1ᵉʳ janvier 1831 au 24 février 1848.

Dépenses en bloc pendant les cinq derniers mois de 1830....................	346,875 fr.	30 c.
Palais des Tuileries..................	5,291,410	38
A reporter.......	5,638,285 fr.	68 c.

LISTE CIVILE.

Cette somme de 33,600,000 francs est une de celles dont le roi a gratifié l'État dans un seul des services de sa liste civile, et nous employons ici le mot propre, car il n'est pas une seule des dépenses représentées par ce chiffre qui n'ait eu pour objet une amélioration ou un accroissement dans les bâtiments domaniaux de la couronne, et qui par là n'ait profité au fond même de la propriété.

Ce n'est pas tout : sur les fonds que le roi allouait chaque année à la direction des musées, les palais

Report....	5,638,285 fr.	68 c.
Palais du Louvre..................	1,507,967	87
Palais-Royal......................	1,408,667	14
Palais de Versailles, Trianon et dépendances, service des eaux de Versailles.	12,118,278	39
Palais de Compiègne................	409,510	28
Palais de Saint-Cloud et dépendances....	4,157,624	54
Palais de Meudon..................	557,374	11
Palais de Fontainebleau et dépendances..	3,434,944	68
Château de Pau....................	562,899	42
Chapelle Saint-Louis, près Tunis........	218,389	56
Palais de l'Élysée-Bourbon............	30,840	81
Manufactures royales................	546,870	70
Bâtiments divers...................	1,592,849	18
Bâtiments forestiers.................	1,433,622	80
Total..........	33,615,095 fr.	16 c.

et leurs collections s'enrichissaient d'un grand nombre de tableaux, de sculptures et d'objets d'art. Tout cela devenait immédiatement, pour parler le langage du droit, *immeuble par destination*. L'article 7 de la loi de 1832 sur la liste civile statuait en effet « que tous les monuments et objets d'art que le roi placerait dans les maisons royales aux frais de la couronne seraient et demeureraient dès ce moment propriétés de la couronne. » Ce nouvel accroissement du domaine de l'État a donné lieu à une dépense de plus de 10 millions et demi.

Les parcs et les jardins ont aussi leur part dans les travaux extraordinaires et facultatifs ordonnés par le roi. Indépendamment de tous les frais d'entretien, il a consacré plus de 1,560,000 francs à les améliorer et à les embellir.

Parler ici des forêts de la couronne, c'est de nouveau regarder en face une des accusations les plus violentes, les plus acharnées qui aient poursuivi le roi dans les dix dernières années de son règne. Ces accusations peuvent se résumer ainsi : le mode de jouissance auquel étaient soumis les cent trois mille six cent quarante-quatre hectares composant les forêts domaniales enrichissait illégalement la couronne d'un revenu fort supérieur à celui qu'ils auraient dû produire. Le ministère des finances procède déjà depuis longtemps à une grande enquête sur cette grave question. Une commission, composée de notabilités de l'Assemblée législative, du conseil d'État et de l'administration des finances, s'est livrée, sous la présidence d'un magistrat éminent, à un examen long et approfondi de ce mode de jouissance et de ses résultats [1]. Aujourd'hui la commission a terminé ses travaux : ses conclusions sont connues. Pour avoir été attendus, le triomphe de la vérité et la confusion des calomniateurs n'ont été que plus éclatants et plus complets. Déjà un fait bien simple avait été invoqué à l'adresse de tous ceux qui se laissant étourdir par de violentes clameurs, ont pu croire de bonne foi que le roi Louis-Philippe avait tiré des forêts de la couronne un revenu abusif. Nous le consignons ici de nouveau dans l'intérêt de la vérité longtemps

---

1. PIÈCES ANNEXES ET JUSTIFICATIVES n° VIII. — Analyse et conclusion des travaux de la commission d'enquête nommée pour apprécier la jouissance usufruitière du roi Louis-Philippe.

méconnue : de 1831 à 1847, le revenu des forêts de la couronne a été inférieur de plus de 8 pour 100 au revenu des forêts de l'État, en comparant entre elles les forêts situées dans les mêmes départements et en partant de bases identiques. En 1849, après la réunion du domaine royal à celui de l'État, les anciennes forêts de la couronne ont, au contraire, rapporté un peu plus que les anciennes forêts de l'État. La conclusion à tirer de ce double fait est assurément claire et décisive.

Les forêts de la couronne ont d'ailleurs reçu de Louis-Philippe des améliorations considérables; nous indiquerons les plus importantes en les résumant ensuite par le chiffre total qui les représente. Un des premiers soins du roi, en 1832, fut d'interdire les coupes annuelles qui détruisaient périodiquement l'ombre déjà trop rare dans les bois de Boulogne et de Vincennes. Cette interdiction fut absolue dans la première de ces deux promenades et partielle seulement dans la seconde. Le roi avait coutume d'appeler ces deux forêts les *parcs de Paris*, et il voulut qu'elles fussent soignées et traitées comme les parcs royaux. A Boulogne surtout, l'aménagement ne consista plus qu'en quelques éclaircies destinées à favoriser la croissance des taillis en futaie. Grâce à ces dispositions arrêtées par le roi en personne, le bois de Boulogne donnait chaque année 12,000 francs de produit en regard d'une dépense de 31,000 francs.

Dans l'ensemble des forêts, de 1831 à 1848, le roi a fait planter ou semer 8,800 hectares, recéper et repiquer 1,350 hectares des anciens tirés des chasses. C'était donc comme une forêt nouvelle de plus de 10,000 hectares que le roi faisait sortir du sol pour en doter, à l'aide de sacrifices actuels, l'avenir du domaine de la couronne. C'était plus de quatorze fois le bois de Boulogne, plus de deux fois et demie les bois de Senart, de Vincennes et de Boulogne réunis ; c'était une fois et demie la forêt de Coucy ; c'était presque autant que la forêt de Compiègne tout entière.

Les routes de toute nature que Louis-Philippe a fait exécuter dans les forêts de la couronne constituent un admirable ensemble. Le mode de percement adopté par le roi assurait à la fois l'agrément des promeneurs et les facilités de l'exploitation. Un grand nombre de routes forestières furent pavées ou macadamisées à grands frais; à Compiègne spécialement, le roi en a fait empierrer quarante kilomètres ou dix lieues.

On ne lira pas sans intérêt le résumé général des travaux de ce magnifique réseau établi aux frais du roi sur toutes les forêts de la couronne.

Première catégorie.

Nombre total des chemins forestiers de toute nature ouverts, prolongés ou redressés... 701
Longueur totale............. 917,100 mètres, ou 229 lieues environ.

Deuxième catégorie.

Nombre de chemins vicinaux restaurés ou redressés, en tout ou en partie, aux frais du roi....... 129
Longueur totale............. 157,200 mètres, ou 39 lieues environ.

En tout, 830 chemins restaurés et complétés sur une étendue de 1,074,300 mètres, ou 269 lieues environ.

Le roi complétait ainsi par des travaux à la portée des populations rurales répandues sur la surface de six départements (Seine, Seine-et-Oise, Seine-et-Marne, Loiret, Oise et Aisne) l'immense atelier qu'il avait ouvert à la fois dans toutes les parties de la dotation de la couronne, au profit des intelligences élevées et des misères laborieuses.

Après avoir couvert les forêts de plantations nouvelles, après les avoir sillonnées de routes d'agrément ou d'exploitation, il restait encore à en assurer la conservation par un système plus complet de postes forestiers mieux coordonnés entre eux[1]. Tous ces travaux d'amélioration[2], profitables seulement pour l'avenir, ont occasionné une dépense totale de 4,150,000 francs. Les simples frais d'administration et d'entretien pendant le

---

1. De 1834 à 1841, le roi fit construire dix-sept corps de garde, soixante-six postes forestiers, et agrandir vingt et un autres postes; ce fut encore une dépense de 1,433,000 francs dont l'État recueillera tous les fruits.

2. Nous n'avons pas dû nous étendre davantage sur les travaux forestiers ordonnés par le roi; cependant nous ne saurions abandonner ce sujet sans mentionner encore, au moins pour mémoire, la belle école d'arboriculture et de sylviculture qui a été fondée au centre du bois de Boulogne par les soins de M. le baron de Sahune, conservateur des forêts de la couronne pendant seize ans.

même espace de temps ont dépassé 25 millions [1].

Maintenant que nous pouvons réunir tous les éléments dont se composait l'ensemble des dépenses de la Liste civile dans le domaine de la couronne, il devient facile de traduire en un chiffre la dette morale de l'État nu-propriétaire envers l'usufruitier royal. Indépendamment d'une dépense de plus de 105 millions, au moyen de laquelle le roi a largement pourvu à la conservation et à l'entretien de ce domaine, il y a consacré, en travaux d'embellissement et d'amélioration entièrement facultatifs, la somme de 48,770,000 fr., dont voici le détail :

Bâtiments de la couronne.	33,615,000 fr.
Domaines.	1,560,000
Décoration des palais et collections.	10,500,000
A reporter.	45,675,000

[1]. Aux dépenses faites volontairement par le roi dans l'intérêt public exclusivement, il convient d'ajouter encore l'abandon gratuit de 3 hectares 46 ares 19 centiares du parc de Neuilly pour la construction des fortifications, qu'on peut évaluer à. 200,000 fr., et l'acquisition de divers terrains et servitudes faite au nom de la couronne et de l'État sur les fonds personnels du roi, ci. . . . . 180,000 fr.

Report........	45,675,000
Forêts..............	2,715,000 [1]
Acquisitions ou dons de terrains...	380,000
	48,770,000 fr.

C'est donc une somme de plus de 48 millions et demi que le roi a dépensée en sus des obligations de l'usufruit dans la partie immobilière de la dotation de la couronne ; c'est une somme de plus de 48 millions et demi dont la libéralité de Louis-Philippe a gratifié la nation, quand il avait le choix et le pouvoir de l'employer pour son avantage particulier ; c'est une somme de plus de 48 millions et demi que l'État devrait à Louis-Philippe, si le nu-propriétaire comptait avec l'usufruitier.

Et cependant, quinze mois après la révolution de février, alors que les passions commençaient à

---

[1]. Les dépenses extraordinaires faites aux frais de la liste civile dans les forêts de la couronne ont coûté 4,150,000 francs, ainsi que nous l'avons établi ; mais, comme déjà nous avons porté au compte des améliorations faites dans les bâtiments de la couronne une somme de 1,433,000 francs dépensés en constructions forestières, nous avons dû, pour ne pas faire de double emploi, la retrancher du compte des dépenses d'amélioration des forêts dans le tableau général des sacrifices faits par le roi.

s'amortir, alors que l'État devait bien connaître toute la valeur du legs qu'il avait recueilli, le gouvernement faisait prendre sur les biens du domaine privé une hypothèque de plus de 26 millions, pour représentation du tort que ce prince aurait fait au domaine de l'État. On obéissait ainsi aux suggestions d'une tactique parlementaire qui voulait être habile, on faisait acte de complaisance pour les violences d'une partie de l'opposition, tout en conservant l'arrière-pensée de rendre plus tard hommage à la justice et à la vérité; mais n'est-ce pas ainsi qu'on égare et qu'on pervertit l'opinion publique? L'opinion ne se rend pas compte des subtilités d'une tactique dont elle ne reçoit pas la confidence, et, quand elle voit les premiers fonctionnaires de l'État proclamer par une décision solennelle que le roi, tant accusé d'avoir dilapidé les ressources de la France, a bien pu en effet les détourner à son profit, elle ne doute pas, elle commence par croire. Plus tard, ceux-là même qui ont favorisé cette croyance sans la partager perdront toute autorité pour la détruire, et ils trouveront la punition d'une première faiblesse dans l'impuissance même d'en maîtriser les résultats.

Louis-Philippe ressentit non pas le mal, mais bien plutôt l'injure qui lui était faite, et cependant il sut, comme toujours, imposer silence à la juste amertume de ses sentiments.

« Ils semblent prendre à tâche, m'écrivait-il à ce
« sujet, de me faire regretter tout l'argent que j'ai
« employé à embellir et à augmenter le domaine
« qui a fait retour à l'État; mais ils auront beau s'y
« donner du mal, ils ne parviendront pas à me
« faire repentir du bien que je leur ai fait. »

Pour nous qui ne dominons pas de si haut la calomnie, pour nous qui avons des devoirs à remplir, non pas envers nous-même, mais envers une grande mémoire, nous nous placerons en face des calomniateurs, et nous leur dirons en résumant la première partie de notre travail :

Vous aviez accusé Louis-Philippe d'astuce et de déloyauté; ses correspondances les plus intimes vous ont répondu.

Vous aviez accusé Louis-Philippe d'égoïsme et d'avarice; sa sollicitude pour d'augustes infortunes et sa munificence prodigue envers plusieurs de vos amis vous ont répondu.

Vous aviez accusé Louis-Philippe d'avidité dans la question des dotations ; il vous a répondu en se montrant dans les conseils de son gouvernement roi constitutionnel bien plus que père de famille.

Vous aviez accusé Louis-Philippe d'avoir dilapidé le domaine de la couronne ; il vous a répondu en dotant volontairement l'État de 48 millions et demi dont vos amis ont pris possession en 1848 au nom de la république.

Nous allons maintenant poursuivre sur d'autres points cette lutte de la vérité contre l'erreur et la calomnie.

V.

LE ROI LOUIS-PHILIPPE AU MUSÉE DU LOUVRE.
ENCOURAGEMENTS AUX MANUFACTURES ROYALES,
A L'INDUSTRIE ET AUX LETTRES.

V.

LE ROI LOUIS-PHILIPPE AU MUSÉE DU LOUVRE. — ENCOURAGEMENTS AUX MANUFACTURES ROYALES, A L'INDUSTRIE ET AUX LETTRES.

Le roi me disait en 1847 :

« Ce n'est rien que d'être attaqué ; le mal est de
« ne pas être défendu. »

Ces mots résument et renferment la loi fatale de tout son règne, l'histoire de chacune de ses luttes et la prédiction de son dernier jour. Le parti de la royauté de juillet était né d'une opposition de quinze ans. Malgré toute son habileté, Louis-Philippe ne put réussir à en faire un vrai parti de gouvernement. Condamné aux attaques incessantes de la calomnie, il dut encore subir les critiques habituelles de ceux-là même qui professaient pour lui des sentiments favorables et même dévoués. Les bourgeois de Paris ont crié *vive la réforme!* sans être ses ennemis, et le lendemain du jour où leur indifférence et leur abandon avaient rendu la révolution inévitable, on les entendit se plaindre d'avoir été abandonnés par le prince qu'ils prétendaient aimer. Ainsi fortifiée dans ses embuscades par des auxiliaires sur lesquels elle n'aurait pas dû compter, la calomnie avait beau jeu. Le succès ne pouvait lui manquer. Le premier sentiment qu'en éprouvèrent les amis intelligents du pays et du roi fut la douleur bien plus que la surprise.

On le sait : c'est principalement sur le terrain de ses affaires privées que le roi se trouvait livré presque sans défense à toutes les hostilités. Dans cette lutte plus directe et plus intime, il n'était soutenu que par un très-petit nombre de ses partisans politiques. La plupart d'entre eux semblaient chercher au contraire dans les libertés de langage d'une opposition dirigée contre sa personne une espèce de compensation populaire à l'appui qu'ils accordaient par leur vote aux principes mêmes du gouvernement. Involontaire allié de la calomnie, ce génie malfaisant de la critique pénétrait jusque dans le palais des Tuileries. Tandis qu'au dehors ses ennemis accusaient le roi de thésauriser, d'augmenter incessamment sa fortune, au dedans des amis le blâmaient de dépenser sans mesure et pour l'unique satisfaction d'un goût particulier. Nous n'avons pas besoin d'ajouter que le blâme s'adressait surtout aux travaux de bâtiments ordonnés par le roi dans les résidences de la Liste civile et du domaine privé. « Le roi, disait-on, sacrifie tout à la manie de bâtir; Fontaine ruine le roi ; toutes les dettes du roi sont des mémoires de bâtiments. » Ces formes diverses de la même pensée se résumaient encore en des termes plus énergiques et plus vulgaires : « Le roi aime trop là truelle. »

J'ai souvent entendu le roi discuter cette épigramme; mais il la supportait avec plus de résignation que toutes les autres.

« Je suis en trop bonne compagnie pour ne pas

« en prendre mon parti, me dit-il un jour : saint
« Louis, François Ier, Henri IV, Louis XIV et Napo-
« léon ont aussi beaucoup aimé la truelle. Qui le
« sait mieux que moi? Ma truelle, à moi, qu'on
« fait si infatigable et si prodigue, est insuffisante
« à restaurer tous les monuments élevés par eux.
« D'ailleurs, ajoutait-il, c'est un beau défaut pour
« un prince que d'aimer à bâtir; s'il est par là
« condamné aux quolibets des hommes de loisir,
« il en est bien consolé par les bénédictions de tous
« ceux qui travaillent. »

Le roi, si soudain à la réplique et si sensible à la contradiction, semblait presque se complaire à ce reproche de quelques-uns de ses amis. Il ne prenait même pas la peine de leur répondre par un fait bien simple et bien authentique : c'est que, dans le cours de son règne, il a accordé aux arts, aux lettres et à la charité trois fois la somme qu'il a donnée dans le même temps aux travaux extraordinaires des palais et des monuments de la couronne. Pour aimer les arts, Louis-Philippe n'avait qu'à se laisser aller au courant de ses souvenirs et aux goûts de toute sa vie. Enfant, il avait reçu les leçons de David [1] ; proscrit, il avait enseigné le dessin à Reichenau. Père de famille, il avait fait naître et développé par l'étude ce goût des arts qui distinguait chacun de ses enfants, et qui, chez une de ses filles, devait s'élever jusqu'au génie. Duc d'Orléans, il avait donné asile dans ses galeries aux œuvres de tous les grands artistes de l'époque; il avait soutenu d'un patronage efficace le peintre populaire du drapeau tricolore. Il fut donc naturellement conduit à chercher dans les arts un noble refuge contre les soucis et les labeurs d'une périlleuse royauté.

Pendant les cinq mois de séjour que le roi faisait tous les hivers aux Tuileries, une partie de ses journées semblait appartenir de droit au Louvre. Ce n'est pas que le roi eût des heures parfaitement réglées pour chacune de ses occupations diverses; son caractère, mélange singulier d'ardeur et de persévérance, se serait plié de mauvaise grâce à la discipline absolue d'une régularité parfaite. Avait-il

---

[1]. Louis-Philippe, duc de Chartres, avait eu pour maîtres de dessin Carmontelle et Bardin, qui lui donnaient des leçons sous la surveillance de David, toujours présent.

commencé un travail, il aimait à le poursuivre jusqu'au bout, sans mesurer le temps qu'il y donnait. Cependant, il y avait dans sa vie des habitudes générales. Ainsi, ses matinées étaient consacrées aux affaires de famille, aux intérêts intérieurs : c'étaient les heures de l'intendant général de la Liste civile, de l'administrateur du domaine privé et de l'architecte de la couronne, M. Fontaine. Dans ces conférences du matin, le roi discutait moins les travaux à ordonner le jour même, que les projets d'embellissements, réservés à l'avenir, et qu'il aurait voulu exécuter immédiatement; ces projets faisaient naître de vives discussions, qui commençaient souvent par ces mots : « Je le veux », mais qui se terminaient la plupart du temps par ceux-ci : « Vous ne le pouvez pas ! » Les grandes pensées du roi venaient échouer le plus souvent contre les limites étroites et invincibles de son budget.

A midi sonnait l'heure de la politique; le roi présidait son conseil ou travaillait avec ses ministres. Vers deux heures, lorsque les ordres du jour des Chambres législatives appelaient les membres du cabinet au Luxembourg et au Palais-Bourbon, le roi, prenant place à son bureau, signait des ordonnances, examinait quelques affaires, ou s'occupait de ces correspondances intimes dont la publicité révolutionnaire a si bien servi sa renommée; puis, quand le coup de quatre heures avait rendu au silence et à la solitude les galeries du Musée, le roi s'empressait presque toujours d'aller chercher au Louvre une distraction dont il attendait le signal avec impatience. Cet emploi des heures de l'après-midi n'était modifié de temps à autre que par des courses à Versailles, à Saint-Cloud, quelquefois à Neuilly, et plus rarement encore par quelques audiences. Pour terminer le tableau des habitudes ordinaires de la vie du roi, nous ajouterons que chaque soir, hors le mardi et le vendredi, qui, dans les deux dernières années, avaient été réservés à l'intimité de la famille, les salons des Tuileries s'ouvraient aux ambassadeurs, aux membres des deux Chambres et à tous les fonctionnaires d'un rang élevé. Les visiteurs trouvaient dans le roi, de huit à dix heures et demie, un interlocuteur toujours prêt à accueillir les conversations sérieuses et utiles. A dix heures et demie, le roi reprenait le chemin de son cabinet. C'est alors, au milieu du silence et de l'isolement des premières heures de la nuit, qu'il mettait à profit les seuls moments qui lui eussent réellement appartenu dans la journée; c'est alors qu'il se recueillait sur les affaires importantes soumises à son examen ou sur les grandes questions du moment. Ce travail, toujours prolongé, toujours abandonné avec regret, n'était le plus souvent interrompu que par les avertissements de la reine ou de Madame Adélaïde. Enfin, vers une ou deux heures du matin, le roi consentait à prendre quelque repos, pour recommencer le lendemain le cours de sa vie laborieuse.

A quatre heures de l'après-midi, comme nous venons de le dire, la porte intérieure qui sépare le Louvre des Tuileries s'ouvrait pour la visite presque quotidienne du roi. C'était comme une frontière posée entre le domaine de la politique et le royaume des arts. Quand le roi l'avait franchie, il semblait respirer plus à l'aise; il se livrait avec ardeur au gouvernement de cet empire, où la volonté est plus libre, le bienfait plus rapide, l'impartialité plus facile. Il n'est pas une de ses visites qui n'ait soulevé ou résolu une question d'art; il n'en est pas une qui, en assurant à un peintre ou à un sculpteur des travaux toujours vivement ambitionnés, n'ait été pour quelques artistes un encouragement ou une espérance. A cette heure de sérieux loisirs, le royal visiteur venait, par un examen personnel, par ses indications ou ses conseils, s'associer aux œuvres qui devaient plus tard prendre place dans les palais de la couronne. Ainsi, sur plus de trois mille objets d'art commandés sous son règne, il n'en est presque pas un seul dont il n'ait inspiré la pensée, soigneusement examiné l'esquisse, et arrêté les dernières dispositions. Le roi n'était donc pas seulement architecte, comme on l'a dit souvent: c'était aussi un artiste; seulement il l'était avec ses idées, avec ses goûts, avec sa nature particulière. Ainsi l'art, comme le style, comme la parole, n'était pas pour Louis-Philippe un but, mais un moyen, un instrument subordonné. Il dédaignait un peu la forme, quand elle ne s'attachait pas à traduire une pensée pratique, une idée vraie, un souvenir exact. Le roi n'aimait ni le roman historique dans les lettres, ni le style allégorique dans les arts ; avant tout, il poursuivait les idées pratiques sur le terrain des affaires, la pensée sous le style dans les lettres, la vérité dans la peinture. Il réprouvait les poses et les scènes de convention inspirées par la superstition de certaines règles. Il allait plus loin : il voulait que les personnages fussent exactement ceux de l'époque qu'avait à retracer le peintre ; il voulait que la représentation matérielle des faits fût aussi fidèle que l'histoire. Là est l'explication de sa froideur instinctive pour les brillantes allégories de Rubens, si chères à Henri IV. En dépit de la puissance de Lebrun et de la grâce de Mignard, il se sentait peu de goût pour l'Olympe et pour les Romains de 1660. Généralement, le petit-fils de Louis XIV n'avait accepté l'héritage de son aïeul que sous bénéfice d'inventaire. Dans les arts en particulier, il ne voulut recueillir d'autre legs que celui de la pensée souveraine qui avait inspiré à Rigaud ses irréprochables portraits, à Lebrun et à Van der Meulen leurs scènes historiques, leurs magnifiques batailles. Louis-Philippe faisait restaurer à Versailles avec un soin religieux les dieux et les déesses de sa famille; cette restauration n'avait toutefois d'autre but que de conserver les souvenirs d'une époque qui avait vu le génie de l'art s'égarer et se perdre dans le délire de la flatterie. Ces souvenirs répugnaient doublement à ses goûts comme artiste, à ses opinions comme roi; sa conscience d'artiste se raidissait contre le faux goût et les exagérations du passé; peut-être l'emporta-t-elle quelquefois trop loin dans le mouvement contraire : c'est la loi de toute réaction, même la plus légitime. La peinture et la sculpture doivent sans doute prêter à l'histoire le secours de la forme vivante et de l'exemple en action; mais elles ne se rapprochent d'un tel but que par de libres excursions dans le monde de la pensée.

Quoi qu'il en soit, la constante préoccupation de Louis-Philippe fut de donner à l'art une direction exclusivement historique et nationale : ni le temps ni la dépense ne lui coûtaient pour réaliser, malgré les distances et les instruments d'exécution, cette idée, assez souvent dans son esprit voisine de l'intérêt politique. Pour être toujours à même de s'assurer que ses intentions étaient fidèlement suivies, il avait fait disposer au Louvre un certain nombre d'ateliers. Là, les peintres les plus habituellement employés par lui étaient admis à exécuter leurs œuvres ; là, pour le roi des Français, comme autrefois Callot pour Richelieu, Bagetti pour Napoléon, M. Siméon Fort retraçait, dans des plans topographiques dessinés à vol d'oiseau, toute une campagne militaire ; là M. Gudin devait reproduire l'histoire entière de la marine française, si glorieuse jusque dans ses revers ; là enfin, plus qu'en tout autre lieu, il était loisible à l'observateur de saisir sur le fait cette passion de la vérité historique qui ne permettait jamais que le fond fût sacrifié à la forme.

En 1845, le roi avait donné pour programme à M. Couder la fédération de 1790. Le peintre avait choisi pour théâtre de son action les abords de la grande estrade où le roi Louis XVI et l'Assemblée nationale avaient pris place en face de l'autel de la patrie. Autour de l'estrade s'agitait une foule qui semblait vouloir se précipiter vers l'autel, prête à jurer de mourir pour cette patrie, divinité favorite de l'emphase révolutionnaire ; là se pressaient, non loin des membres de l'Assemblée nationale, des hommes, des femmes, des citoyens de toutes les classes, de costumes et de lieux divers : c'était un grand effet tiré d'un beau désordre ; l'artiste satisfait de son esquisse attendait avec confiance le juge royal. Le roi arriva, n'ayant qu'un moment à lui ; il examina l'esquisse, et se borna à dire en souriant :

« Monsieur Couder, vous aimez le désordre ;
« nous en reparlerons. »

Le peintre, tout plein de sa pensée, ne songea même pas à interpréter ces paroles et se mit à l'œuvre. C'était au début du printemps, lorsque les premiers beaux jours appelaient d'abord le roi à Neuilly, lui permettaient d'aller plus tard s'établir à Saint-Cloud, et de se rapprocher des ateliers de Versailles, momentanément préférés à ceux du Louvre. M. Couder eut donc le temps de poursuivre son œuvre ; elle était presque achevée, lorsque le roi reparut au Louvre. Quand il vit le tableau :

« C'est une belle peinture, dit-il ; mais ce n'est
« pas la fédération de 1790. Vous vous êtes trompé
« d'époque, monsieur Couder ; en 90, la minorité
« n'était pas encore devenue maîtresse de la révo-
« lution. Le désordre était sur le second plan ;
« pourquoi l'avoir mis au premier ? Tous ces gens-là
« semblent vouloir escalader le trône ou ébranler
« l'autel de la patrie : ils ne le feront que trop tôt.
« Où sont les cent trente mille acteurs de cette
« grande scène, députations accourues des divers
« points du territoire ? Où est cette acclamation
« solennelle d'une grande force organisée qui était
« alors plus nationale que révolutionnaire ? J'y
« étais, monsieur Couder, j'ai vu tout ce que je
« viens de vous rappeler ; cela vaut mieux que ce
« qui a suivi cette journée de près ou de loin. Voilà
« la vérité de votre sujet, abordez-le franchement,
« et recommencez votre tableau. »

On comprend le désespoir de l'artiste, la lutte
qu'il entama et qu'il soutint avec le roi au nom de
son œuvre presque achevée, au nom des difficultés
d'exécution que devaient offrir le froid aspect de la
foule officielle se pressant sur l'estrade, et la mono-

tonie de ces lignes immenses se déployant parallèlement dans toute l'étendue du Champ-de-Mars. L'ancien duc de Chartres, fidèle au témoignage historique de ses souvenirs personnels, fut inébranlable et persista. Cependant le directeur des musées intervint pour faire observer que le prix du tableau avait été fixé à 25,000 fr. et qu'il était presque terminé.

« Eh bien ! dit le roi, Montalivet donnera 25,000 fr.
« de plus; c'est une rature un peu chère, mais je la
« dois à l'histoire. »

Cette anecdote fera mieux comprendre que tout ce que je pourrais dire la persévérance scrupuleuse et désintéressée de Louis-Philippe à imprimer le cachet de la vérité historique aux œuvres de l'art sous son règne. Pour atteindre ce but, le roi ne reculait devant aucun sacrifice. Des doutes s'élevaient-ils sur l'époque ou les détails d'un fait, sur le lieu qui en avait été le théâtre, sur le costume ou les traits d'un personnage; des recherches et des acquisitions de livres, de cartes, de plans ou de portraits venaient bientôt en aide aux études des peintres ou des sculpteurs; des mouleurs habiles étaient envoyés au loin pour consulter et reproduire les monuments; enfin les artistes eux-mêmes allaient visiter, aux frais de la liste civile, les lieux témoins des scènes qu'ils devaient reproduire [1].

Les visites que le roi faisait au Musée pendant l'hiver prenaient une activité nouvelle quand l'exposition avait ouvert le Louvre aux ouvrages des artistes vivants. Avant 1830, les expositions avaient lieu tous les deux ans. Dès la seconde année de son règne, Louis-Philippe les rendit annuelles. C'est assurément un principe fort contestable que celui des expositions annuelles substituées aux expositions biennales. Le premier système peut être plus favorable à l'activité industrielle de l'art;

---

1. Plusieurs artistes ont fait ainsi des excursions lointaines aussi profitables à l'histoire qu'aux arts; nous citerons en première ligne M. Horace Vernet, qui figure pour 843,000 francs dans les acquisitions ou les commandes ordonnées par Louis-Philippe. M. Horace Vernet avait reçu du roi l'honorable mission de perpétuer sur la toile la mémoire des récentes et glorieuses campagnes de nos armées de terre et de mer en Afrique et au Mexique. Il n'est pas une seule de ces grandes scènes que M. Vernet n'ait reproduite à l'aide de dessins faits pendant l'action par des témoins oculaires, ou recueillis par lui-même sur le terrain.

mais le second ne profite-t-il pas davantage à l'art sérieux, qui préfère l'honneur au profit, la gloire à la fortune? C'est une question toujours pendante que j'indique et que je n'entends ni discuter, ni trancher ici. Quelle que soit l'opinion qu'on professe à cet égard, on peut du moins affirmer que le roi témoignait ainsi d'une sollicitude toujours impatiente de se manifester. Le résultat inévitable des expositions annuelles était en effet de doubler au moins pour lui les dépenses qu'entraînait chacune d'elles. Ce surcroît de dépenses doit être évalué à un million pour la durée du règne. Louis-Philippe trouvait ainsi l'occasion d'assister en quelque sorte à la naissance et au progrès de tous les talents. Il accomplissait cette paternelle mission avec une constance religieuse et parfaitement impartiale. Là point de recommandations, point de préférences politiques, point de considérations étrangères à l'art : l'œuvre seule parlait pour l'artiste. Chaque jour, à la même heure, le roi venait reprendre, le crayon en main, la revue commencée la veille ; chaque fois qu'une œuvre d'art lui paraissait sortir de la ligne commune soit par l'exécution, soit même par la nature du sujet, il l'inscrivait sur un livret disposé à cet effet. Cette étude, qui embrassait chaque année plus de 3,500 objets d'art, poursuivie jusqu'à son terme avec une infatigable persévérance, était remise plus tard au directeur des musées pour avoir ses observations et servir de base aux propositions définitives qui devaient être soumises au roi par l'intendant général de la liste civile.

Dans une de ces revues annuelles, le roi avait remarqué une aquarelle signée d'un nom inconnu, et qui représentait un engagement de quelques soldats français avec les Arabes. L'exécution était élégante et facile; la scène était rendue avec tant de vérité, que l'auteur avait dû la voir de près. L'œuvre plut au roi. Cette idée d'un peintre mêlé au combat qu'il reproduit alla droit à son cœur; il inscrivit l'aquarelle sur son carnet. Le roi ne s'était pas trompé : c'était bien l'œuvre d'un des plus braves officiers de l'armée ; cet officier, c'était l'un de ses fils, le duc de Nemours, soldat de la glorieuse campagne de Constantine, devenu le peintre de l'un de ses brillants épisodes. Le père ému plaça l'œuvre anonyme dans le cabinet où il passait les premières heures de la journée ; les mains sacriléges du 24 février ont profané et détruit ce touchant souvenir des visites de Louis-Philippe au musée du Louvre.

Cependant les conséquences du travail personnel du roi ne se bornaient pas aux acquisitions de tableaux, de sculptures et de dessins ordonnées par lui à la suite des expositions. Ce travail servait encore de base à une série de propositions ou de mesures qui avaient toutes pour objet d'honorer l'art ou de l'encourager. C'est ainsi qu'à la suite du rapport annuel du directeur des musées sur l'exposition du Louvre, le roi autorisait l'intendant général de la liste civile à désigner plusieurs artistes pour la croix de la Légion-d'Honneur, à décerner des médailles d'or aux auteurs des meilleurs ouvrages, à donner des subventions aux plus malheureux. En outre, le roi lui-même faisait un grand nombre de commandes aux maîtres de l'art et à leurs plus brillants élèves. Plus de mille médailles d'or accordées et une dépense de 11 millions environ constituent la somme d'encouragements directs que Louis-Philippe a dispensés personnellement aux artistes pendant la durée de son règne.

Les visites royales devaient être un bienfait pour le Musée lui-même. La pénurie d'une liste civile restreinte et obérée mettait le roi dans l'impuissance d'achever le Louvre à ses frais : le parlement dans un accès d'économie mal raisonnée, lui en avait refusé les moyens; mais, si le vieux monument devait rester inachevé, Louis-Philippe voulait du moins lui rendre la vie en tournant tous ses efforts vers les arts qui en font la gloire, vers le Musée qui en est l'âme. Au moment où Louis-Philippe est monté sur le trône, le Musée, noblement accru déjà par la munificence du roi Charles X, contenait six grandes collections. Il n'est pas une seule de ces collections qui n'ait été plus ou moins agrandie et augmentée de 1831 à 1848, pas une seule qui n'ait reçu des dispositions nouvelles, dans la pensée de favoriser les jouissances du public éclairé et les études des artistes. Pour compléter l'ensemble des écoles étrangères, le roi déposa dans le Louvre, moyennant un sacrifice de 1,400,000 francs environ, une galerie unique peut-être, où se trouvent représentées toutes les écoles et les diverses époques de la peinture espagnole. Ces tableaux furent arrachés pour ainsi dire, un à un, aux fureurs de la guerre civile qui déchirait alors la malheureuse Espagne. M. le baron Taylor et M. Dauzats durent marcher plus d'une fois à la conquête pacifique dont le roi les avait chargés, à travers des dangers personnels et des difficultés politiques qui ont rehaussé le mérite de leur expédition artistique.

Pendant ces dix-sept années, le roi porta son attention sur l'école française, sur la collection des dessins, sur le Musée de Marine, sur l'étude de l'antiquité par les modèles, enfin sur les collections nouvelles, d'un si haut intérêt pour l'art et pour l'histoire, que pouvaient fournir les récentes découvertes faites en Assyrie, dans l'Asie Mineure et dans l'Afrique française. Au moment de la révolution de février, la plus grande partie de ces dispositions était terminée; ce qui restait à faire était ordonné ou déjà même en cours d'exécution.

Plusieurs salles furent spécialement consacrées à

l'art français. Les unes étaient destinées aux copies des tableaux de l'école italienne par les anciens élèves de l'école de Rome, les autres devaient recevoir exclusivement les œuvres des maîtres français ; déjà pleines de chefs-d'œuvre, trois de ces salles avaient été placées sous l'invocation des noms les plus glorieux : Poussin, Lesueur, Joseph Vernet. La collection de dessins de maîtres trop longtemps négligée recevait un large développement. L'exposition de cette dernière collection, qui ne comptait que *quatre cents dessins* sous l'empire et sous la restauration, en présentait près de deux mille à la fin de 1847.

Le Musée de Marine, largement amélioré, fut disposé au second étage du Louvre, qui n'était, avant 1830, qu'un dépôt de décombres, et n'avait reçu depuis lors aucune destination. Enfin le rez-de-chaussée de l'antique palais, restauré et déblayé à grands frais, ouvrit au public ses vastes salles, qui avaient reçu six collections où l'art devait trouver encore de précieux modèles, où l'archéologie devait puiser de nouvelles lumières. Louis-Philippe avait veillé lui-même à ces progrès intérieurs du Louvre; il les suivait assidûment dans ses visites quotidiennes. Le tableau suivant embrasse le développement successif des collections du Louvre[1].

DÉPENDANCES DU MUSÉE.

SOUS L'EMPIRE.	SOUS LA RESTAURATION.	SOUS LOUIS-PHILIPPE.
La Grande-Galerie. La Galerie des Antiques. La Galerie des Dessins.	La Grande-Galerie. La Galerie des Antiques. Cinq salles de sculpture moderne. Le Musée Charles X, composé de 10 salles. La Galerie des Dessins. Le Musée de Marine, composé de 4 salles.	La Grande-Galerie. La Galerie des Antiques. 5 salles de sculpture moderne. Galeries assyriennes. Plâtres antiques dont le Musée ne possède pas les originaux. Antiquités algériennes. Monuments de l'Égypte. Moulage de divers monuments du moyen âge. Le Musée Charles X, composé de 10 salles. Galerie des Dessins (11 salles). Musée espagnol (5 salles). Collection Standish (7 salles). École française. Copies faites par les élèves de l'école de France à Rome. Musée de Marine (11 salles).
Le nombre des gardiens s'élevait à 17.	Le nombre des gardiens s'élevait à 25 sous Louis XVIII, et à 34 sous Charles X.	Le nombre des gardiens s'élevait à 67 sous le règne de Louis-Philippe.

1. L'accroissement des collections anciennes et le classement des nouvelles ont eu lieu par les soins et sous la direction de M. le

La monarchie consacrait au Musée une dépense de 992,000 francs (année moyenne de 1838 à 1847); dès les premiers jours de son avénement, le gouvernement provisoire a réduit d'un tiers cette liste civile des beaux-arts.

A côté du Musée du Louvre, que le roi Louis-Philippe avait traité comme le sanctuaire et la grande école de l'art, venaient naturellement se placer les manufactures de Sèvres, des Gobelins et de Beauvais. Grâce à de larges sacrifices, ces établissements anciens, symboles de l'art industriel, ne déchurent pas du rang qui leur appartenait sous Louis XIV et sous Louis XV. Le roi Louis-Philippe aimait surtout à suivre les travaux de la manufacture de Sèvres et à visiter les habiles artistes qui y font revivre les succès et la renommée de leurs prédécesseurs. M. Brongniart, le vénérable et savant ami de Cuvier, avait été chargé en 1801, par le premier consul, de réorganiser et de diriger la manufacture de Sèvres; le roi le trouva encore et le maintint à la tête de cet établissement. Il l'ap-

comte de Forbin, de 1830 à 1841, et de son digne successeur, M. de Cailleux, de 1841 à 1848.

pelait souvent pour s'entretenir avec lui des moyens de rendre à la célèbre manufacture son ancien éclat, d'y agrandir le domaine de l'art et de la science par la résurrection des verrières et des émaux [1]. Déjà, en 1828, de premiers essais de verrières avaient été faits à Sèvres par ordre du roi Charles X; mais, jusqu'en 1830, la somme des nouveaux produits n'avait pas dépassé 12,000 fr. Ce n'est en réalité que sous le règne et par les soins presque personnels du roi Louis-Philippe que l'art du XVIe siècle, l'art de Jean Cousin et de Bernard Palissy, reprit un grand et véritable essor. Cent soixante-cinq verrières, dont quelques-unes de la plus grande dimension, furent successivement ordonnées et terminées; trente-huit décorent aujourd'hui un certain nombre d'églises que Louis-Philippe en a gratifiées. De grands talents, des noms illustres furent conviés à ces travaux. L'auguste artiste qui avait donné Jeanne d'Arc à Versailles,

1. PIÈCES ANNEXES ET JUSTIFICATIVES n° IX. — Notice historique sur les trois divisions de la manufacture de Sèvres : Porcelaines, Émaux, Verrières.

une fille de roi, leur ouvrit dignement la voie en décorant de trois verrières l'antique chapelle de Saint-Saturnin, à Fontainebleau ; M. Ingres signa de son génie les dix-sept vitraux de la chapelle élevée sur le lieu où périt un prince pleuré de la France entière.

La fabrication des émaux n'a été introduite à Sèvres que plus récemment, en 1845. Encouragé par le roi, M. Brongniart dirigea tous les efforts de sa verte vieillesse vers cet art presque oublié, qui avait jeté un si vif éclat en France depuis les produits de Limoges au XIIe siècle, jusqu'aux grands travaux de Pierre et Jean Courteix au XVIe siècle, et aux chefs-d'œuvre de Petitot sous Louis XIV.

Le roi mettait d'autant plus d'ardeur à encourager la manufacture de Sèvres, qu'il favorisait par là même les progrès de toutes les industries qui se rattachent à l'art céramique.

C'est encore dans cette pensée qu'une subvention royale permit à MM. Brongniart et Riocreux de publier leur ouvrage intitulé : *Description du*

Musée céramique de Sèvres, et que des acquisitions nombreuses vinrent donner à ce musée une importance toute nouvelle [1]. Au 1er août 1830, l'inventaire du Musée céramique se composait de 4,230 numéros, en y comprenant la collection de vases grecs donnée à la manufacture par Louis XVI ; du 1er août 1830 au 24 février 1848, le musée s'est enrichi d'un grand nombre de poteries, faïences et verres antiques de presque tous les pays du monde, qui ont nécessité l'addition de 4,500 autres numéros. Plusieurs de ces acquisitions ont eu une véritable influence sur les progrès des arts industriels en France : c'est ainsi que les verres de Bohême rapportés de Francfort par M. Brongniart en 1835 peuvent être considérés comme les premiers modèles dont se sont inspirées les cristalleries de Saint-Louis, de Baccarat, les verreries de Plaine de Walsh, pour arriver en quelques années aux magnifiques produits qui ont figuré dans les dernières expositions. Je craindrais de m'être

---

[1]. PIÈCES ANNEXES ET JUSTIFICATIVES n° X. — Note sur le musée céramique de Sèvres.

étendu avec trop de complaisance sur les effets de la généreuse bienveillance du roi pour la manufacture de Sèvres, si cette bienveillance n'attestait pas une fois de plus sa sollicitude pour l'industrie française tout entière. A peine intronisé, le gouvernement provisoire a réduit d'un quart environ le crédit des manufactures nationales : la monarchie leur avait alloué en 1847 une somme de 836,759 francs; la république du 24 février a fait descendre ce chiffre à 639,000 francs. Louis-Philippe se plaisait à encourager plus directement encore le commerce et l'industrie ; nous nous bornerons à constater qu'il accordait un encouragement annuel de plus de 450,000 francs en commandes et en acquisitions aux manufactures de Lyon, de Tours, d'Amiens, en même temps qu'à l'industrie parisienne [1].

Le roi parlait souvent avec fierté des progrès que l'agriculture, le premier de tous les arts fran-

[1]. Ces encouragements étaient prélevés sur le million que Louis-Philippe consacrait chaque année au service du mobilier de la couronne.

çais, avait pu et devait encore accomplir sous les auspices de la politique pacifique et libérale de son gouvernement. Toutefois ce n'était pas assez pour lui de protéger l'agriculture; il voulut descendre lui-même dans la lice et rivaliser d'efforts et de sacrifices avec les agriculteurs français. Frappé de la dégénérescence de quelques-unes de nos races chevalines, il se préoccupa surtout de cette branche importante de l'industrie agronomique. Déjà le haras de Meudon, habilement dirigé par les princes ses fils, avait rendu de grands services en popularisant les mérites du pur sang anglais; le roi agrandit la question en cherchant à la rendre plus pratique. Il se proposa de régénérer les races françaises de selle, de carrosse et de travail, en remontant pour ainsi dire à leur meilleure origine, c'est-à-dire en croisant les plus beaux types que l'on pourrait encore se procurer avec la race arabe la plus pure. C'était recommencer au profit de la France l'heureuse et féconde expérience que l'Angleterre avait faite au XVIe siècle. Une occasion s'offrit bientôt à lui d'entreprendre cette œuvre, qui devait donner à l'agriculture des auxiliaires plus robustes et à l'armée une cavalerie plus agile et plus durable.

A la fin de l'année 1842, Méhémet-Ali envoya en présent au roi sept de ses plus purs étalons, choisis par lui-même et issus de la race arabe la plus précieuse, l'espèce nedjdi. Dès les premiers mois de 1843, Louis-Philippe fondait un haras arabe dans le parc de Saint-Cloud, qu'il dotait ainsi d'un des plus beaux établissements hippiques qu'on ait jamais vus. Les premiers essais eurent bientôt le meilleur résultat, et de nouveaux étalons arrivèrent de Mascate et du Maroc. C'est alors que le roi trouvant le parc de Saint-Cloud trop étroit pour sa nouvelle destination, résolut de faire du parc de Versailles le centre des grandes et utiles expériences qu'il allait tenter. Cette pensée s'alliait d'ailleurs dans son esprit au projet conçu depuis longtemps par lui de restaurer les parcs de Versailles et de Trianon comme les palais eux-mêmes. Des plantations et des allées nombreuses devaient relier entre eux ces trois parcs sans leur enlever le caractère de grandeur imposante que leur avait imprimé le génie de Lenôtre inspiré par

Louis XIV. Non loin du petit parc, à l'extrémité d'une des branches du grand canal, on pouvait voir encore, en 1845, les ruines d'une ancienne ménagerie fondée par Louis XIII. Le roi Louis-Philippe s'empara de ces ruines pour les restaurer, et de la pensée de son aïeul pour la tourner au profit d'une entreprise nationale. Une année à peine s'était écoulée que déjà un nouvel et vaste établissement hippique animait le grand parc de Versailles au milieu d'allées de parcours et de massifs d'arbres et d'arbustes tracés d'après les ordres et sous la direction immédiate du roi. Soixante hectares étaient affectés au haras, qui comprenait quatorze padocks ou prés enclos de murs, trente-deux prairies divisées par mille quarante-cinq mètres de palis, garnies pour la plupart de cabanes et de bassins, et un manége découvert. La révolution de février vint arrêter le développement rapide de cette œuvre éminemment utile. Mais déjà l'État et les particuliers avaient commencé à recueillir les fruits de la munificence royale : le roi avait permis que trois de ces étalons arabes prissent place pour quelques années dans les haras de Tarbes, de Pau et du Pin, et beaucoup de propriétaires des contrées même les plus éloignées avaient envoyé au haras de Versailles des juments qui y étaient reçues gratuitement. Le roi a dépensé pour les frais de premier établissement du haras arabe de Saint-Cloud et de Versailles plus de 600,000 fr. La dépense totale de l'entretien, destinée à croître chaque année, montait, en 1848, à plus de 280,000 fr. Le roi ayant décidé que le nombre des chevaux serait successivement porté jusqu'à cinq ou six cents, la dépense annuelle devait bientôt s'élever à un million environ. Un débris de ce magnifique établissement aura été du moins sauvé, grâce aux efforts éclairés de M. Vavin, liquidateur de la Liste civile. Cinquante-six des plus beaux animaux du haras arabe ont été acquis par l'État le 1er août 1850, moyennant 100,000 fr. Ce prix pourtant n'était qu'illusoire pour le propriétaire, car l'entretien de ces chevaux avait été laissé à sa charge pendant près de deux ans : il ne recevait en réalité que 40,000 francs tout au plus; mais le prince qui n'avait pas hésité à payer 350,000 francs le haras de Meudon, qui avait dépensé en outre dans l'ensemble de ses haras plus de 680,000 francs [1] en constructions devenues aujourd'hui la propriété de l'État, avait tout approuvé d'avance. Il n'y avait de place dans son esprit que pour le regret de voir abandonner des plans utiles et des essais intéressants pour l'agriculture française [2].

1. Cette somme se subdivise ainsi :

Haras de Saint-Cloud. — Travaux extraordinaires de 1832 à 1846............	249,979 fr.
Haras de Versailles. — Travaux extraordinaires de 1846 à 1847............	217,000
Haras de Meudon. — Travaux extraordinaires de 1830 à 1846............	219,872
Total..........	686,851 fr.

2. Une publication récente met en lumière la portée du sacrifice considérable fait par le roi Louis-Philippe, lorsqu'il a cédé à l'État pour la faible somme de 100,000 francs, la plus belle partie du haras de Saint-Cloud. — M. Vavin, liquidateur général de l'ancienne Liste civile, écrivait le 29 juin 1851, à M. le rédacteur en chef du *Journal des Débats* :

« .... L'article auquel je réponds contient ces mots :
« Hamdani a coûté de prix d'achat 100,000 francs ! Comment
« a-t-on osé faire une pareille assertion ? Voici la vérité manifeste
« et publiée dans le rapport commenté par votre journal : Cet
« étalon si remarquable faisait partie de cinquante-six animaux
« composant le haras de Saint-Cloud, et livrés à l'État pour l'u-
« nique somme de 100,000 francs ; il est vrai que quelque temps

De tous les établissements dépendants de la Liste civile qui ont dû à la libéralité de Louis-Philippe de nombreux et précieux accroissements, il ne me reste plus à citer que les bibliothèques de la couronne. Le roi se plaisait à témoigner sa sollicitude aux lettres; un des premiers actes de son règne avait été de confier à l'Académie Française le soin de distribuer entre les descendants de Corneille des pensions dont il faisait les fonds de ses deniers personnels. En dehors de ses largesses publiques, la discrétion de ses nombreux bienfaits ménageait toujours la dignité de l'homme de lettres et laissait intacte son indépendance. Lorsqu'il rencontrait des

« après, de ce même Hamdani blanc seul il a été offert, d'une
« manière très-ferme, pareille somme de 100,000 francs; mais il
« n'en est pas moins positif que l'État a payé tout le haras
« 100,000 francs, et il est juste d'ajouter que depuis il a vendu
« quelques sujets 14,835 francs; qu'il a envoyé dans divers éta-
« blissements de l'administration, qui avaient besoin de produc-
« teurs distingués, six étalons de ce même haras de Saint-Cloud,
« et valant certainement plus de 30,000 francs; de sorte qu'en
« réalité le haras de Saint-Cloud, qui comprend Hamdani, dont
« une puissance étrangère a fait offrir 100,000 francs, et quarante-
« huit autres animaux, dont plusieurs sont très-remarquables.
« reste aujourd'hui à l'État pour 55,000 francs. »

souffrances à soulager, il n'était arrêté ni par la divergence, ni par l'hostilité prononcée des opinions; la main du roi s'étendait à droite comme à gauche. Qui saurait, si je ne le révélais aujourd'hui, que le républicain Fontan lui a dû de mourir tranquille, et que sans lui Charles Nodier eût été forcé de vendre la précieuse bibliothèque dont il n'allait se séparer qu'avec désespoir? Cette bienveillance, trop sceptique peut-être, peut seule expliquer la prodigieuse liberté d'esprit que Louis-Philippe apportait dans l'acquisition de tous les ouvrages qu'à défaut de titres plus sérieux une célébrité passagère ou la popularité du moment recommandait à la curiosité des bibliophiles et des hommes d'études. Rien n'atteste mieux cette impartialité du roi que la longue liste des souscriptions destinées à venir successivement prendre place dans la bibliothèque du Louvre. A côté des noms les plus accrédités dans le parti conservateur et monarchique, on peut y lire les noms de Ledru-Rollin, Cormenin, Lamennais, Marrast, Pierre Leroux, Louis Blanc, Raspail, Michelet, Vaulabelle, Quinet, Considérant, etc., de tous ceux enfin qui, vaincus dans les sphères élevées de la discussion politique et de la morale sociale, appelaient par avance à leur aide la brutalité des masses. Je me hâte d'ajouter qu'il n'était pris qu'un seul exemplaire de ces œuvres de désorganisation, les souscriptions n'ayant pour but que de tenir la bibliothèque du Louvre au courant de tout ce qui pouvait intéresser le mouvement de l'esprit humain. Il arriva un jour où cette inaltérable impartialité mit Louis-Philippe aux prises avec la diplomatie, et embarrassa son ministre des affaires étrangères. Fidèle aux intentions du roi relativement à l'acquisition des livres destinés à la bibliothèque du Louvre, j'avais souscrit à l'ouvrage intitulé *La Russie en* 1839, par M. de Custine. On se rappelle le retentissement de ce livre en Russie et en France; l'éditeur s'était d'ailleurs empressé, comme à l'ordinaire, de faire publier dans les journaux la souscription royale; le *Moniteur* avait innocemment répété les journaux. Le jour même où la feuille officielle avait parlé, le ministre de Russie signala au ministre des affaires étrangères cette souscription comme un mauvais procédé envers l'empereur de Russie. Le roi me manda près de lui. Pour donner une explication satisfaisante, il suffisait d'exhiber la liste des souscriptions aux livres ou aux libelles les plus hostiles à sa politique et à sa personne.

« Je le vois bien, me dit le roi, il faut que je
« demande à l'empereur de Russie de me passer
« M. de Custine en considération de MM. Lamen-
« nais et Cormenin. »

Le roi employait à l'accroissement de ses bibliothèques un crédit annuel considérable ; et, de même que nous avons traduit en chiffres les sacrifices qu'il n'avait cessé de faire pour enrichir le domaine de l'État en améliorant la dotation immobilière de la couronne, il nous est facile de mesurer ici les efforts de chaque année en faveur des arts, des lettres et de l'industrie par les dépenses que lui coûtaient les établissements, placés sous son patronage aux termes de la loi de 1832, ou créés par lui-même. Pendant le cours de son règne, Louis-Philippe a alloué aux musées, aux manufactures royales, au service du mobilier de la couronne, aux haras et aux bibliothèques une somme de 50,868,000 francs, soit en moyenne par année à peu près 3 millions. Les calomniateurs de Louis-Philippe, victorieux en 1848, ont réduit ce budget des arts, des lettres et de l'industrie à la somme de 1,500,000 francs. La République du 24 février prête ici une haute éloquence aux chiffres de la monarchie.

VI.

LOUIS-PHILIPPE DANS LES DÉPENSES DE SA MAISON,
DANS SES RAPPORTS AVEC QUELQUES PRINCES ÉTRANGERS
ET AVEC L'ÉTAT.
DERNIÈRE RÉFUTATION DE LA CALOMNIE
PAR LES CHIFFRES.

VI.

LOUIS-PHILIPPE DANS LES DÉPENSES DE SA MAISON, DANS SES RAPPORTS AVEC QUELQUES PRINCES ÉTRANGERS ET AVEC L'ÉTAT. — DERNIÈRE RÉFUTATION DE LA CALOMNIE PAR LES CHIFFRES.

La sollicitude du roi Louis-Philippe ne s'exerçait pas seulement dans le cercle des institutions groupées par la loi autour du trône. Ce cercle était trop étroit pour lui; il se plaisait à le franchir et à étendre bien au delà les effets d'une généreuse bienveillance. L'art dramatique et l'art musical, intimement liés à la prospérité des lettres et à la gloire du pays, trouvèrent toujours en Louis-Philippe un protecteur éclairé.

Le roi, menacé par le fanatisme révolutionnaire dès les premières années de son avénement, dut faire violence à ses goûts et renoncer à ses anciennes habitudes. La prudence de ses ministres lui imposa cette dure nécessité; il ne l'accepta qu'à la longue et avec la plus vive répugnance. Les loges qu'il avait dans tous les théâtres royaux étaient une largesse presque gratuite; il ne lui était plus permis de se mêler comme autrefois à la foule dans les représentations publiques. Il prit alors le parti d'appeler les théâtres à lui, et dans cette pensée il fit restaurer à grands frais les salles de spectacle des Tuileries, de Saint-Cloud, de Versailles, de Trianon et de Compiègne. De 1833 à 1847, il dépensa plus de 658,000 francs pour faire représenter successivement sous ses yeux les chefs-d'œuvre de l'art dramatique ou musical. Louis-Philippe admirait Corneille et Racine; il avait protégé les premiers essais de Casimir Delavigne : fidèle aux traditions littéraires du grand siècle, il était de la résistance dans les lettres comme dans la politique; ami de l'ordre et du bon sens, il repoussait instinctivement la muse échevelée, dont la licence, s'étalant en plein théâtre, a si fatalement préparé les voies à la démagogie. Le Théâtre-Français avait surtout ses préférences. C'était celui qu'il appelait le plus souvent aux Tuileries ou à Saint-Cloud, et sur lequel il a constamment étendu sa protection la plus efficace. La Comédie-Française avait beaucoup de dettes, mais heureusement pour elle Louis-Philippe était son principal créancier. Pendant son règne, il lui a successivement remis pour 324,000 francs de loyers; il y a bien peu de temps encore, du fond de son exil, le roi presque mourant faisait au Théâtre de la République une nouvelle remise de 124,000 francs.

Louis-Philippe appelait souvent aussi la musique à figurer dans ses fêtes. C'était le délassement favori de son intimité. Tantôt de grands concerts, dirigés par Paër et plus tard par M. Auber, offraient, aux Tuileries, la réunion des premiers talents de l'époque : tantôt l'Opéra, les Italiens, l'Opéra-Comique, venaient reprendre devant le roi les œuvres contemporaines de sa jeunesse. A certains jours réservés pour la vie intérieure, le mardi surtout, M. Auber faisait exécuter de petits concerts dont le programme était arrêté par Madame Adélaïde; l'auditoire se composait uniquement de la famille royale. Ces jours-là, le directeur de la musique entourait les instrumentistes les plus habiles, de vingt-quatre jeunes élèves du Conservatoire choisis parmi les plus distingués. Ces soirées avaient pour le roi le grand charme d'une liberté constamment refusée à ses goûts : elles ont laissé de précieux souvenirs dans l'esprit des artistes témoins d'une vie intime si simple et si noble [1]. Louis-Philippe consacrait chaque année aux musiciens de ses petits concerts et aux élèves de chant du Conservatoire convoqués par M. Auber une allocation qui a dépassé 100,000 francs en 1847.

Mais hâtons-nous de suivre le roi sur un autre terrain. Que n'a-t-on pas dit sur ses empiétements intéressés à l'égard du trésor ! Eh bien ! la vérité

---

[1]. M. Plantade, secrétaire de la musique du roi, a écrit jour par jour les procès-verbaux des grandes fêtes musicales et des petits concerts exécutés depuis 1840 sous la direction de M. Auber.

est que plus d'une fois Louis-Philippe est venu en aide à l'État en payant sur sa cassette certaines dépenses non prévues par les Chambres, ou qui n'étaient pas couvertes par des crédits suffisants. Ses sacrifices volontaires en ce genre remontent jusqu'aux premiers jours de 1830. On se rappelle que le 29 août, à l'issue d'une revue solennelle, le roi avait distribué lui-même les drapeaux de la garde nationale aux légions de Paris et de la banlieue. Bientôt après, des députations de gardes nationales affluèrent au Palais-Royal de tous les points de la France, et vinrent aussi recevoir leurs drapeaux des mains du nouveau roi. Les demandes en paiement adressées au général Lafayette ne se firent pas non plus attendre; mais aucun crédit n'était ouvert pour y faire face. Un des premiers jours de septembre 1830, le général se rendit au Palais-Royal pour solliciter du gouvernement les moyens de payer cette dépense. Le conseil était réuni; le général Lafayette se contenta de faire passer une note au roi, expliquant l'objet de sa visite : il demandait une solution. Cette note était écrite de la main de l'aide de camp de service sur un papier portant en marge ces mots imprimés : *maison militaire du roi*. La note revint bientôt, mais avec deux décisions pour une. La marque imprimée était biffée et remplacée par ces mots :

« Je ne veux pas et je n'aurai pas de maison « militaire. »

Et plus loin :

« Je me charge de payer les drapeaux. »

Tracés d'un seul trait de plume, ces derniers mots équivalaient à une obligation de 600,000 fr. souscrite par le roi personnellement, à la décharge du trésor public.

Peu de temps après la révolution de 1830, les Chambres rayèrent presque entièrement du budget le crédit affecté aux présents diplomatiques. Le roi n'hésita pas à combler cette lacune dont pouvaient souffrir les intérêts ou la dignité de la France ; il a employé à cette dépense, pendant son règne, plus de 900,000 francs. L'occasion s'offrait-elle d'envoyer des présents aux souverains de l'Asie ou de l'Afrique, il avait toujours soin d'y faire figurer des armes, des draps, des bronzes et des bijoux achetés dans nos principales fabriques, avec l'indication des noms des fabricants ; il s'efforçait ainsi de populariser les produits nationaux dans les contrées lointaines, où l'industrie française a tant de conquêtes à faire.

Les présents diplomatiques n'étaient pas, à beaucoup près, les seuls témoignages de la courtoisie du roi envers les souverains étrangers; il ne négligeait pas une occasion de leur offrir, à ses frais et au nom de la France, une magnifique hospitalité dans les palais de la couronne. C'est ainsi que les princes africains, dont les bonnes relations avec le gouvernement français intéressaient au plus haut degré l'avenir de nos possessions algériennes, Ibrahim-Pacha et le bey de Tunis sont venus successivement occuper l'Élysée-Bourbon, toujours accompagnés d'un nombreux cortége d'officiers et de serviteurs. Dès que les princes étrangers qui acceptaient l'hospitalité royale avaient franchi la frontière française, il y avait ordre du roi d'acquitter les frais de poste, de mettre à leur disposition, dans le palais qui leur était destiné, une garde d'honneur, une domesticité nombreuse, des chevaux, des voitures, tout un service de table, de les défrayer en un mot de toutes dépenses, eux et leur suite [1].

Dès les premières années de son règne, Louis-Philippe avait voulu que le budget de l'État ouvrît de plus larges ressources à l'entretien et à la conservation des monuments religieux. Grâce à son active intervention, la subvention annuellement applicable aux églises les plus modestes et les plus pauvres fut portée de 700,000 fr. (crédit de 1832) à 1,200,000 (crédit de 1847). Indépendamment des dons nombreux en argent qu'il ajoutait chaque année à cette subvention du trésor public, il a employé plus de 1,100,000 fr. à les doter d'orne-

[1]. A plus de vingt reprises, de 1830 à 1847, le Palais-Royal et l'Élysée-Bourbon ont reçu des princes étrangers. Les faits suivants donnent une idée des dépenses que supportait ainsi l'hospitalité royale.

La liste civile a payé pour ces augustes visiteurs plus de 400,000 fr. de frais de poste.

Le bey de Tunis avait amené avec lui treize grands officiers et quatorze domestiques. Les ordres du roi mirent à sa disposition, pendant son séjour en France, un service spécial composé ainsi qu'il suit : un colonel aide de camp et un officier d'ordonnance, vingt-quatre personnes du service intérieur, vingt-quatre du service de la bouche, un piqueur, quatre cochers, six postillons, huit garçons d'attelage, trente chevaux, dix voitures.

ments et d'objets d'art. C'est ici le lieu de consigner un fait que j'enregistre simplement comme un nouvel exemple de l'impartialité politique du roi. A la fin de l'année 1839, Louis-Philippe apprit que le chapitre de Notre-Dame manquait de ressources suffisantes pour faire à l'archevêque de Paris, M. de Quélen, des funérailles dignes du rang que ce prélat occupait dans l'église. Il mit aussitôt à la disposition de M. Affre, premier vicaire général capitulaire, les fonds nécessaires à l'accomplissement de ce pieux devoir; mais la famille de M. de Quélen avait résolu de prendre à sa charge tous les frais des obsèques, moins certaines dépenses qui concernaient spécialement le chapitre. Le roi autorisa alors M. Affre à combler la différence et à distribuer le reste en bonnes œuvres, comme il l'entendrait. M. de Quélen avait été l'adversaire constant de la royauté de juillet, et M. Affre, choisi par la volonté personnelle de Louis-Philippe pour succéder à M. de Quélen, devait huit ans plus tard, du haut de la chaire de charité, jeter la première pierre au roi proscrit et malheureux! Mais je veux étouffer l'amertume de tels souvenirs : les passions humaines doivent faire silence sur un tombeau, et je ne vois plus que le prêtre mourant pour la paix de l'Évangile sur les barricades de l'anarchie sociale.

Les sentiments généreux de Louis-Philippe ne tenaient pas au rang suprême; sa probité scrupuleuse eût commandé l'estime et le respect, quelque part que le sort l'eût placé; nous citerons encore deux faits. En quittant la France, le roi laissait derrière lui pour plus de 31 millions de dettes. Ses biens personnels, ses ressources de toute espèce offraient, pour y faire face, un actif qu'il eût été téméraire d'estimer, en ce moment de dépréciation générale, à plus de 18 millions [1]. Le séquestre rigoureux dont ces biens étaient frappés laissait planer sur lui la confiscation, sur ses créanciers une ruine complète. La confiscation n'aurait profité qu'à l'État, créancier de Louis-Philippe pour 3 mil-

[1]. Il ne faut pas oublier que le roi, en vertu de la donation du 7 août 1830 et du testament de madame Adélaïde, avait seulement l'usufruit de la plus grande partie du domaine privé; la nue-propriété appartenait aux princes et aux princesses de la maison d'Orléans. Je comprends d'ailleurs dans la fortune personnelle du roi les encaisses de la liste civile et du domaine privé au 24 février.

lions. A tous ceux dont il restait encore le débiteur, elle eût enlevé le gage de leurs créances, et ce gage même était insuffisant. Eh bien! il faut le dire à l'honneur des créanciers du roi Louis-Philippe comme au sien : il n'en est pas un seul qui lui ait adressé l'expression d'une autre douleur que celle que tous éprouvaient comme Français. Pour le reste, ils s'en remettaient à la Providence et à la famille royale, et cependant ces créanciers en immense majorité étaient des ouvriers, des commerçants, des entrepreneurs, des artistes, tous frappés par la révolution dans leur crédit et leur travail. Leur confiance était bien placée. Dès les premiers jours de leur exil, les fils du roi, loin de s'abriter sous les principes formels d'un droit incontestable, formaient entre eux un pacte solidaire pour garantir le paiement intégral de dettes qui leur étaient de tous points étrangères. En même temps le roi, plus généreux peut-être du fond de l'exil qu'aucun de ses prédécesseurs sur le trône, allouait, de son propre mouvement, 5 pour 100 d'intérêts annuels à tous ceux que leurs travaux avaient faits les créanciers de la Liste civile;

le compte d'intérêts en leur faveur s'est élevé à 900,000 francs environ. Les sentiments qui inspiraient Louis-Philippe dans cette circonstance se peignent tout entiers dans le passage d'une lettre qu'il m'écrivait le 16 août 1848 :

« Mes enfants ont partagé le vœu de mon cœur
« pour atténuer les souffrances de mes créanciers
« autant que le permettent les ressources qui nous
« restent ; mais j'espère que l'engagement que
« prennent mes fils et les garanties hypothécaires
« qu'ils accordent donneront assez de crédit à mes
« créanciers pour les préserver d'un malheur (qui
« en serait un de plus pour moi), celui de se trou-
« ver hors d'état de faire honneur à leurs affaires.
« C'est une de mes peines les plus douloureuses
« que celle de voir tant d'hommes honorables me-
« nacés dans leurs plus chers intérêts pour avoir
« mis leur confiance en moi [1]. »

Le désintéressement du roi ne se démentit pas envers la république elle-même, lorsqu'elle eut à

---

1. PIÈCES ANNEXES ET JUSTIFICATIVES n° XI. — Épisode, en Angleterre, relatif aux créanciers du roi Louis-Philippe. Procès et correspondance.

traiter plus tard avec lui pour des intérêts considérables. Nous l'avons déjà vu cédant à l'État la plus belle partie du haras de Saint-Cloud pour un prix très-inférieur à sa véritable valeur. Le prince dépouillé de la presque totalité de ses revenus, ne devait pas être plus exigeant en ce qui touche ses droits sur les plus riches ameublements des résidences royales.

D'après la loi du 2 mars 1832, la portion du mobilier de la couronne acquise depuis 1830, moyennant une somme de 9 millions, était exclusivement sa propriété personnelle. Louis-Philippe n'avait qu'un mot à dire pour priver de leurs meubles les plus précieux les palais enrichis par ses soins; il pouvait les faire transporter dans les habitations de son domaine particulier et placer ainsi l'État entre la nécessité de remeubler à grands frais la plus belle partie des monuments nationaux, ou la honte de les exposer nus aux regards des visiteurs français et étrangers. Telle ne fut pas la pensée du roi proscrit : il donna à ses mandataires l'autorisation la plus large de traiter avec l'État et de lui abandonner sur cette plus-value une somme considérable qu'il les laissait libres d'arbitrer; tout sacrifice était approuvé d'avance par lui.

A côté de ces faits, témoignages irrécusables de l'injustice des contemporains, il convient de citer les œuvres d'une charité qui ne voulait rester étrangère à aucune des misères humaines. Pour mieux atteindre toutes les infortunes, pour mieux se placer en dehors de la politique, la charité royale avait multiplié les canaux par lesquels elle devait s'épancher. Les secours dont la Liste civile faisait les fonds étaient alloués soit par le roi lui-même sur des bons particuliers de sa cassette, soit par les princes sur les fonds que le roi mettait annuellement à leur disposition, soit sur les crédits du cabinet du roi, soit enfin sur divers autres crédits ouverts à l'intendant général de la Liste civile. En cas de voyage, ils étaient prélevés sur des fonds spécialement remis à cet effet aux aides de camp du roi. Enfin la reine détournait pieusement la plus grande partie de sa pension royale pour la distribuer au nom du roi. Dans l'intérieur même de sa maison, Louis-Philippe ne se contentait pas d'aider secrètement ceux dont les familles étaient dans la détresse; il avait aussi voulu qu'un asile spécial fût ouvert à ses serviteurs blessés ou malades. Cet établissement, fondé dans l'ancien hôtel des Pages, rue du Faubourg-du-Roule, coûtait plus de 75,000 fr. par an; il était confié aux soins d'un habile médecin aidé de deux internes, et au dévouement des sœurs de saint Vincent de Paul.

Louis-Philippe tenait surtout à honneur de s'élever au-dessus des mauvaises passions du cœur humain. Souvent on l'a vu marcher droit sur la haine, et tendre une main secourable à un ennemi souffrant. Il était né clément aussi bien que charitable : ces deux instincts de sa nature semblaient s'encourager et grandir l'un par l'autre. Le jeune avocat défenseur du régicide Darmès avait écrit au roi que la mère du condamné, pauvre et âgée, était dénuée de toutes ressources. Quelques jours plus tard, cette femme voyait s'ouvrir un asile sûr pour les souffrances de sa vieillesse. Le régicide Lecomte avait été condamné à mort par la Cour des pairs; le chef de l'État avait vainement plaidé dans son conseil la cause de l'assassin. Lecomte était résigné à mourir; mais il laissait une sœur tendrement aimée. Le jour même où le roi constitutionnel dut se soumettre à la juste décision de ses ministres, il m'écrivit :

« Venez me voir ; j'ai le malheur de n'avoir
« pu sauver Lecomte, je veux du moins aider à
« vivre la sœur qu'il soutenait. »

Peu d'heures après, je faisais connaître à M. Martin (du Nord), alors garde des sceaux, que je tenais à sa disposition toute somme d'argent qu'il jugerait nécessaire pour subvenir aux besoins de la sœur du régicide.

Du reste, un document authentique fera mieux comprendre encore les efforts secrets et persévérants de la charité de Louis-Philippe : c'est la récapitulation des secours accordés en 1832 sur les crédits du cabinet du roi. On ne lira pas sans intérêt cette pièce, échappée à la destruction de février. Les papiers qui intéressaient la politique et l'intimité de la famille royale ont été plus ou moins respectés ; mais des mains acharnées ont livré systématiquement aux flammes les archives de la bienfaisance, qui renfermaient sans doute plus d'une révélation contre les *vainqueurs*.

Secours accordés en 1832 sur le crédit ouvert au cabinet du roi.

A d'anciens serviteurs de la maison d'Orléans et à des personnes de la maison actuelle.	20,094 fr.
Bourses, pensions et trousseaux dans les maisons d'éducation.	6,255
Hommes de lettres et artistes.	59,900
Pensionnaires de la liste civile de Charles X ou de la caisse de vétérance, anciens pensionnaires de la maison de Monsieur.	73,635
Décorés de juillet.	20,740
Combattants de juin blessés, veuves et orphelins de combattants.	61,050
Blessés d'Anvers.	10,000
Militaires, veuves et enfants de militaires.	40,400
Établissements de bienfaisance, villes et communes.	28,150
Indigents de Paris.	202,750
— des départements.	72,656
Secours en nature et d'urgence.	132,500
Crédit de secours pour le choléra (y compris le crédit spécial ouvert au ministère du commerce).	577,650
Total	1,305,777 fr.

Et ici il est écrit de la main du baron Fain, l'ancien secrétaire de Napoléon et de Louis-Philippe, mort en 1836 : « C'est plus que la dixme sur la subvention de la Liste civile. »

Un souvenir touchant, que la reine Amélie me pardonnera de révéler, doit trouver sa place ici, en associant deux noms que la mort seule pouvait séparer. J'attendais un jour la reine dans le salon qui précédait son cabinet; son secrétaire des commandements s'y trouvait, feuilletant quelques papiers dont l'un attira mon attention. C'était un cahier contenant un grand nombre de noms disposés suivant l'ordre alphabétique. Je fis une question indiscrète, à laquelle le secrétaire des commandements répondit : « Puisque vous m'avez surpris, lisez; mais, je vous en supplie, n'en dites rien à la reine. » Je tenais entre mes mains la liste de plus de trois cents enfants que le roi et la reine faisaient élever dans les colléges et dans les écoles de Paris.

Pour traduire les faits en chiffres, Louis-Philippe a consacré, durant le cours de son règne, à des

actes de munificence plus de. . 21,200,000 fr.,
et en secours de charité proprement dite, plus de 21,650,000
_____
42,850,000 [1].

Bâtiments, forêts, domaines, musées, manufactures, mobilier, bibliothèques, j'ai successivement parcouru toutes les parties dont se composait la dotation de la couronne; j'ai fouillé les secrets de la charité royale : sur tous les points, j'ai répondu à la calomnie par des documents et des chiffres authentiques. Pour compléter ma tâche, je réunis maintenant dans un tableau général la totalité des dépenses faites par le roi Louis-Philippe

---

[1]. Je dois faire remarquer que j'ai compris dans la première somme de ce tableau les 10 millions donnés par le roi à M. Laffitte en échange de la forêt de Breteuil. J'appelle d'ailleurs l'attention du lecteur sur l'observation suivante : aucun des chiffres de cet exposé ne s'applique aux dépenses de même nature faites par M. le duc ou par madame la duchesse d'Orléans sur la dotation allouée au prince royal ou sur le douaire. Ces dotations spéciales étaient administrées en dehors de la liste civile. Je n'ai donc pu les faire entrer en ligne de compte. Mes chiffres eussent été bien autrement élevés, s'ils avaient dû se grossir de toutes les libéralités du prince que la France a pleuré, de la princesse que tous les partis honorent et respectent.

dans toutes les parties de sa liste civile, non pour sa personne, non pour sa famille, ni même pour l'entretien de la maison royale, mais uniquement dans l'intérêt de l'État, qui a profité de tout.

Dépenses de conservation, de surveillance et d'entretien de toutes les parties de la dotation de la couronne...	112,540,000 fr.
Dépenses facultatives faites dans la dotation immobilière de la couronne...	38,270,000
Décoration des palais, encouragements aux arts, aux lettres, à l'industrie et au commerce....................	28,967,000
Munificence royale et charité.........	42,850,000
Total........	222,627,000 [1]

En regard de ce chiffre de 222,627,000 francs, nous placerons un autre chiffre et un fait :

Un chiffre : — Le roi appliquait chaque année à son service personnel moins de 17,000 francs,

---

[1]. Tous les chiffres qui ont concouru à la formation de ce tableau proviennent de moyennes calculées sur un espace de temps qui varie de quatorze à dix-sept années. Les résultats ont d'ailleurs été exprimés en chiffres ronds de manière à rester toujours en deçà de la vérité. C'est la condition que je me suis invariablement imposée dans tout ce travail, œuvre de bonne foi et de vérité.

et à sa dépense purement personnelle 10,000 fr. au plus.

Un fait : — Le roi n'a jamais permis que le trésor public dépensât rien pour les princes ses fils dans leurs commandements ou dans leurs missions. Généraux, amiraux, montrant à l'armée le chemin de Constantine, voguant vers Sainte-Hélène pour y recueillir les cendres de l'empereur, commandant à l'Algérie tout entière, le duc de Nemours, le prince de Joinville et le duc d'Aumale n'ont jamais ambitionné d'autre récompense que l'approbation de l'armée, de la marine et l'estime du pays. Ils n'avaient ni traitements, ni frais de représentation, comme officiers généraux; ils revendiquaient surtout, comme princes, le privilége d'atteindre par leurs bienfaits tous les malheurs immérités et toutes les souffrances honorables.

En consultant le premier chiffre du tableau, on voit que, pendant dix-sept ans et demi de règne, Louis-Philippe a consacré annuellement à la conservation et à l'entretien de la portion du domaine de l'État dont il avait la jouissance une dépense moyenne de plus de 6,400,000 francs. Le budget de la république ne destine au même objet qu'une somme de 5,350,000 francs environ : Louis-Philippe était donc généreux envers l'État jusque dans l'accomplissement de ses devoirs d'usufruitier.

Si l'on considère ensuite le chiffre total du même tableau, on arrive aux résultats suivants : Louis-Philippe a dépensé, année moyenne, dans l'intérêt de l'État, une somme supérieure à 12,700,000 fr., c'est-à-dire plus des deux tiers du revenu brut de la liste civile et de toutes les parties du domaine de la couronne; revenu qui a été annuellement de 18,984,000 francs environ [1]. Il a employé seulement 6,300,000 francs, c'est-à-dire moins du tiers de sa liste civile et du produit de la dotation immobilière de la couronne, aux dépenses réelles de la royauté, au service personnel et d'honneur, à l'entretien d'écuries qui contenaient trois cent quatre-vingts chevaux, à toutes les dé-

---

[1]. Cette moyenne a été calculée sur dix-sept années et demie ; elle peut varier, mais d'une quantité tout à fait insignifiante, par suite de la rentrée de quelques produits non encore recouvrés sur 1847.

penses de maison, à celle d'une table qui recevait jusqu'à vingt-huit mille invités dans le cours d'une année, aux voyages royaux, à ceux des souverains étrangers, aux dépenses des princes de la famille royale dans leurs voyages ou dans leurs commandements, enfin au paiement des dots stipulées par les traités de mariage, et que l'inexécution de la loi du 2 mars 1832 avait laissées à sa charge. Cette somme est d'ailleurs inférieure de 1,650,000 francs à celle que le budget de l'État alloue aux dépenses du nouveau souverain, personnifié aujourd'hui dans le président de la République et l'Assemblée nationale, et doté à ce titre d'une somme de 7,950,000 [1], prélevée sur les impôts du pays.

En résumé, *le roi avare*, usufruitier d'une portion du domaine de l'État, l'a entretenu avec plus de soin et à plus grands frais que ne le fait l'État rentré en possession de son domaine.

Le roi cupide a affecté à des améliorations, à des

---

[1]. Nous n'avons pas fait entrer dans nos calculs le crédit supplémentaire de 2,160,000 fr. voté le 25 juillet 1850 en faveur du président.

encouragements, à des dons de toute espèce, une somme de 110 millions environ, dont l'emploi sans contrôle appartenait tout entier à son libre arbitre, à sa volonté absolue.

En résumé, le monarque a puisé beaucoup moins largement dans le trésor public pour les besoins intérieurs de sa royauté et de sa famille que le nouveau souverain pour ses dépenses personnelles.

Le roi Louis-Philippe a répondu sur tous les points par des bienfaits aux accusations incessamment dirigées contre sa parcimonie, si bien que le public, s'éclairant chaque jour davantage, ne sait déjà ce qui doit l'étonner le plus, de l'impudence des calomniateurs, ou de sa propre crédulité.

VII

ÉTUDE SUR LOUIS-PHILIPPE.
— SON HUMANITÉ. — SA CLÉMENCE. —
DEUX MOTS SUR LE 24 FÉVRIER.

VII.

ÉTUDE SUR LOUIS-PHILIPPE. — SON HUMANITÉ. — SA CLÉMENCE. — DEUX MOTS SUR LE 24 FÉVRIER.

En poursuivant les calomniateurs sur le terrain de la liste civile, je me suis efforcé de mettre en relief l'esprit pratique propre au roi Louis-Philippe dans l'administration de ses affaires, surtout les habitudes de sa vie, la tendance de ses idées, les traits saillants de son caractère. L'étude serait toutefois incomplète, si, de la direction des intérêts positifs, où se prouve un grand esprit, elle ne s'élevait aux sentiments qui peignent une grande âme, et qui marquent à Louis-Philippe le rang particulier que lui gardera l'histoire. Dieu l'avait fait bienveillant et doux. L'apaisement des passions humaines, la préservation universelle par l'anéantissement progressif du mal moral, avaient été les rêves philosophiques de sa jeunesse. Le plus bel attribut de sa royauté fut pour lui de les réaliser dans la mesure de ses forces et les limites de sa puissance. Sous ce rapport, la vie tout entière de Louis-Philippe présente le double et essentiel caractère de la persévérance et de l'unité.

Dès sa jeunesse, le duc de Chartres développa dans ses entretiens et dans ses correspondances cet amour éclairé de la paix qui devait plus tard sur le trône guider sa politique. Au moment même de s'honorer par son courage dans la guerre, le brillant officier la regardait dès lors comme un des plus grands fléaux de l'humanité.

Voici en quels termes il s'exprimait en 1792, dans une lettre à M. Th. de Lameth :

« Valenciennes, octobre 1792.

« Mon cher monsieur, me voilà ici depuis hier ; j'y ai trouvé une nouvelle mission. Comme le plus ancien colonel de la division, j'ai dû prendre le commandement de la place, et je suis fort occupé.

« Je viens de recevoir l'avis du décret rendu contre les princes français. Quelle que soit mon opinion sur cet acte, je m'y soumets avec le respect que j'aurai toujours pour les lois de mon pays ; mais je crains bien que les princes de ma famille, qui n'ont pas été élevés comme j'ai eu le bonheur de l'être, ne voient dans ce décret une occasion de troubles, et que, dans leur intérêt même, ils ne soient disposés à le combattre par la guerre étrangère, la guerre que je regarderai toujours comme le plus terrible fléau de l'humanité. Je ne sache pas de plus grand malheur pour une nation [1]. »

L'âge et l'expérience avaient profondément enraciné dans son âme cette conviction précoce, et plus tard le roi m'a souvent parlé de la douleur véritable où l'avait toujours jeté la vue d'un champ

---

1. Je dois la communication de cette lettre à l'obligeance de M. Genty de Bussy, intendant militaire et ancien conseiller d'État. Cette pièce faisait partie de sa riche collection d'autographes.

de bataille. Un jour de visite à Versailles, il parcourait les salles du rez-de-chaussée de l'aile du midi, consacrées aux victoires de l'empire. Il avait entamé avec moi cette thèse inépuisable de la paix et de la guerre, sur laquelle il aimait à revenir pour justifier sa politique. Il me conduisit devant le magnifique tableau de la *Bataille d'Eylau*, par Gros. On se rappelle cette plaine immense couverte de débris et de morts, cette neige souillée de sang, ces cadavres à demi ensevelis dans un vaste sépulcre de glace; la figure mélancolique et sombre de l'empereur Napoléon domine cette scène de désolation.

« Tenez, me dit le roi, regardez ce visage de
« conquérant; Napoléon s'y connaissait, et il est
« de mon avis : ses yeux n'ont point de larmes,
« mais son âme s'amollit à l'aspect de ce champ de
« bataille. Il a fallu que la mort frappât à Eylau
« des coups aussi terribles pour ébranler cette âme
« toute guerrière. Ce jour-là, Napoléon a douté,
« non de sa gloire, mais de son système. »

Puis il ajouta :

« Vous me comprendriez mieux, si vous aviez

« jamais vu un champ de bataille. C'est un spectacle
« qui n'a jamais passé sous mes yeux sans déchirer
« mon cœur, et l'ardeur même de l'action était
« impuissante à comprimer cette impression dou-
« loureuse. Je me rappellerai toute ma vie celle
« que j'éprouvai à Jemmapes : c'était au moment
« où, saisissant dans mes bras les drapeaux de
« plusieurs bataillons en déroute, je les ramenais
« au feu mêlés tous ensemble sous le nom de ba-
« taillon de Mons, que je venais de leur donner à
« l'instant. Pour s'opposer à l'irrésistible élan de
« mes soldats et protéger la seconde ligne des
« redoutes ennemies, les cuirassiers autrichiens se
« mirent en mouvement, présentant un front for-
« midable. Il avançaient en bon ordre. Une batterie
« d'artillerie que j'avais sous la main reçut l'ordre
« de laisser approcher l'ennemi pour le recevoir à
« bout portant par une décharge de mitraille. J'étais
« tout rapproché de cette scène, et j'en avais de
« sang-froid préparé le terrible dénouement. Je
« pouvais compter le nombre de cavaliers, et
« j'étais frappé de leur air martial, de leur belle
« contenance. Tout à coup le canon gronde; je

« vois tomber devant moi des rangs entiers de ces
« hommes tout à l'heure pleins de vie ; le flot de la
« cavalerie autrichienne recula devant la digue de
« feu que je lui opposais. Ma première pensée fut
« pour la joie du succès ; la seconde, aussi rapide
« et plus profonde, fut pour tous ces malheureux
« que la guerre moissonnait avant le temps, pour
« toutes ces familles que je venais de priver d'un
« fils ou d'un frère. C'est au sein même de la vic-
« toire que je jurai d'épargner au monde, si jamais
« tel était mon pouvoir, l'horreur de ces jeux
« cruels. »

Dans ce souvenir est l'explication tout entière de la politique de Louis-Philippe. Il n'a jamais voulu la paix en roi qui aurait craint la guerre : il la voulait en philanthrope et en philosophe, comme il voulut, plus tard, l'abolition de la peine de mort. A peine monté sur le trône, Louis-Philippe entreprit de faire triompher le principe de cette abolition conforme aux opinions de toute sa vie. Il se déclara en même temps l'adversaire de toutes les peines irrémissibles dont la perpétuité lui semblait une usurpation de l'homme sur les décrets de la bonté divine. Dès le 19 octobre 1830, il saisissait avec bonheur la première occasion de proclamer devant la Chambre des députés son adhésion au vœu solennel d'humanité qu'elle venait lui apporter. Ses paroles, dans cette circonstance, sont comme le programme fidèle de tout son règne.

« Messieurs, dit-il, le vœu que vous m'exprimez
« était depuis bien longtemps dans mon cœur.
« Témoin, dans mes jeunes années, de l'épouvan-
« table abus qui a été fait de la peine de mort en
« matière politique, et de tous les maux qui en
« sont résultés pour la France et pour l'humanité,
« j'en ai constamment et bien vivement désiré l'abo-
« lition. Le souvenir de ce temps de désastre et les
« sentiments douloureux qui m'oppriment, quand
« j'y reporte ma pensée, vous sont un sûr garant
« de l'empressement que je vais mettre à vous faire
« présenter un projet de loi qui soit conforme à
« votre vœu. Quant au mien, il ne sera complète-
« ment rempli que quand nous aurons entièrement
« effacé de notre législation toutes les peines et
« toutes les rigueurs que repoussent l'humanité et
« l'état actuel de la civilisation. »

Le roi avait trop compté sur l'efficacité du vœu parlementaire et sur la force de sa propre volonté pour déterminer son ministère à prendre l'initiative dans la question de la peine de mort. D'ailleurs, ce ministère (le premier qui fut formé après la révolution de juillet) comptait alors parmi ses membres MM. Laffitte et Casimir Périer; il allait bientôt se dissoudre par l'impossibilité de concilier plus longtemps des tendances politiques diamétralement contraires. Dès cette époque, le procès des ministres du roi Charles X inquiétait gravement l'opinion, et portait le trouble et l'hésitation dans les âmes. Les passions populaires, armées contre M. de Polignac et ses collègues d'une législation sévère que le roi était impuissant à réformer, en appelaient à grands cris l'application rigoureuse.

C'est en vue des graves événements qui semblaient se préparer que le roi chargea M. Laffitte de former un nouveau cabinet. Je dois évoquer ici un souvenir personnel, je m'en serais abstenu si ce n'était l'occasion de faire pénétrer avec moi le lecteur dans l'intimité de Louis-Philippe et de découvrir à ses yeux le fond même des sentiments qui inspiraient sa politique.

Le général Sébastiani avait été chargé, le 2 novembre 1830, de me proposer le portefeuille de l'intérieur. Un premier refus m'amena bientôt au Palais-Royal, où j'avais été mandé. Le roi me reçut dans le petit salon qui séparait son cabinet du salon d'attente. Madame Adélaïde était près de son frère. J'avais à peine connu le duc d'Orléans avant 1830; j'étais donc mal préparé à résister aux séductions de son esprit et de sa raison. Cependant je fis bonne contenance : j'invoquai surtout mon âge, qui ne me permettait pas de prendre part aux scrutins de la Chambre des pairs : comment pourrais-je délibérer dans le conseil et présenter aux Chambres des lois que je n'aurais même pas le droit de voter au Luxembourg? Toutes les instances de Louis-Philippe et de Madame Adélaïde avaient échoué, lorsque le roi s'écria :

« Vous ne voulez donc pas m'aider à sauver les « ministres? »

Profondément ému par ces paroles, je sentis ma résistance fléchir. Le roi venait de me découvrir son âme. La situation s'offrit dès lors à moi sous un aspect tout nouveau. Je ne voyais plus seulement devant moi les difficultés redoutables des affaires et la perspective imposante de la tribune ; je voyais surtout l'honneur de la lutte contre des passions désordonnées, et ma jeunesse cédait à l'appât d'un danger personnel. Il s'agissait bien moins de me vouer à un système politique qu'à une pensée de clémence et d'humanité, ou plutôt cette pensée même constituait tout un système politique vers lequel je me sentais invinciblement entraîné. J'acceptai le portefeuille dans les conditions où il m'était offert, et dès ce moment je pris place aux côtés du roi, que je ne devais plus quitter pendant dix-huit années.

Les jours d'angoisses et de périls ne tardèrent pas à venir. On se rappelle le courage impassible de la Cour des pairs et de son illustre président, M. Pasquier ; la première magistrature du pays répondit par l'arrêt d'une justice sévère et humaine tout à la fois aux injonctions d'une multitude égarée. Suivant le vœu du roi, les ministres de Charles X furent sauvés.

Les opinions de Louis-Philippe venaient de recevoir une première et solennelle consécration par l'arrêt de la Cour des pairs : il ne s'arrêta pas là, et poursuivit plus vivement que jamais dans le conseil des ministres l'abolition de la peine de mort, au moins en matière politique. Cette lutte intérieure paralysa plus d'une fois le cours de la justice; l'exécution des arrêts de condamnation demeura souvent suspendue entre les sévérités d'une loi que la royauté trouvait trop rigoureuse et les nécessités d'une répression que réclamait impérieusement l'intérêt de la société. Cette situation était devenue telle au mois d'avril 1831, que le ministère de Casimir Périer dut la prendre en sérieuse considération. Ce fut alors que M. Barthe, garde des sceaux, présenta au conseil une large réforme du Code pénal. Cette réforme, votée par les deux Chambres après une discussion approfondie, supprimait la peine de mort dans neuf cas différents ; elle abolissait la confiscation, la marque, le carcan, et faisait intervenir dans chaque verdict du jury les circonstances atténuantes réservées jusque-là à un petit nombre de cas exceptionnels.

Cette dernière disposition était comme une porte éternellement ouverte à la miséricorde; il y avait là provocation directe à la générosité nationale; les mœurs publiques pouvaient désormais effacer la peine de mort des arrêts de la justice par la voix souveraine du jury. Nos codes conservaient sans doute encore la trace de cette peine terrible que Louis-Philippe aurait voulu proscrire; mais l'application du moins en était subordonnée à la conscience désormais plus libre des jurés; le roi surtout se réservait de la restreindre encore par l'intervention active et personnelle de sa prérogative. Celle-là, celle du droit de grâce, lui était plus chère que toutes les autres, auxquelles cependant on ne l'a jamais accusé de faillir : il n'en est pas une seule qu'il ait mieux étudiée, plus souvent pratiquée, et qu'il ait entourée de plus solides garanties.

En même temps que la réforme du Code pénal pour adoucir les rigueurs judiciaires, Louis-Philippe voulut la réforme du droit de grâce pour reculer les bornes de la clémence. Celle-ci appartient tout entière à sa volonté personnelle. Le droit de grâce, tel que le roi le recueillit en montant sur le trône, n'avait ni l'autorité d'une application habituelle, ni la puissance de l'initiative. Hors quelques occasions rares et solennelles qui pouvaient donner lieu à des amnisties, le droit de grâce, avant 1830, sommeillait quand il n'était pas invoqué; il attendait toujours la prière du condamné avant de tendre une main secourable au repentir. Le roi Louis-Philippe en fit un droit actif, spontané, toujours présent dans ses conseils, plus fort même que l'inflexibilité du condamné, s'il eût voulu mourir ou perpétuer sa peine. Tout arrêt prononçant la peine capitale devait être soumis aux lumières de la conscience royale, éclairée par le plus scrupuleux examen. Aucune juridiction n'était soustraite à cette règle généreuse, qui s'appliquait à la France africaine et coloniale aussi bien qu'au continent. De plus, tous les ans à deux époques, en février et en juin, les procureurs généraux devaient envoyer à la chancellerie un travail sur les condamnés qu'ils jugeaient dignes de pardon. Le roi trouvait ainsi l'occasion régulière d'exercer sa clémence le 1ᵉʳ mai et le 9 août de chaque année.

Pour les peines capitales, le roi se faisait remettre par le garde des sceaux l'exposé des faits de la cause, la délibération du jury, l'avis du président des assises, l'avis du procureur général, et enfin celui du ministre de la justice. Si l'arrêt avait été rendu par un conseil de guerre ou par une cour coloniale, le rapport devait contenir en outre l'opinion du ministre de la guerre ou du ministre de la marine. L'examen fait par le roi de chacune de ces affaires était ainsi préparé par tous les éclaircissements nécessaires et entouré de toutes les garanties désirables. Il n'est pas arrivé une seule fois, en dix-huit années, que le roi ait fait attendre vingt-quatre heures au garde des sceaux un dossier contenant un avis favorable à la grâce; il n'est pas un rapport proposant l'exécution d'une peine prononcée qui n'ait été lu, relu et discuté par lui. Quand Louis-Philippe, voulant faire grâce, trouvait dans le garde des sceaux une résistance persistante, il exigeait que la discussion fût portée au conseil des ministres. Par ses ordres, le conseil a toujours délibéré sur les arrêts qui frappaient ses assassins. Dans l'un et l'autre cas, il ne cédait qu'à la dernière extrémité devant une délibération solennelle et unanime de ses ministres; encore fallait-il que la délibération s'accordât avec *le cri de sa conscience*. Du reste, personne ne peut avoir la prétention de peindre Louis-Philippe mieux qu'il ne se peignait par ses paroles et par ses actes. Laissons-le donc parler et résumer lui-même les combats qui se livraient alors dans son âme.

Le 8 juillet 1836, en sanctionnant la sentence de la Cour des pairs qui condamnait Alibaud à la peine capitale, il écrivait de sa main :

« Le droit de remettre ou de commuer les peines
« infligées par l'application des lois n'étant dans
« mes mains qu'un dépôt sacré dont je ne dois
« faire usage que pour le bien général et l'intérêt
« de l'État, ce serait méconnaître mon devoir et le
« cri de ma conscience que de l'exercer pour mon
« avantage personnel ou la satisfaction de mon
« cœur. Je reconnais donc le pénible devoir que
« m'impose l'arrêt de la Cour des pairs, et j'ai
« seulement voulu me donner la consolation de
« déclarer que je ne suis mû que par ce sentiment,
« et que j'aurais regardé comme un beau jour

« dans ma vie celui où j'aurais pu exercer le droit
« de grâce envers l'homme qui a tiré sur moi. »

De nombreuses notes et des décisions développées, toutes de la main du roi Louis-Philippe, indépendamment de sa correspondance particulière avec les divers gardes des sceaux, témoignent de ses religieux scrupules. On en peut suivre les traces dans deux affaires criminelles.

Un sieur Ripon avait été condamné, pour crime d'incendie, à la peine de mort, par la cour d'assises de la Creuse, le 1er août 1844. Dans un rapport adressé au roi, le garde des sceaux proposait l'exécution de l'arrêt; le ministre appuyait son opinion sur un rapport du président des assises. Le magistrat disait que « l'exécution satisferait à deux considérations puissantes, l'intérêt social et la destruction de ce préjugé, trop commun dans les campagnes, que la peine de mort est supprimée. » En marge du rapport et à côté de ce passage, le roi écrivit :

« Cet argument, tiré de l'opinion de la suppres-
« sion de la peine de mort, me paraît absurde,
« vu le nombre douloureux des exécutions qui ont

« lieu continuellement ; mais je remarque qu'on le
« reproduit à chaque fois qu'on croit devoir insister
« sur une exécution capitale. »

Cette note peint fidèlement la disposition d'esprit que Louis-Philippe apportait à l'examen des affaires criminelles sur lesquelles il avait à se prononcer. Le roi se révolte contre l'argument opposé à sa clémence ; sa généreuse impatience de toute contradiction éclate par une double exagération, contraire tout ensemble à ses habitudes bienveillantes et à la vérité des faits. Il qualifie durement l'opinion du président des assises ; enfin, quand il parle d'exécutions criminelles, il oublie que l'exercice du droit de grâce rend chaque jour plus rares les applications de la peine capitale ; il est injuste envers son gouvernement et envers lui-même.

Contrairement à l'avis du garde des sceaux, le roi se déclara pour la commutation de la peine de mort en celle des travaux forcés à perpétuité. On peut lire au bas du rapport les considérations suivantes, écrites entièrement de sa main :

« Je commence par dire que, dans mon opinion
« personnelle, la commutation que je prononce

« pèche plutôt par excès que par insuffisance de
« sévérité. J'arrive d'Angleterre, et j'y ai appris
« que le crime d'incendie n'y est plus puni par la
« peine de mort, qu'on y a trouvé cette peine
« disproportionnée à ce genre de crime, et que
« des peines inférieures le réprimaient efficace-
« ment. Je ne prétends pas établir que ce principe
« de la législation anglaise actuelle doive servir de
« règle à toutes les décisions que je puis être dans
« le cas de donner sur les condamnations pour
« incendie; mais je crois devoir l'appliquer spécia-
« lement à Ripon : 1° parce que Ripon n'est con-
« damné que pour le seul crime d'incendie, sans
« aucune complication de vol, d'assassinat ou
« même de vengeance individuelle; 2° parce que
« sa condamnation a été motivée sur la déclaration
« unique de Lavaud, son complice; 3° parce que
« ce complice Lavaud, tout aussi coupable, selon
« moi, que Ripon, a obtenu, au moyen de cette
« déclaration, du moins je le présume, de n'être
« condamné qu'à six ans de fers, disproportion
« énorme non-seulement avec la peine de mort à
« laquelle Ripon a été condamné, mais même avec

« celle des travaux forcés à perpétuité, que la
« commutation applique à Ripon, et que ma con-
« science m'interdit d'exercer.

« Louis-Philippe. »

« Au château d'Eu, le 22 octobre 1844. »

Un Arabe, nommé Ben-Saïd, avait été également condamné à la peine de mort par la cour d'Alger le 30 août 1843, pour avoir porté un coup et fait une blessure à un agent de la force publique, avec intention de donner la mort. Le garde des sceaux, d'accord avec le ministre de la guerre, proposait la commutation de la peine de mort en celle de vingt ans de travaux forcés. Le motif qui déterminait le ministre était puisé dans cette circonstance, que Ben-Saïd avait donné le coup de couteau au moment où il était conduit en prison par quatre miliciens portant le sabre nu. « Il a pu croire, disait le ministre, qu'on le menait au supplice, et, pour me servir de ses expressions, qu'*on allait lui couper le cou.* » Le roi écrit en marge du rapport :

« Je ne doute pas que ce ne soit ainsi, et cela
« me paraît évident en considérant les habitudes

« et les idées des Arabes. Je reconnais donc
« d'abord l'équité et même le devoir de remettre
« la peine capitale. Quant à la peine que la com-
« mutation doit y substituer, mon opinion diffère
« un peu de celle que mes deux excellents ministres
« me présentent. Je crois qu'elle doit être sévère,
« mais qu'il faut prendre garde que cette sévérité
« ne soit outrée, et que le degré adopté ne puisse
« être l'objet d'un blâme consciencieux. Aussi
« j'admets les travaux forcés, mais en limitant le
« terme à dix ans, au lieu de celui de vingt, qui
« me paraît hors de toute proportion avec les
« diverses exigences du cas. J'ajouterai en outre
« le vœu que, si la conduite de ce condamné dans
« le bagne le comporte, il me soit proposé, au
« au bout d'un an, une commutation de la peine
« en celle d'une année d'emprisonnement, après
« laquelle, si rien ne s'y oppose, il sera rendu à
« ses pénates et à son pèlerinage de la Mecque,
« qui, je n'en doute pas, avait été son véritable
« but. »

Non content d'avoir si largement étendu l'exercice du droit de grâce, le roi, lorsqu'il avait dû

sanctionner les arrêts de la justice, soumettait encore sa conscience à une dernière et solennelle épreuve : le hasard m'en a fait le confident. Un soir ou plutôt une nuit, à cette heure avancée qu'il consacrait aux affaires les plus graves, j'entrai sans être annoncé, sans être entendu, dans le cabinet du roi. Louis-Philippe était penché sur un cahier dont plusieurs pages étaient déjà chargées de son écriture. J'avais entendu dire plus d'une fois au roi que la révolution de 1830 et les soins du gouvernement avaient complétement interrompu la rédaction de ses mémoires ; ma première pensée fut qu'il avait repris l'histoire de cette vie si variée et si dramatique. Je ne pus m'empêcher d'adresser au roi, qui venait de m'apercevoir, une question respectueuse.

« — Mon Dieu, non, me dit-il ; vous me trouvez
« occupé d'un travail bien plus triste ; sur ce cahier
« que vous voyez, j'enregistre les noms des crimi-
« nels condamnés à la peine de mort, de ceux que
« mon droit de grâce n'a pu protéger contre le cri
« de ma conscience ou les décisions de mon cabi-
« net. J'y inscris le fait, les circonstances princi-

« pales, les avis divers des magistrats, l'opinion
« de mon conseil, quand il a délibéré. J'y expose
« les motifs impérieux qui ne m'ont pas permis de
« faire grâce, chaque fois que ma prérogative
« laisse à la justice son libre cours. J'ai besoin de
« me justifier à mes propres yeux et de me con-
« vaincre moi-même que je n'ai pu faire autrement.
« De là cette dernière et douloureuse épreuve à
« laquelle je soumets mon âme; je veux que
« mes fils sachent quel cas j'ai fait, quel cas
« ils doivent faire de la vie des hommes. Parce
« qu'on dit vulgairement le droit de grâce, je n'ai
« jamais cru que la clémence fût seulement un
« droit; c'est encore, c'est surtout un devoir qui
« ne peut être limité que par des devoirs d'un
« ordre supérieur. Je veux prouver à mes fils que
« je ne l'ai jamais compris autrement : là est ma
« consolation, quand la justice a frappé [1]. »

Il était des occasions dans lesquelles la clémence
du roi ne pouvait être vaincue même par la raison

---

1. La Providence n'a pas permis que ce précieux carnet pérît au milieu du pillage et de l'incendie. Une main fidèle a pu le remettre au roi, pur et intact des atteintes du 24 février.

d'État. S'il n'obtint pas, au début de son règne, l'abolition de la peine de mort en matière politique, il réussit du moins à l'abolir en fait. Pendant dix-huit années, il a sauvé de la peine capitale tous les conspirateurs, sans en excepter un seul, qu'avait justement frappés la loi du pays. C'est un hommage que les partis eux-mêmes seront forcés de rendre à la mémoire du roi Louis-Philippe, à moins qu'ils ne revendiquent la solidarité des attentats de Fieschi, Alibaud, Lecomte, et de leurs odieux imitateurs. En vain les ministres représentaient-ils à Louis-Philippe la nécessité d'une répression plus sévère dans l'intérêt de la société menacée : appuyé sur les douloureux souvenirs de sa jeunesse et sur les convictions de toute sa vie, le roi restait inébranlable. L'abolition en fait de la peine de mort en matière politique était de toutes les gloires celle qu'il voulait surtout conserver à son règne. Un jour même sa conscience fut vivement troublée par la lecture d'un journal qui imputait à la politique l'exécution de paysans bretons condamnés à mort par le jury. Sans perdre un moment, il adressa au garde des sceaux, M. Barthe, une lettre dans laquelle éclatait l'anxiété de son âme. L'affirmation d'un ministre qui possédait sa confiance, le souvenir invoqué par M. Barthe de tous les faits de la cause, des appréciations unanimes du président des assises, du procureur général et du jury, purent seuls lui rendre le calme. Les prétendues victimes des passions politiques et d'un gouvernement irrité n'étaient autres que des assassins de l'espèce la plus cruelle, des *chauffeurs* déjà frappés par la justice pour vingt crimes différents.

Les mêmes sentiments dictèrent au roi, en 1839, la grâce du condamné Barbès. A ses yeux, Barbès était un conspirateur armé contre les institutions du pays bien plus que l'auteur d'un meurtre odieux, et il opposa une résistance invincible à la délibération unanime du conseil des ministres. Je ne siégeais pas alors dans le conseil; mais une circonstance personnelle me permet de parler en témoin de cette victoire de l'humanité sur les rigueurs de la politique. Madame Karl, sœur de Barbès, avait eu l'idée de recourir à mon intervention. A la Cour des pairs, j'avais été juge sévère: j'accueillis madame Karl comme je le devais, et j'écrivis au roi que la sœur de Barbès allait arriver en suppliante près de lui. Avant d'avoir reçu ma ma lettre, Louis-Philippe avait fait cette réponse que l'on connaît :

« Ma pensée a devancé la vôtre. Au moment où
« vous me demandez cette grâce, elle est faite dans
« mon cœur; il ne me reste plus qu'à l'obtenir. »

La prière et les larmes de madame Karl n'avaient donc été pour rien dans le mouvement spontané qui portait le roi à protéger les jours d'un grand coupable; mais c'était un argument nouveau qu'il appelait à son aide.

« Il n'est plus possible, s'écria-t-il, que la main
« arrosée des larmes de la sœur de Barbès signe
« l'arrêt qui l'envoie à la mort! »

Barbès fut sauvé, et le lendemain la haine des partis reprit son œuvre contre le prince qui avait si généreusement pardonné.

En dehors de cette application si fréquente du droit de grâce, le roi a honoré son règne par le grand acte de l'amnistie en 1837. Dès les premiers mois qui suivirent la révolution de 1830, les passions démagogiques avaient poussé dans les sociétés secrètes une foule d'ouvriers ennemis du travail, d'esprits fanatisés par les doctrines antisociales, et d'ambitieux déçus : c'était déjà l'armée organisée du désordre, avec ses finances, ses chefs et ses soldats. Les conspirateurs marchaient dès lors sous le drapeau républicain. Deux fois, en 1832 et en 1834, les anarchistes avaient offert le combat à la garde nationale, clairvoyante alors, et à l'armée, toujours fidèle : deux fois les sociétés secrètes furent vaincues. Un arrêt solennel de la Cour des pairs du 23 janvier 1836 vint mettre le sceau à cette victoire en frappant la vaste organisation de la démagogie dans son comité central. La royauté résolut aussi de lui porter un grand et dernier coup. De toutes les combinaisons qui s'offraient pour achever la défaite de ses ennemis, elle choisit la plus décisive et la plus hardie : la clémence appuyée sur la force, la clémence qui rendait à la liberté les ministres du roi Charles X et les chefs des sociétés secrètes, la force qui restituait au même instant à la religion vengée, l'un des plus antiques monuments de la piété catholique, l'église de Saint-Germain-l'Auxerrois.

Le premier, le plus illustre complice de cette noble audace fut M. le comte Molé, dont l'opinion sur l'amnistie était depuis longtemps connue. L'amnistie était la condition de M. Molé pour entrer aux affaires; elle était la condition du roi pour la formation d'un nouveau cabinet. Cette grande question était donc décidée en principe le 15 avril, le jour même où le roi changea son ministère. Son cœur paternel s'ouvrait d'ailleurs à l'espérance d'en faire le gage de la réconciliation des partis au moment où sa famille allait puiser de nouvelles forces dans le mariage du duc d'Orléans. La liberté de trois cents condamnés politiques, le retour de cent exilés, la joie de quatre cents familles, lui paraissaient le présent de noces le plus digne de la princesse qui allait devenir sa fille. Cependant quelle devait être l'étendue de l'amnistie? où en seraient posées les limites? Tel fut le grave objet des délibérations du conseil dans lequel j'avais l'honneur de siéger comme ministre de l'intérieur.

C'est le 8 mai 1837 que M. Barthe, garde des sceaux, soumit définitivement au roi le projet d'ordonnance. Le roi apporta dans cette discussion l'ardeur et la disposition d'esprit un peu absolue qui l'animaient toutes les fois qu'une question semblait intéresser son honneur ou ses sentiments personnels. Si nous eussions suivi ses premières inspirations, l'amnistie eût dépassé la juste mesure que nous imposaient les ombrages bien naturels du parti conservateur. Il ne trouvait pas, disait-il, le projet assez large; il ne pouvait ainsi donner et retenir; tantôt il ne voyait aucun motif plausible pour soumettre certains amnistiés à la surveillance de la haute police, tantôt il faisait des objections contre l'exclusion des contumaces du bénéfice de l'amnistie : il montrait surtout l'ambition de faire grâce entière au régicide Meunier. Les termes presque passionnés de ce plaidoyer, s'ils provoquèrent chez nous tous la même émotion, rencontrèrent chez tous aussi la même résistance; cependant, dans cette première délibération, le roi entraîna son conseil sur quelques points. C'est ainsi que l'ordonnance d'amnistie ne devait être d'abord précédée d'aucun rapport, d'aucun considérant. Dans la pensée de Louis-Philippe l'acte royal, isolé de toute discussion politique, de toute provocation ministérielle, doublait le prix de la clémence et lui conservait surtout le caractère de spontanéité qu'il avait eu dans son cœur et dans sa volonté. A dix heures et demie du soir l'ordonnance fut signée. Tout semblait terminé, lorsque vers onze heures et demie de la nuit nous fûmes de nouveau mandés aux Tuileries. Quand j'arrivai, mes collègues étaient réunis dans le grand cabinet du roi. Je trouvai le roi debout et s'expliquant avec vivacité au sujet de diverses modifications qui lui avaient été demandées après le conseil. Plusieurs ministres insistèrent surtout sur les ménagements que commandait le parti conservateur dont la majorité était loin d'être favorable à la mise en liberté des chefs de la démagogie, et sur la nécessité de donner dans un rapport des explications nécessaires sur la portée politique de l'amnistie. La raison d'état l'emporta. La rédaction d'un rapport fut arrêtée ; et l'amnistie fut irrévocablement entourée d'un certain nombre de précautions restrictives. L'une, la plus grave, concernant seulement deux condamnés, Boireau complice de Fieschi et le régicide Meunier : le roi avait déjà écarté de Meunier la peine de mort, prononcée par la Cour des pairs; la grâce ne devait profiter à tous deux que pour une commutation de peine. Les autres restrictions avaient uniquement pour objet, outre l'exclusion des contumaces du bénéfice de l'amnistie, l'application de la surveillance de la haute police aux chefs des sociétés secrètes condamnés par l'arrêt de la Cour des pairs du 23 janvier 1836. L'acte de l'amnistie avait ainsi gagné en prudence politique; mais en même temps il avait conservé toute sa grandeur, et, si je peux m'exprimer ainsi, toute sa personnalité royale.

Le roi l'a caractérisé lui-même dans une de ces correspondances destinées, aux épanchements d'une intimité discrète, que la révolution de février semble avoir été condamnée par la Providence à mettre en lumière pour le châtiment des calomniateurs de Louis-Philippe. Madame la princesse Adélaïde était à Bruxelles. Voici dans quels termes le roi faisait part à cette sœur dévouée, à cette amie fidèle, de la grande mesure qu'il venait de prendre :

Lundi soir, 8 mai, à 11 heures et demie du soir, 1837.

« Tout est arrangé, ma chère bonne amie, et je
« m'empresse de te l'annoncer en descendant du
« conseil . . . .
« . . . . J'ai signé l'ordonnance d'am-
« nistie pleine et entière à tous les condamnés
« *politiques* par jugement définitif, actuellement
« détenus, et la peine de Boirot et de Meunier qui
« ne sont pas politiques est commuée en dix ans
« de bannissement. Elle sera demain dans le *Moni-*
« *teur* que tu recevras en même temps que cette
« lettre. Cette séance du conseil a été remarquable.
« J'avais fait venir Pasquier et Dupin, non pas au
« conseil, mais dans le salon Bleu où les débats
« ont été très-éloquents; Pasquier et Dupin ont été
« admirables, et finalement l'affaire est faite. De-
« main au lever du soleil, le télégraphe l'appren-
« dra à tout le royaume. A présent discutera
« l'affaire qui voudra. Elle est faite. J'ai refusé
« l'amnistie tant qu'elle me paraissait une conces-
« sion à la menace et qu'on pouvait y voir une
« faiblesse arrachée à la crainte; mais je l'accorde

« avec bonheur quand elle est devenue mon acte
« spontané à la suite du triomphe d'hier ¹. *It is as*
« *it should be.* Je n'ai voulu ni rapport, ni proposi-
« tion, ni considérant. C'est mon acte, et l'acte se
« défendra par lui-même. . . . .

« . . . . »

Mardi matin, à 11 heures, 9 mai 1837.

« Ma chère amie, avant de partir pour Versailles,
« j'ajoute quelques lignes à ma lettre d'hier soir.
« Je venais de la finir, et j'étais peu avancé dans
« la lecture des dépêches quand ma porte s'est
« ouverte ! — Le président du conseil !... Eh mon
« Dieu, qu'est-ce qu'il y a encore?... Puis les
« ministres en succession.—Enfin ce n'était qu'une
« modification de l'ordonnance qui avait été faite.
« Puis la nécessité d'un rapport. Enfin après trois
« heures de séance dans mon grand cabinet tout a
« été arrangé à la satisfaction commune, et à trois

---

1. Le roi faisait allusion à une revue de la garde nationale et de l'armée qui avait eu lieu le 7 mai ; il y avait été accueilli avec le plus vif enthousiasme.

« heures un quart ils ont été se coucher, et moi
« aussi. C'est un rude métier !... Enfin tout est
« terminé. A présent, nous verrons comment cela
« sera pris. J'espère bien en somme toute...... »

Onze ans plus tard cependant, la liste des amnistiés donnait un chef à la révolte armée du 23 février, deux dictateurs au gouvernement républicain du 24 février, ses tribuns les plus violents à l'Assemblée qui a proscrit le roi Louis-Philippe et sa famille. On le voit, l'ingratitude ne devait pas plus manquer à la clémence de 1837 qu'aux bienfaits de 1830.

Ce qu'on ne sait pas assez, ce qu'il faut dire, c'est que, dans sa propre cause, le roi pardonnait toujours sans effort. Là où son influence personnelle, ses idées, son système et ses prérogatives étaient en jeu, au milieu même de la lutte il absolvait d'avance les hommes qui s'étaient faits ses adversaires politiques. Au mois de juillet 1847, au moment même où les instigateurs d'une croisade passionnée contre ce qu'ils appelaient si injustement le *gouvernement personnel* parcouraient le pays dans tous les sens, semaient partout l'agitation soi-disant *légale* et préparaient les funestes banquets, le roi, puissant encore, dont ils provoquaient les ressentiments, leur pardonnait en ces termes, que j'extrais d'un acte solennel où il déposait alors ses pensées intimes et ses dernières volontés :

« Ce dont la France a besoin, c'est de bannir de
« son sein ces craintes, ces rivalités, ces jalousies
« réciproques, que la malveillance ne se fatigue
« jamais de semer, d'exciter ou d'entretenir entre
« les différents pouvoirs ou les institutions de
« l'État, afin de les affaiblir les uns par les autres,
« et de les renverser ensuite plus facilement ; c'est
« d'empêcher la propagation de la funeste idée
« dont j'ai vu surgir tant de déplorables consé-
« quences, et qui leur fait supposer que leurs
« forces respectives s'accroissent par l'amoindris-
« sement de celles des autres. La vérité est que la
« force et la stabilité des institutions et du gou-
« vernement en général ne peuvent s'accroître que
« par la force et la stabilité de chacun des pou-
« voirs qui les composent, et que par conséquent
« ce qui amoindrit l'un amoindrit nécessairement

« tous les autres. Dieu sait que, dans le cours de
« ma vie, j'ai souvent vu la royauté, comme les
« assemblées électives, payer bien cher l'entraîne-
« ment de ces illusions, et pourtant, malgré le
« consciencieux scrupule que j'ai toujours mis à
« m'en tenir complétement exempt, il n'est que
« trop vrai que depuis mon avénement j'ai eu trop
« souvent à en souffrir, particulièrement quand
« on pouvait croire que mes intérêts personnels
« ou ceux de ma famille étaient en jeu. Quoi qu'il
« en soit, je ne veux pas m'appesantir sur de sem-
« blables récriminations, je ne veux rien repro-
« cher à personne ; je ne veux me ressouvenir que
« des intentions, dont la plupart étaient bonnes,
« même quand elles m'infligeaient des plaies aussi
« cruelles. »

Ce pardon devait emprunter plus tard aux douleurs de la persécution et de l'exil un caractère plus touchant encore. Le décret de bannissement contre tous les membres de la famille d'Orléans venait d'être proposé à l'Assemblée constituante ; cette nouvelle arrivée à Claremont y avait jeté une douleur profonde. Le cœur du roi saigna plus cruellement peut-être de cette blessure que de celle du 24 février; le 24 février semblait, en effet, recevoir du décret de bannissement une sanction froide et réfléchie. Le roi m'écrivait à ce sujet le 16 mai 1848 :

« Ce qui me révolte, ce qui fait bouillir mon
« sang, c'est de me voir, moi et les miens, voués
« au bannissement! moi, qui, comme roi, n'ai
« jamais fait la plus légère infraction à la Charte
« et aux lois jurées! moi, le doyen de ces vétérans
« qui, dans les plaines de la Champagne, ont
« sauvé la France de l'invasion des armées étran-
« gères!.... Ne s'élèvera-t-il donc pas dans le
« sein de l'Assemblée nationale quelque voix géné-
« reuse qui rappelle les glorieux services que tous
« mes enfants ont eu le bonheur de rendre à la
« France, eux qui, dès leur jeune âge, n'ont connu
« d'autre ambition que celle de lui consacrer leur
« vie et de verser leur sang pour elle? Et ce serait
« eux que la France repousserait ainsi de son
« sein! La récompense de leur dévouement serait
« donc le bannissement sur la terre étran-
« gère! »

Quelques jours après, Louis-Philippe, entouré de ses enfants et de quelques amis fidèles, écoutait la lecture des journaux qui venaient d'arriver de France; l'émotion la plus douloureuse était empreinte sur tous les visages : la loi de bannissement avait été adoptée; on lisait la longue liste des membres qui y avaient attaché leur nom. Le lecteur s'arrête tout à coup devant le nom d'un représentant à qui ses antécédents personnels semblaient devoir commander au moins la pudeur d'un vote contraire :

« N'allez pas plus loin, dit le roi; ne lisez que
« les noms des membres qui ont voté contre le
« bannissement. Mes enfants, ne vous ressouvenez
« que de ceux-là; oubliez les autres. »

Depuis cette nouvelle épreuve si dignement supportée, au mois de juillet 1848, le roi exilé écrivait une note historique sur les causes et les circonstances de la révolution de février; la note est exempte de toute amertume contre ceux qui avaient préparé *sa chute sans le vouloir et sans le savoir;* on n'y trouve pas même une malédiction pour ceux qui n'ont profité de l'amnistie que pour en combattre et proscrire le royal auteur. Louis-Philippe amnistiait de son silence les factions qui l'avaient poursuivi, et jusqu'à cette démagogie sensualiste qui, prenant le gouvernement pour un champ d'exploitation, le pouvoir pour un moyen de jouissances, s'était ruée avec tant de frénésie dans les palais et sur les propriétés personnelles de la famille d'Orléans.

L'histoire mettra en regard de la simple grandeur et de la prospérité du règne de Louis-Philippe les hontes et les misères de la révolution de 1848 : ce sera tout à la fois le châtiment de notre époque et l'enseignement de l'avenir.

Pour moi, dans ce cadre restreint, dois-je tracer la première page de ces douloureuses annales? Dois-je montrer les salons du Palais-Royal et de Neuilly envahis par une foule furieuse venant, comme autrefois les barbares dans Rome, briser les vases précieux et les statues, déchirer ou livrer aux flammes les tableaux et les manuscrits? Dois-je raconter les hauts faits de cette journée glorieuse qui détruit en quelques heures une galerie magnique (plus de 700 tableaux sur 1,100), enveloppant dans la même proscription Holbein, Mignard, Reynolds, Gros, Géricault, Léopold Robert, les grands maîtres de tous les siècles?

Dresserai-je le long catalogue des manuscrits et des livres à jamais perdus pour les lettres? Parmi ces précieux recueils, il se trouvait un ouvrage, fruit de trente années de soins, de recherches et de travail : cent vingt volumes in-folio contenant la plus belle collection de portraits gravés qui existât au monde. Un puissant intérêt historique s'attachait à cette collection : elle avait été formée par Louis-Philippe lui-même à travers les vicissitudes de ses fortunes diverses, comme une pensée anticipée des galeries de Versailles. La même pensée avait présidé à la création d'une autre collection non moins riche : à côté de 1,073 médailles antiques de quatre-vingt-trois peuples ou villes, Louis-Philippe avait placé les médailliers complets des règnes de Louis XIV, de Louis XV, de Louis XVI, de Louis XVIII, de Charles X et de Napoléon. Les manuscrits et les livres furent anéantis ou maculés par la brutalité des envahisseurs; les médailles en or, en argent et en bronze devinrent la proie de la rapacité plus intelligente de leurs complices. En quelques instants, tout avait disparu.

Les hordes qui avaient pénétré dans le palais de Neuilly ne s'arrêtèrent même pas devant le cabinet de la reine, devant ce sanctuaire de la prière et de la charité, où l'épouse et la mère avait disposé sous quarante-sept cadres la couronne décernée à Vendôme au courage et à l'humanité de l'ancien duc de Chartres, et les prix obtenus par ses fils au collége Henri IV ! Un cri a retenti, je le sais : « Respectez la reine ! » mais ce vain bruit se perdit dans la tempête ; les pieux souvenirs ont péri pour toujours [1] !

Dois-je enfin, après l'immense destruction d'un seul jour, montrer la tyrannie officielle et les profanations organisées du lendemain [2] ?

Non, étouffons les ressentiments ; inclinons-nous devant le pardon qui sort d'une tombe. Le roi lui-même, au milieu d'un exil chaque jour plus dou-

---

1. PIÈCES ANNEXES ET JUSTIFICATIVES n° XII. — Évaluation des dévastations qui ont eu lieu le 24 février dans le domaine privé.
2. PIÈCES ANNEXES ET JUSTIFICATIVES n° XIII. — Coup d'œil sur les décrets du gouvernement provisoire, concernant le domaine privé.

loureux, ne trouvait dans son cœur que des vœux pour la France. Au mois de mai 1849, il écrivait dans l'un de ses codicilles :

« Fasse le ciel que la lumière de la vérité vienne
« enfin éclairer mon pays sur ses véritables inté-
« rêts, dissiper les illusions qui ont tant de fois
« trompé son attente, en le conduisant à un résultat
« opposé à celui qu'il voulait atteindre. Puisse-
« t-elle le ramener dans ces voies d'équité, de
« sagesse, de morale publique et de respect de tous
« les droits qui peuvent seules donner à son gou-
« vernement la force nécessaire pour comprimer
« les passions hostiles, et rétablir la confiance par
« la garantie de sa stabilité ! Tel a toujours été le
« plus cher de mes vœux, et les malheurs que
« j'éprouve avec toute ma famille ne font que le
« rendre plus fervent dans nos cœurs. »

Lorsqu'un vieillard auguste fait entendre de telles paroles devant Dieu même, lorsqu'en regard de cette vie si clémente et si patriotique, on évoque le souvenir des trois exils de Louis-Philippe, des six assassinats dirigés contre sa personne, de sa chute au 24 février, de sa mort sur la terre étrangère, l'âme demeure muette sous les décrets impénétrables de la Providence, et l'esprit n'a plus qu'un doute cruel sur les conditions nécessaires du gouvernement des sociétés humaines! La générosité de Louis-Philippe fut sans doute excessive. Que d'autres osent blâmer ce noble cœur, que d'autres imputent à cette générosité téméraire l'ébranlement de la société et la chute de la monarchie! je repousse ce blasphème au nom du roi que j'ai servi, et, pour compléter à la fois son portrait et sa défense, je m'écrie avec Bossuet :

« Il était juste, modéré, magnanime, très-instruit de ses affaires et des moyens de régner ; jamais prince ne fut plus capable de rendre la royauté non-seulement vénérable et sainte, mais encore aimable et chère à ses peuples. Que lui peut-on reprocher, sinon la clémence? Je veux bien avouer de lui ce qu'un auteur célèbre a dit de César, qu'il a été clément jusqu'à être obligé de s'en repentir : *Cæsari proprium et peculiare sit clementiæ insigne, quâ usque ad pœnitentiam omnes superavit* [1]. Que ce

---

[1]. Pline l'Ancien, HISTOIRE NATURELLE, livre VII, chap. XXVI.

soit donc là, si l'on veut, l'illustre défaut de ce prince aussi bien que de César; mais que ceux qui veulent croire que tout est faible dans les malheureux et dans les vaincus ne pensent pas, pour cela, nous persuader que la force ait manqué à son courage, ni la vigueur à ses conseils. »

PIÈCES
ANNEXES ET JUSTIFICATIVES

PIÈCES
ANNEXES ET JUSTIFICATIVES

DEUX LETTRES.

M. NAPOLÉON BONAPARTE ET M. DE MONTALIVET.

La *Revue des deux Mondes* a publié, dans son n° du 15 octobre 1850, une correspondance curieuse qui se rattache trop directement à l'ouvrage que nous publions aujourd'hui pour que nous ne croyons pas devoir de la reproduire.

(*Note de l'éditeur.*)

« Le travail de M. de Montalivet, *le Roi Louis-Philippe et sa Liste civile*, publié dans notre dernier numéro, a produit une vive sensation dans le pays, et presque tous les journaux français et étrangers s'en sont occupés. Nous recevons, à ce sujet, de M. Napoléon Bonaparte, représentant du peuple, une lettre que nous ne faisons aucune difficulté d'insérer, mais en l'accompagnant d'une réponse de M. de Montalivet, à qui nous avons cru devoir communiquer la réclamation de M. Napoléon Bonaparte. »

LETTRE

DE M. NAPOLÉON BONAPARTE

A MONSIEUR LE RÉDACTEUR EN CHEF DE LA REVUE
DES DEUX-MONDES.

Paris, 11 octobre 1850.

Monsieur le Rédacteur,

Je n'ai lu qu'aujourd'hui la publication faite par M. de Montalivet dans votre Revue sur *Louis-Philippe et sa Liste civile*.

Je tiens à éclaircir ce qu'il dit sur mon père, et à expliquer les rapports que j'ai eus avec le gouvernement de Juillet.

En 1845, j'ai obtenu la permission de faire un voyage à Paris, où des affaires particulières m'appelaient. Au bout de trois mois, je reçus de M. Duchâtel l'injonction de partir dans un délai de *huit jours*. Par l'intervention bienveillante de M. l'amiral de Mackau, alors ministre de la marine, et qui a servi sous les ordres de mon père, j'obtins de rester *quelques* jours de plus.

Pendant mon séjour, je demandai l'autorisation d'aller à Ham voir mon cousin, le président de la République. Cette permission me fut refusée.

En 1846, je fis des démarches pour que mon frère, atteint d'une maladie grave, pût se rendre aux eaux des Pyrénées, que le docteur Lallemand lui ordonnait. Le gouvernement ne voulut pas abaisser les barrières de l'exil devant un malade ! Quelques mois après, mon frère mourait en Italie.

Au mois d'avril 1847, mon père adressa une pétition *aux chambres*, pour demander que son exil cessât, désirant mourir en France, au milieu de ses anciens frères d'armes. La pétition, soutenue par M. Odilon Barrot, au nom de l'opposition, à la chambre des députés, et par M. Victor Hugo à la chambre des pairs, fut renvoyée aux ministres.

Après cette manifestation, le gouvernement nous autorisa, mon père et moi, à résider *momentanément* en France; nous y étions sans protection légale et à la disposition de M. le ministre de l'intérieur. Le gouvernement de 1830 s'est toujours refusé à proposer une loi pour faire cesser notre proscription !

Il se montra moins sévère pour nos réclamations contre l'État.

En 1815, mon père perdit sa fortune. On lui *confisqua* même un héritage fort peu considérable qu'il avait fait d'une de ses sœurs. Ces mesures de *confiscation* furent condamnées par tous les avocats distingués de l'époque, qui nous donnèrent des consultations favorables.

M. Casimir Périer, en 1831, reconnaissant l'injustice commise, s'était montré disposé à la réparer. Depuis cette époque, toute réclamation fut inutile. Les tribunaux se déclarèrent *incompétents*, renvoyant mon père au pouvoir politique. Une loi allait enfin être préparée par le gouvernement, quand la révolution de Février arriva. Rien n'était décidé pour les conditions, ni pour le montant de la somme; *le principe seul* d'une rente était admis. Cette rente devait être votée pour *mon père* par les représentants légaux du pays, comme une faible indemnité de droits *incontestables* et de *spoliations* faites par la Restauration. Il avait fallu dix-huit années de démarches pour obtenir cette réparation!

Je ne vois rien dans tout cela qui ressemble, d'une façon quelconque, à une *munificence* de la part du roi. C'était une affaire comme il s'en traite journellement entre l'État et un particulier, sur laquelle les chambres auraient prononcé. Il est vrai qu'au lieu de se montrer hostile, comme il l'avait été jusqu'alors, le ministère de 1848 se montrait *favorable*. Voilà toute la vérité dans sa plus scrupuleuse exactitude.

Quant à la conduite des Bonaparte vis-à-vis des d'Orléans, voici de l'histoire :

En 1815, l'empereur accorde, de sa *propre volonté*, une pension de 400,000 fr. à la mère de Louis-Philippe.

En 1850, la République française, sous la présidence de Louis-Napoléon, reconnaît un douaire de 300,000 fr. de rente à la duchesse d'Orléans. (Je me suis abstenu dans ce vote.)

En octobre 1850, j'ai proposé de faire cesser l'exil de tous les Bourbons que la République ne devait pas craindre, et qui devraient être comme nous tous, des citoyens. Je faisais pour eux ce que jamais ils n'avaient voulu faire pour moi, exilé avant de naître! Je ne voulais pas leur rendre un royaume, mais une patrie. Je ne voulais pas de princes, mais des citoyens. Presque tous leurs amis, leurs anciens ministres et hauts fonctionnaires ont voté *leur exil*, ou se sont abstenus, ce qui était voter indirectement contre eux. Ma proposition n'a été appuyée que par quelques hommes généreux, quelques amis personnels, et quelques républicains qui m'ont compris.

Cette lettre est bien longue, mais j'ai cru qu'il était nécessaire d'entrer dans quelques développements pour exposer les faits dans toute leur vérité et les dégager du *faux jour* sous lequel ils paraissent dans l'article de M. de Montalivet. Je n'ai pas besoin d'ajouter que cette seule intention m'a déterminé à vous écrire, et qu'il n'y a aucune intention malveillante de ma part vis-à-vis d'une famille déchue. Quoique adversaire politique des d'Orléans, je saurai toujours respecter leur malheur.

Recevez, Monsieur le Rédacteur, l'expression de mes sentiments très-distingués.

NAPOLÉON BONAPARTE,
Représentant du peuple.

LETTRE

DE M. LE COMTE DE MONTALIVET

A MONSIEUR LE RÉDACTEUR EN CHEF DE LA REVUE DES DEUX-MONDES.

Monsieur,

La lettre de M. Napoléon Bonaparte, que vous avez bien voulu me communiquer, me suggère, avant tout, une remarque :

Elle ne dément pas un seul des faits que j'ai avancés comme preuves des sentiments généreux du roi Louis-Philippe envers les princes de la famille Bonaparte. Quel est donc le but de cette lettre ?

Louis-Philippe respectait le culte des souvenirs. La reconnaissance que je n'ai cessé de professer pour la mémoire de l'empereur, m'avait honoré à ses yeux.

M. Napoléon Bonaparte se serait donné le double avantage d'être juste et habile, s'il eût témoigné plus de respect, sinon de la reconnaissance, pour la mémoire de Louis-Philippe.

Que l'honorable Représentant du peuple se refuse à voir

un acte de générosité dans la conduite du prince qui, contrairement aux prescriptions de la loi, a plus d'une fois ouvert les portes de la France aux membres d'une famille proscrite;

Qu'il ne tienne aucun compte du premier pardon accordé par le roi Louis-Philippe à la révolte armée d'un neveu de l'empereur; qu'il oublie les termes noblement sévères dans lesquels Louis Bonaparte lui-même a caractérisé plus tard cette tentative sous les murs de la prison où il avait *expié sa témérité contre les lois de la patrie*[1];

Qu'il ne veuille pas reconnaître un sentiment généreux dans la sollicitude qui préservait sur le sol étranger la liberté d'un autre neveu de l'empereur;

Qu'il perde le souvenir du roi Louis-Philippe, offrant au prince son père le concours libre et spontané de sa prérogative constitutionnelle, pour lui procurer une existence digne de son nom;

Permis à lui; mais l'histoire, moins oublieuse, appellera comme moi de son vrai nom cette générosité d'une âme toute royale.

A cet ensemble de faits incontestables et d'ailleurs incontestés, M. Napoléon Bonaparte en oppose un seul qui lui est personnel : il aurait reçu à une certaine époque, de M. Duchâtel, ministre de l'intérieur, l'ordre de quitter Paris dans le délai de huit jours.

Que prouve ce fait, si ce n'est apparemment que le mi-

---

[1] *Moniteur* du 24 juillet 1849.

nistre de l'intérieur croyait la présence de M. Napoléon Bonaparte peu compatible avec l'ordre et la sécurité du pays? M. Napoléon Bonaparte n'avait-il pas déjà formé quelques-unes de ces liaisons politiques qui, après avoir imposé au ministre de Louis-Philippe le pénible devoir de l'éloigner de France, devaient le pousser plus tard jusqu'aux rangs les plus avancés parmi les adversaires de son propre parent, Louis-Napoléon Bonaparte?

Mais ce n'est pas tout. M. Napoléon Bonaparte vous entretient de ce que l'empereur et lui ont fait pour les *d'Orléans*. Croyez-moi, Monsieur, s'il en est temps encore, faites conseiller à l'honorable représentant de la Sarthe de renoncer à un rapprochement qui ne peut profiter ni à l'empereur, ni à lui-même.

La personne de votre honorable correspondant écartée du débat, que reste-t-il donc? La lutte qu'il voudrait établir entre la mémoire de Napoléon et celle de Louis-Philippe.

Vains efforts! Une telle lutte ne saurait exister.

Ces deux grandeurs, de nature si diverse, se rencontreront dans l'histoire sans se heurter, ni se combattre. Rapprochées, au contraire, dans leurs triomphes comme dans leurs revers, par une fatale conformité, elles auront trouvé toutes deux, après la chute, des détracteurs implacables, mais impuissants contre la justice de l'avenir.

Agréez, Monsieur, la nouvelle assurance de ma considération très-distinguée.

Montalivet.

Paris, le 12 octobre 1850.

II.

ÉVALUATION DU REVENU NET DU DOMAINE PRIVÉ (ANNÉE MOYENNE) SOUS LE RÈGNE DE LOUIS-PHILIPPE. — UN MOT SUR L'EMPLOI DE CE REVENU. — CHAPELLE DE DREUX.

RECETTES ORDINAIRES DU DOMAINE PRIVÉ

PENDANT ONZE ANNÉES (DE 1833 A 1843).

ANNÉES.	BIENS immobiliers.	BIENS mobiliers.	TOTAL.
1833	3,044,085 23	284,285 14	3,328,370 37
1834	2,641,328 52	193,520 78	2,834,849 30
1835	2,462,489 14	284,099 24	2,746,588 38
1836	2,593,098 91	203,955 90	2,797,054 81
1837	2,760,526 90	226,364 20	2,986,891 10
1838	2,675,697 12	208,197 27	2,883,894 39
1839	2,692,100 15	251,494 04	2,943,594 19
1840	3,045,743 65	189,837 34	3,235,580 99
1841	3,105,001 36	217,974 25	3,322,976 41
1842	3,108,634 »	237,017 24	3,345,651 24
1843	2,806,529 07	176,423 31	2,982,952 38
			33,408,103 26

DÉPENSES ORDINAIRES DU DOMAINE PRIVÉ PENDANT ONZE ANNÉES (DE 1833 A 1843).

DÉPENSES LOCALES ET PERMANENTES.					DÉPENSES GÉNÉRALES ET PERMANENTES.				
TRAITEMENTS, gages et habillement des agents extérieurs.	DÉPENSES de conciergerie, chauffage, éclairage, etc.	ENTRETIEN des bâtiments, parcs et jardins.	TRAVAUX d'entretien et frais d'opération dans les forêts et domaines.	CONTRIBUTIONS et assurances.	ADMINISTRATION centrale, frais de bureaux et de tournée.	RENTES léguées, pensions et secours annuels à d'anciens serviteurs.	INTÉRÊTS de la dette.	TOTAL des dépenses ordinaires et permanentes du Domaine privé.
346,248 94	85,580 »	353,390 »	164,522 50	291,218 30	214,300 »	249,146 47	128,334 18	1,830,740 06
355,291 19	79,370 »	320,201 »	149,451 11	286,585 47	214,111 »	239,003 47	167,830 62	1,814,543 86
359,865 13	87,905 »	337,820 »	156,728 89	287,858 49	203,540 90	225,737 10	169,820 89	1,829,276 43
356,695 09	103,120 »	324,260 »	147,977 80	286,371 65	195,490 75	203,823 16	208,944 01	1,826,682 46
360,479 02	100,653 09	332,536 »	139,435 76	296,634 55	209,994 64	216,868 60	159,954 96	1,816,554 12
348,287 10	126,930 »	386,896 04	137,487 38	304,500 »	203,517 34	193,295 35	172,281 42	1,873,194 63
352,014 50	132,220 »	366,747 08	135,319 32	307,000 »	196,775 »	186,421 49	208,208 10	1,884,405 49
354,556 03	130,970 »	363,192 »	139,280 60	305,000 »	203,067 »	186,177 56	192,230 66	1,874,473 85
337,450 32	124,630 »	295,390 »	130.533 »	305,000 »	221,934 »	173,658 56	220,411 23	1,874,997 11
351,149 »	132,010 »	302,510 »	130,812 »	302,000 »	225,666 67	180,978 70	278,074 04	1,911,619 84
350,234 »	149,540 »	331,840 »	115,620 »	303.000 »	231,316 67	159,310 27	320,935 »	2,002,852 94
								20,565,340 79

En rapprochant les chiffres de ces deux tableaux on trouve que, pendant onze années, de 1833 à 1843, la moyenne des recettes ordinaires a été de...... 3,037,100 fr. 29 c.

Et celle des dépenses ordinaires de. 1,869,576   43

Excédant moyen des recettes sur les dépenses ou revenu net............ 1,167,523   86

Pour être assurés d'avoir apprécié à sa véritable valeur le revenu net du domaine privé, nous ajouterons à ce chiffre diverses rentes cinq pour cent qui avaient été successivement achetées au compte du roi par M. le trésorier de la couronne, savoir : les rentes affectées aux deux chapelles de Dreux et de Saint-Ferdinand............ 30,000   »
plus des rentes sans affectation spéciale qui se trouvaient, le 24 février 1848, entre les mains du trésorier.... 66,839   »

Évaluation maximum du revenu net du domaine privé............... 1,264,362 f. 86 c.

Nous sommes donc restés fort en deçà de la vérité, lorsque nous avons dit que le revenu net du domaine privé n'atteignait pas annuellement 1,300,000 fr.

On reste confondu lorsqu'on met en regard de ce chiffre toutes les exagérations sur les revenus du domaine privé, qui ont eu le privilége de défrayer si longtemps la crédulité publique.

D'un autre côté, on peut être surpris, à bon droit, du grand nombre de travaux que Louis-Philippe a fait exécuter sur ses revenus privés dans les anciennes résidences de sa maison.

Neuilly a reçu de nombreux accroissements. A Eu, le château est devenu à la fois un palais de roi et un musée historique. Dans le même temps la ville d'Eu elle-même s'embellissait par des travaux exécutés avec l'aide et aux frais du plus généreux de ses habitants. Bisy a été agrandi. Laferté-Vidame a été créé. Un monument pieux et touchant, la chapelle Saint-Ferdinand, a été élevé sur le lieu où a expiré un prince qui était à la fois l'orgueil de sa famille et de la France. A Dreux enfin, où Louis-Philippe viendra reposer un jour entouré des hommages de la nation rendue à elle-même, une modeste chapelle funéraire a été transformée en un monument digne par sa richesse pieuse et par ses sévères beautés de voir les funérailles des princes et des rois.

———

Nous n'avons pu prononcer le nom de la chapelle funéraire de Dreux sans reporter notre pensée sur les douleurs qu'elle rappelle, sur le souvenir de Louis-Philippe qui y est empreint à chaque pas. Il n'est pas une des parties architecturales de l'édifice dont il n'ait étudié et discuté le plan, pas une tombe dont il n'ait marqué la place, pas une inscription qu'il n'ait dictée et corrigée, pas un vitrail dont il n'ait indiqué et tracé le programme. La description des tombeaux, des sculptures et des vitraux de la chapelle de Dreux sera donc bien placée dans un livre destiné à peindre le roi Louis-Philippe : elle contribuera à faire connaître par un exemple l'emploi que ce prince faisait de ses revenus privés.

TOMBEAUX, SCULPTURES ET VITRAUX.
CHAPELLE DE LA VIERGE.

Au fond de cette chapelle est l'autel de la Vierge; au centre, le tombeau double destiné au roi et à la reine. Le roi a voulu, pour rappeler aux vivants l'égalité à laquelle la mort les soumet devant Dieu, que tous les tombeaux fussent semblables; celui du roi et de la reine placé au centre de la chapelle de la Vierge ne diffère en rien des trente-six autres érigés en même temps.

A droite, regardant l'autel, est le tombeau du duc d'Orléans, avec cette inscription :

Amantissimum dilectissimum que filium
et speratum successorem
Ferdinandum, Philippum, Ludovicum, Carolum,
Henricum,
Ducem Aurelianensem
Morte acerbissima præruptum
anno ætatis XXXI, 13 jul. MDCCCXLII.

suisque et universæ Galliæ semper lugendum,
hoc sepulcro condidit
Pater Ludovicus Philippus, Francorum rex,
MDCCCXLIV

> In charitate perpetua dilexi te
> ideo attraxi te miserans.
>
> (JEREM. XXI — 3.)

La statue du prince couchée sur le tombeau est de M. Triqueti d'après les dessins de M. Scheffer.

En face, et de l'autre côté de la chapelle, est le tombeau de la duchesse d'Orléans, mère du roi, avec cette inscription :

Consepulta jacet sub hoc lapide,
Cum ossibus majorum suorum piè collectis,
Ludovica, Maria, Adelaïs de Bourbon-Penthièvre.
Ducissa Aurelianensis,
Quæ hanc ædem auspicata
Filio suo Ludovico Philippo, Francorum regi, perficiendam
Ibi ipsa quievit
Anno ætatis LXVIII, 23 jun. MDCCCXXI.

> Pertransiit benefaciendo.
>
> (ACT. X — 38.)

La figure de la princesse couchée sur le tombeau est de M. Barre.

Entre le tombeau de la duchesse douairière et l'autel est le tombeau de S. A. R. madame Adélaïde, sœur du roi. La révolution de février a suspendu la gravure de l'inscription et l'exécution de la figure couchée qui doivent être placées sur le tombeau.

Un tombeau vide est placé de l'autre côté, entre celui du duc d'Orléans et l'autel : son emplacement dit assez à qui il est destiné.

Au-dessus des tombeaux et de l'autel il existe cinq bas-reliefs représentant : l'Annonciation, la Visitation, la Naissance de Notre-Seigneur, la Purification et l'Assomption de la Vierge, par M. Lavigne.

Cinq grands vitraux éclairent cette chapelle et représentent : celui du centre au-dessus de l'autel, Mater Dolorosa, par M. Béranger; la Foi, l'Espérance et la Charité, par M. Ziégler; l'Ange Gardien, par M. Devéria. Deux statues placées dans des niches adhérentes aux piliers, l'une sainte Adélaïde, l'autre saint Ferdinand, par M. Chambard.

Avant d'entrer, de la crypte dans la chapelle de la Vierge, on trouve à droite le tombeau de S. A. R. la princesse Marie, avec cette inscription :

Hic transvecta est à Pisâ ubi diem supremum obiit,
ad quiescendum inter suos,
Maria, Christina, Carola, Adelaïs, Francisca,
Ducissa de Wurtemberg
quæ
Virtutum omnium et ingenuarum artium cultu
nobilitata,
Post brevem in terris vitæ decursum,

> Feliciter in Domino obdormivit.
> Anno ætatis xxv, 2. jan. MDCCCXXXIX
>
>> Placita erat Deo anima illius
>> Ideo properavit educere illam.
>> (Sap. iv — 14.)

Au-dessus, et dans une niche, est une charmante petite figure représentant l'*Ange de la Résignation*, composée par la princesse Marie elle-même pour son tombeau.

A gauche de l'entrée de la chapelle de la Vierge est le tombeau de la duchesse de Bourbon avec cette inscription :

> Hic jacet
> Ludovica, Bathilda Aurelianensis,
> Ducissa de Bourbon,
> In sanctæ Genovefæ æde
> medio Dei in honore defuncta,
> anno ætatis LXXII, 10 jan. MDCCCXXII.
>
>> Beati mortui qui in Domino moriuntur.
>> (A. xiv — 13.)

Au-dessus, dans une niche, une statue représentant *la Douleur*.

En face du tombeau de la princesse Marie et adossé à l'abside, est le tombeau de la princesse Françoise, avec cette inscription :

> Francisca, Ludovica, Maria Aurelianensis,
> puella vix biennis
> In cœlum a Deo revocata

Obiit 24 mai MDCCCXVIII.

> Quasi flos egreditur et conteritur.
> (JOB, XIV — 2.)

Au-dessus, et dans une niche, est une statue représentant *la Douleur*.

En face du tombeau de la duchesse de Bourbon et adossé à l'abside, est le tombeau du duc de Penthièvre, fils du roi, avec cette inscription :

> Caroli, Philippi, Emmanuelis Aurelianensis,
> Ducis de Penthièvre,
> qui
> Vita vix dum incohata decessit
> anno ætatis VIII, 25 jul. MDCCCXXVIII.
> Hic ossa quiescunt.
>
> Sinite parvulos venire ad me.
> (MARC, X — 14.)

Au-dessus du tombeau, dans une niche, une statue représentant *la Douleur*; sur le tombeau une figure couchée, par Pradier.

Les seize autres tombeaux de la crypte sont vides, et au pourtour, au-dessous des croisées, règne une frise sculptée retraçant en relief les principaux faits de l'Ancien et du Nouveau Testament. Huit grands vitraux représentant l'histoire de saint Louis éclairent cette crypte :

1° *Saint Louis rendant la justice au pied du chêne de Vincennes*, par M. Grenier;

2° *Saint Louis apportant les saintes reliques à la Sainte-Chapelle*, par M. Jacquand;

3° *Combat de Taillebourg*, par M. Eugène Delacroix;

4° *Saint Louis donnant la régence à sa mère*, par M. Vattier;

5° *Saint Louis débarquant à Tunis*, par M. H. Vernet;

6° *Saint Louis pleurant sur le tombeau de la reine Blanche*, par M. Bouton;

7° *Saint Louis recevant l'oriflamme des mains de l'abbé de Saint-Denis pour la seconde Croisade*, par M. Flandrin;

8° *La mort du saint Roi*, par M. Grenier.

Les escaliers qui descendent, en face l'un de l'autre, sous l'abside, sont ouverts sous la crypte par des arcs surmontés de deux anges, l'un portant cette inscription :

Ecce videntes clamabunt foris, Angeli pacis amare flebunt;

L'autre, désignant le génie de l'Immortalité, rappelle ces paroles du Sauveur :

Qui credit in me non morietur in æternum.

La crypte circulaire au-dessous du dôme, contient douze tombeaux semblables. Dans le premier à droite en entrant par le palier du grand escalier, sont les restes du prince de Conti, transportés d'Espagne à Dreux par les ordres du roi Louis-Philippe; les autres tombeaux sont vides.

Cette crypte est éclairée par six croisées prenant le jour au-dessous des extrémités du transept; trois sont garnies de magnifiques vitraux, peints sur glaces de grandes dimensions, et représentant *Jésus au jardin des Oliviers*, par M. Larivière; *le Calvaire*, par M. Gay; *les Saintes femmes au Sépulcre*, par M. Gay.

Les trois autres avaient été commandés, mais n'ont pu être terminés avant la révolution de Février.

Dans le caveau central de l'étage inférieur sont quatre urnes de forme antique; elles contiennent, l'une le cœur de S. A. R. monseigneur le duc d'Orléans régent du royaume, une autre celui de mademoiselle de Montpensier, et une autre les cendres de la famille de Bourbon-Conti.

Le transept de l'église et l'abside sont éclairés par trois croisées doubles formant six compartiments à chaque extrémité du transept et par le grand vitrail de la coupole représentant *les Douze Apôtres* ou *l'Assomption de la Vierge*. Ce vitrail, dont la pensée est due au roi, est le premier essai fait de la peinture sur verre en plafond, il a été, comme tous les autres, exécuté à la Manufacture royale de Sèvres, d'après les cartons de M. Larivière.

Les grands vitraux du transept représentent *Saint Philippe*, *sainte Amélie*, *saint Ferdinand*, *sainte Clotilde*, *saint Denis*, *sainte Geneviève;* de l'autre côté, *saint Louis*, *sainte Isabelle*, *saint Germain*, *sainte Radegonde*, *saint Remi* et *sainte Bathilde;* ils sont tous les douze de M. Ingres.

Dans la chapelle de saint Arnould à droite, en entrant, sont deux vitraux représentant *Notre Seigneur au jardin des Oliviers*, et *saint Arnould lavant les pieds des pèlerins*.

Dans la chapelle Sainte-Adélaïde à gauche, en entrant, deux autres vitraux représentant, le premier, *Jésus-Christ aux pieds de sa sainte mère*; l'autre, *la Reine sainte Amélie distribuant ses aumônes*.

Ces quatre derniers vitraux sont de M. Larivière.

Les quatre pendentifs sous le dôme représentent les *quatre Évangélistes*, par M. Milhomme.

Au-dessous, quatre bas-reliefs, *saint Ferdinand*, par M. Nanteuil; *saint Arnould*, par le même; *sainte Adélaïde* et *sainte Amélie*, par M. Seurre.

Dans le tympan du transept, à gauche, un grand bas-relief représentant *la Résurrection*, par M. Bonnassieux.

A droite l'*Adoration des Mages*, par M. Chambard.

Les voûtes du dôme de l'abside, du transept et de la nef sont d'une grande richesse d'ornementation.

Sur la grande porte d'entrée, qui est en chêne, sont en relief les *Douze Apôtres*; au-dessous un bas-relief de *saint Louis*, à qui est dédiée l'église; au-dessus et à la clef de la grande ogive du porche, est l'*Ange de la Résurrection*, qui, *debout sur le seuil du funèbre sanctuaire, fait retentir à travers les tombeaux la parole de Daniel : Evigilabunt!*

Sur l'emplacement d'une partie de l'ancien château on a construit la maison de l'évêque-doyen du chapitre. Cette maison, qui est un charmant petit château, est du style roman : elle domine la ville de Dreux, et jouit d'une vue délicieuse ; de chaque côté sont les bâtiments occupés par les aumôniers au nombre de quatre, qui, avec le doyen, composent le chapitre.

III.

NOTE SUR LA CRÉATION ET SUR L'INAUGURATION DES GALERIES HISTORIQUES DU PALAIS DE VERSAILLES.

Dès les derniers mois de l'année 1832 le roi m'avait entretenu de ses projets sur Versailles. Mais il ne les a définitivement arrêtés que dans les premiers jours du mois de juin 1833 : c'est le 19 de ce mois qu'il s'est rendu à Versailles pour donner les premiers ordres à son architecte, M. Nepveu.

Les études préliminaires une fois faites, un acte officiel et public vint donner une date à la création du Musée national de Versailles. Voici en quels termes je m'exprimais dans un rapport inséré au *Moniteur* du 5 septembre 1833 :

Paris, le 29 août 1833.

Sire,

Il était digne de Votre Majesté de s'occuper du palais de Versailles et de lui donner une destination qui remplaçât celle que le changement de nos mœurs et de nos institutions lui a fait perdre depuis plus de quarante ans. Ce bel édifice, qui atteste avec tant d'éclat et la grandeur de la France et la splendeur de la couronne que le vœu de la nation vous a appelé à porter, a heureusement peu souffert de l'abandon dans lequel il a été laissé si longtemps : il a échappé à cette déplorable manie qui a privé la France de tant de monuments, soit pour réaliser la mince valeur de leurs matériaux, soit pour épargner la dépense de leur entretien. Votre Majesté a senti que le meilleur moyen de conserver les établissements qui subsistent encore était de leur assigner une destination qui prouvât, par ses avantages, que leur destruction aurait été une calamité nationale.

Versailles, qui réunit à des localités si somptueuses, des richesses d'art qu'on ne saurait déplacer sans les détruire, et des souvenirs si précieux à conserver, présentait de grandes difficultés pour déterminer le nouveau parti qu'il convenait d'en tirer : c'était une sorte de problème jusqu'à présent non résolu, malgré les nombreux projets qu'il avait fait naître, et dont il était réservé à Votre Majesté de donner la plus digne et la meilleure solution.

Lors de votre dernière visite à Versailles, Sire, vous avez daigné développer devant les personnes qui vous accompagnaient le plan que vous avez formé. Vous nous avez dit que, sans priver le Louvre de la collection des chefs-d'œuvre de peinture et de sculpture, et des objets d'art anciens et modernes que la couronne y possède aujourd'hui, vous vouliez que Versailles présentât à la France la réunion des souvenirs de son histoire et que les monuments de toutes nos gloires nationales y fussent déposés, et environnés ainsi de la magnificence de Louis XIV.

Pour réaliser cette grande pensée, vous m'avez ordonné, Sire, de faire préparer les plans des travaux qui devront être exécutés dans le palais de Versailles; et M. Nepveu, votre architecte, s'est efforcé de s'identifier avec elle dans l'étude du projet dont Votre Majesté lui a donné le programme.

Ce projet embrasse l'emploi 1° de tous les appartements du rez-de-chaussée et du premier étage de l'aile du midi; 2° du corps de bâtiment central du palais; 3° de l'aile du nord.

L'aile du midi réunirait dans les treize pièces du rez-de-chaussée, agrandies et disposées à cet effet une suite de portraits des connétables, des maréchaux de France, des amiraux, c'est-à-dire des principaux hommes de guerre qui ont contribué à notre illustration militaire. Le vestibule, la cage d'escalier et la galerie de pierre renfermeraient des statues en marbre, ainsi que des bas-reliefs et des bustes.

Le premier étage et l'attique de la même aile ne formeraient qu'une seule galerie, dont la double voussure se déploierait dans la hauteur de cet attique, et serait divisée par des arcs-doubleaux que supporteraient, au centre et aux deux extrémités, de doubles rangs de colonnes.

Cette immense galerie, dont les proportions seraient sans rivales et d'un admirable effet, renfermerait ensuite des tableaux représentant, dans leur ordre chronologique, les batailles et les faits militaires dont s'honore la valeur française, depuis la bataille de Tolbiac jusqu'au siége de la citadelle d'Anvers. La surface des trumeaux entre les fenêtres serait décorée de trophées dédiés à la mémoire des généraux qui ont décidé le gain des batailles dont les tableaux représenteraient l'action principale.

De semblables tableaux seraient aussi placés dans une grande salle à créer dans le pavillon formant l'extrémité de l'aile du midi, et dont les dimensions répéteraient celles de la cage de l'escalier situé à l'autre extrémité : les deux points opposés auraient d'ailleurs une seconde communication entre eux par la galerie de pierre donnant sur les cours.

Ce n'est pas ici le lieu, Sire, d'entrer dans tous les détails du plan relatif à cette partie du palais dite l'aile du midi ; je ferai seulement remarquer à Votre Majesté que, pour réaliser le magnifique ensemble qu'elle a conçu, non-seulement les planchers d'entre-sols, mais ceux de l'étage en attique, son comble, et tous les murs de refend qui subdivisent la partie supérieure de l'aile, doivent être supprimés, et le comble reconstruit entièrement.

Le corps de bâtiment central du palais recevrait, dans les appartements du rez-de-chaussée éclairés sur le parc, la suite des portraits de tous les personnages qu'on peut considérer comme historiques, et dont la carrière a obtenu une célébrité quelconque. Ces portraits seraient placés par ordre chronologique, de manière à ce qu'en parcourant ces appartements on puisse commencer par les plus anciens et arriver aux plus modernes, en trouvant toujours les contemporains de chaque époque rangés à la suite les uns des autres : le milieu des pièces les plus spacieuses du rez-de-chaussée serait d'ailleurs occupé par des modèles des principales places de guerre, et par d'autres objets d'art.

Au premier étage du corps de bâtiment central, les pièces précédant l'Œil-de-Bœuf et les deux salons de la Reine, serviraient de salles supplémentaires pour la collection des tableaux de batailles. Quant aux grands appartements, leur riche et noble décoration architecturale offre l'encadrement le plus heureux pour les tableaux qui les décoraient autrefois, et qui y seraient replacés sur des tentures nouvelles disposées à cet effet.

Enfin, l'aile du nord, qui exigera aussi des travaux considérables, serait destinée aux tableaux représentant des sujets tirés de l'histoire de France.

Telle est, Sire, l'esquisse rapide du vaste projet développé par Votre Majesté; mais, avant de lui en proposer l'exécution, j'ai dû me faire rendre compte du nombre des ouvrages de peinture et de sculpture qui pourront prendre place à Versailles. Ces ouvrages ne forment pas, à beaucoup près, une collection aussi étendue que celle dont Votre Majesté se propose de doter le palais de cette ville. Le plus grand nombre sera donc demandé à nos peintres et à nos sculpteurs, qui devront ainsi à la sollicitude de Votre Majesté pour les grands travaux des arts une nouvelle occasion de rehausser la gloire de l'École française.

En soumettant ces détails à Votre Majesté, j'éprouve le regret de ne pouvoir lui dissimuler que les moyens dont elle peut disposer sont loin d'être en proportion avec les dépenses que comporte l'ensemble d'un si grand projet. Cependant je n'hésite pas, Sire, à vous proposer d'en commencer l'exécution, et de m'autoriser à donner des ordres à votre architecte pour les premiers travaux à faire dans l'aile du midi. S'il est pénible de reconnaître que l'on ne pourra avancer que très-lentement dans la réalisation d'un plan qui doit honorer la France et le règne de Votre Majesté, du moins elle aura cette satisfaction d'avoir tracé une noble voie dans laquelle il sera beau de la suivre : enfin, il ne sera pas moins satisfaisant pour Votre Majesté de penser que la ville de Versailles trouvera, dans la destination nouvelle donnée au palais qui fit si longtemps sa richesse, une sorte de compensation pour les avantages qu'elle a perdus, et une source de prospérité pour les habitants.

Je suis avec respect, Sire, de Votre Majesté, le très-humble, très-obéissant et très-fidèle serviteur,

Le pair de France, intendant général de la Liste civile,

Montalivet.

Approuvé. Cherbourg, le 1er septembre 1833.

LOUIS-PHILIPPE.

Le plan général exposé dans ce rapport reçut avec le temps des développements nouveaux et subit un certain nombre de modifications. La plus importante consista dans le changement de destination du rez-de-chaussée de l'aile du midi, dont les salles furent définitivement consacrées à la vie et au règne de Napoléon. Toutefois le plan primitivement conçu fut exécuté dans son ensemble. Quatre années suffirent pour que la pensée du roi fût clairement écrite dans les travaux du palais de Versailles.

L'inauguration eut lieu le 10 juin 1837. Elle donna lieu à une dépense de plus de 300,000 francs, entièrement supportée par la couronne.

Le roi avait convié l'élite de la nation française à cette fête, l'une des plus dignes par son caractère national d'être offerte à la jeune princesse qui venait de s'unir au duc d'Orléans. Tous les grands corps de l'État y assistaient ou y étaient représentés. Indépendamment des membres de l'Institut de France, le roi avait invité un grand nombre d'hommes de lettres, d'artistes et particulièrement les peintres et les sculpteurs qui ont concouru par leurs travaux à enrichir le nouveau musée.

Après une visite générale du palais, toutes les personnes invitées, au nombre de quinze cents, vinrent s'asseoir à un banquet royal, disposé dans les plus belles salles du vieux palais de Louis XIV, dans la grande galerie et dans les salons de la Guerre, d'Apollon, de Mercure et de Mars.

A huit heures du soir, le roi et la reine guidant la foule des conviés, entrèrent dans la salle de spectacle éblouissante de lumière et décorée avec une magnificence que rien ne saurait égaler. LL. MM. se placèrent à l'amphithéâtre, au-dessus du parterre. Le roi occupait le milieu, ayant à sa droite la reine et à sa gauche la reine des Belges, madame la duchesse d'Orléans et la princesse Marie. La reine avait à sa droite le roi des Belges, madame la grande-duchesse douairière de Mecklembourg, madame la princesse Adélaïde et la princesse Clémentine.

Le prince royal occupait un siége derrière madame la duchesse d'Orléans; M. le duc de Nemours, M. le prince de Joinville, M. le duc d'Aumale et M. le duc de Montpensier avaient pris place derrière le roi et la reine.

Le corps diplomatique assistait au spectacle dans une vaste loge, la seule qui eût été réservée dans la salle entière. Partout ailleurs, les rangs et les opinions étaient confondus sous l'impression d'un sentiment commun d'admiration et de patriotisme.

. . . .

Le souvenir de ces fêtes, du roi qui y présidait, du mariage royal qui venait de s'accomplir, précédé de tant de clémence, suivi de tant de bienfaits; le souvenir de la prospérité nationale, si grande alors, contraste trop douloureusement avec les anxiétés et les misères d'aujourd'hui. . . . . . . je m'arrête.

IV.

NOTE SUR LES TRAVAUX EXÉCUTÉS AU PALAIS DE FONTAINEBLEAU
SOUS LE RÈGNE DE LOUIS-PHILIPPE.

Je me suis borné, jusqu'ici, à mentionner très-succinctement les travaux considérables que le roi Louis-Philippe a fait exécuter dans les principales résidences de la couronne. J'en ai indiqué l'esprit plutôt que la nature. En entrant dans des explications trop techniques, dans des détails trop minutieux, j'aurais craint de nuire à la rapidité du récit et à la netteté des conclusions que j'en devais tirer. Cependant il n'est pas sans intérêt de faire connaître, pour l'une de ces résidences au moins, l'ensemble et jusqu'à un certain point les détails des travaux que le roi surveillait lui-même après les avoir ordonnés. Ce sera une occasion de plus d'étudier l'auteur par son œuvre. Le palais de Fontainebleau est de tous peut-être celui qui est le plus propre à favoriser cette étude.

La note qu'on va lire et que je dois aux soins de M. Dubuc, mon ancien collaborateur comme directeur des bâtiments de la couronne, donnera une idée exacte et complète de la marche générale que Louis-Philippe imprimait à tous les travaux du même genre qui ont été entrepris sous son règne :

« Le palais de Fontainebleau, par l'ancienneté de son origine et l'intérêt des souvenirs qui s'y rattachent, par l'originalité de son architecture et la perfection de sa décoration intérieure, ne pouvait manquer d'appeler l'attention particulière du souverain qui s'était donné pour mission de restaurer ou terminer, de conserver et embellir les œuvres du passé.

« L'admiration que ce palais a toujours inspirée aux amis des beaux-arts n'avait pu le préserver des effets de la tourmente révolutionnaire. Délaissé pendant sa durée, il avait subi les plus affligeantes dégradations, lorsque l'empereur Napoléon voulut l'habiter, et, à l'occasion de son sacre, y recevoir le pape Pie VII, en 1804. Il y fit exécuter, à cet effet, les réparations les plus urgentes et en fit renouveler et compléter l'ameublement.

« Le roi Louis-Philippe, à son avénement au trône, trouva cette résidence, à peu près dans l'état où l'Empereur l'avait laissée, à la seule exception de la galerie de Diane, dont le rétablissement, avait été terminé sous le règne de Louis XVIII. Frappé du triste aspect qu'offraient toutes ses autres parties monumentales et artistiques, le roi conçut immédiatement le dessein de leur rendre une nouvelle vie, et en même temps de résoudre un problème qui avait découragé Napoléon lui-même : celui de remédier aux graves inconvénients qu'offrait l'agencement intérieur de ce vaste édifice. En effet, les bâtiments de styles si variés dont il se compose, construits de siècle en siècle et accouplés pour ainsi dire au hasard par le caprice et la fantaisie, présentaient dans leurs communications une sorte de labyrinthe où il était difficile de ne pas s'égarer.

« La réalisation d'une telle entreprise, avec les ressources bien limitées qui pouvaient y être affectées, si l'on considère qu'il s'agissait de la mener de front avec les grands travaux du palais de Versailles et des autres maisons royales, ne pouvait être que successive, et était loin encore d'être arrivée à son terme lorsque les événements de 1848 sont venus l'arrêter.

« Toutefois les résultats déjà obtenus, à cette époque, sont dignes de la royale sollicitude qui avait tracé le programme, et témoignent hautement du talent de l'architecte (M. Dubreuil) qui, pendant seize ans, en a dirigé l'exécution.

« La pensée de ce sage programme ne fut point d'accroître les proportions déjà si considérables du palais de Fontainebleau, mais de faire disparaître les ruines que le temps y avait accumulées; d'en corriger à l'extérieur les parties disparates, d'en relier à l'intérieur les parties décousues, et surtout d'en ranimer et même d'en accroître l'ancienne splendeur, sans altérer le caractère primitif de chaque œuvre. Nous allons rappeler aussi sommairement que possible ce qui a été fait pour atteindre ces différents buts :

« Les parties les plus remarquables du palais, qu'au réveil des arts le Rosso et le Primatice, aidés de leurs élèves, avaient à l'envi enrichies de leurs œuvres, étaient celles que le temps avait le moins épargnées. La splendide *Salle de bal* ou *galerie de Henri II*, décorée sous le règne de ce prince, bâtie par son père François Ier, n'était plus qu'un souvenir. Longtemps exposée à l'intempérie des saisons, la charpente de son comble était ruinée ; son plafond en marqueterie, ses lambris, son parquet étaient dégradés et désassemblés ; c'est à peine s'il restait quelques vestiges des belles fresques, au nombre de cinquante-huit compositions, dont elle avait été ornée. Il fallut d'abord songer à la consolider. On y réussit en soutenant son plancher au moyen de vingt-quatre colonnes qui décorent une magnifique salle d'égale longueur, créée au rez-de-chaussée. Cette salle qui occupe la place des anciens bureaux de la régie, a reçu la dénomination de *Salle d'attente* ou *Galerie Louis-Philippe*[1]. On exécuta ensuite la restauration intérieure, longtemps regardée comme à peu près impossible ; et l'on peut dire que, telle qu'elle

---

1. Il est à remarquer qu'on a ainsi rétabli l'état primitif de cette partie du palais. En effet, la galerie Louis-Philippe couvre précisément l'ancien emplacement d'une grande pièce où, suivant l'histoire, *le roi* (François Ier qui l'avait fait construire) *tenait la salle du Trône de sa Justice en son Conseil d'État.*

se présente aujourd'hui aux regards du spectateur, avec son précieux plafond entièrement rétabli, ses nouveaux lambris, son nouveau parquet, bien supérieurs aux anciens, et ses peintures ressuscitées par l'habile pinceau de M. Alaux, la galerie de Henri II est devenue plus belle qu'elle ne le fut à l'époque de sa création.

« *La Porte dorée* n'était pas en meilleur état que cette galerie. Ses fresques, heureusement reproduites par M. Picot, et la restauration de toutes ses autres parties lui ont aussi rendu tout son éclat.

« L'appartement dit de *Madame de Maintenon*, au premier étage du pavillon de la Porte dorée, après avoir été réparé et embelli, a reçu un riche ameublement de l'époque de Louis XIV, composé en partie de l'ancien mobilier de madame de Maintenon elle-même, restauré ou racheté à grands frais.

« L'*escalier du Roi*, où fut précédemment la chambre de la duchesse d'Étampes, a été couronné d'une voussure dont le centre est rempli par un tableau de M. Abel de Pujol, représentant l'apothéose d'Alexandre le Grand. Ce plafond se relie par son sujet avec les huit tableaux à fresque, attribués au Primatice, et consacrés à la vie d'Alexandre, qui décorent les parois de l'escalier. La voussure est ornée des portraits de tous les souverains qui se sont plus à embellir Fontainebleau, depuis Louis VII jusqu'à Louis-Philippe.

« Pour assainir le rez-de-chaussée de l'aile droite de la *Cour ovale* (originairement appelée *Cour du Donjon*) on a construit, en contre-bas du niveau des eaux, des caves et galeries souterraines qui ont été prolongées, d'une part, jusqu'aux bâtiments de la *Cour de Henri IV* ou *des Cuisines*, et de l'autre, jusqu'à ceux de la Cour des Princes. Un grand escalier a été construit de fond en comble pour desservir tous les étages du Pavillon du Tibre.

« *La chapelle de Saint-Saturnin*, fondée en 1169 par Louis VII, consacrée alors par saint Thomas (Becket), archevêque de Cantorbéry, et rebâtie en 1544 par François Ier, était depuis longtemps abandonnée lorsqu'elle a été restaurée et rendue au culte en 1834. M. Vatout, dans son ouvrage sur les Résidences royales de France, remarque que « son plus bel ornement consiste dans des « vitraux dessinés par la main royale qui a fait jaillir « du marbre une Jeanne d'Arc pure et charmante comme « elle [1]. »

« C'était surtout au second étage du fond de la cour ovale que les communications étaient embarrassées, par l'effet de la disposition et de la différence de niveau des bâtiments qui sont venus successivement se relier aux constructions originaires. Il y a été remédié par l'établissement, au rez-de-chaussée du pavillon de Saint-Louis, d'un vestibule décoré dans le goût du XIIIe siècle et donnant accès à un

---

1. La princesse Marie d'Orléans, fille cadette du roi Louis Philippe.

nouvel escalier en bois sculpté, de forme circulaire, qui dessert sur ce point tous les étages du palais.

« Le joli portique construit par Serlio au centre de l'aile gauche, au-devant du vestibule de l'escalier de la Reine, a été complétement restauré.

« Au premier étage, toute l'ornementation des *grands appartements* éclairés sur la cour ovale a été pareillement restaurée, ou complétée dans les lacunes qu'elle présentait :

« L'antichambre, couronnée d'une coupole, qui est attenante à l'ancienne *salle des Gardes*, de même que la pièce qui précède la salle de spectacle, ont vu remplacer leur entière nudité par leurs décors actuels.

« La salle des Gardes elle-même, dont rien ne rappelait l'ancien état si ce n'est les solives saillantes et autrefois dorées de son plafond, a été enrichie d'une brillante décoration, d'un très-beau parquet et d'une cheminée monumentale. Cette cheminée est composée en partie des débris conservés de la *belle cheminée*, œuvre du sculpteur Francaville. Elle ornait une grande pièce, à laquelle elle avait donné son nom, et dont la salle de spectacle occupe aujourd'hui la place ;

« Le salon de Saint-Louis, divisé par une élégante arcade, a été orné de sculptures et dorures, d'une frise composée d'une suite de tableaux, et du bas-relief de la statue d'Henri IV à cheval. Ce bas-relief appartenait aussi à la

Belle Cheminée, dont les différentes parties ont été ainsi sauvées de l'oubli et de la destruction ;

« La cheminée en bois peint du salon de Louis XIII a été remplacée par une autre en marbre du même dessin ;

« Les murs du salon de François Ier ont été revêtus de tapisseries des Gobelins, et sa cheminée d'un soubassement en porcelaine biscuit de Sèvres ;

« Le salon suivant, dit des Tapisseries (l'ancienne salle des gardes de la Reine), dont la tenture est composée de tapisseries des anciennes manufactures de Flandres, a été embelli d'un nouveau plafond à rosaces et ornements dorés, et d'un chambranle de cheminée en marbre sérancolin, etc.

« Le *salon de Clorinde*, par la suppression des divisions qu'on y avait pratiquées, a recouvré ses anciennes proportions et a été, de même, complétement décoré.

« Enfin, à l'extrémité des grands appartements, l'*escalier de la Reine*, qui n'était que badigeonné, a été décoré de tableaux de chasse et de riches dorures.

« L'appartement dit des *Reines mères*, ayant vue sur la cour de la Fontaine et sur l'étang du jardin anglais (celui qu'habitèrent successivement Charles-Quint, lors de son passage en France en 1539 ; la reine Anne d'Autriche ; le roi d'Espagne Charles IV en 1808 ; le pape Pie VII dans deux circonstances bien différentes en 1804 ét 1812 ; et en dernier lieu, à l'époque de son mariage, le duc d'Orléans de si populaire et si regrettable mémoire), a été restauré dans tous ses décors, et complété par la construction d'une galerie nouvelle. Cette galerie, dite des *Fresques*, est ornée dans sa partie supérieure des peintures d'Ambroise Dubois, provenant de l'ancienne décoration de la galerie de Diane, et dans sa partie inférieure, de précieuses porcelaines de Sèvres encadrées dans des boiseries.

« Le vestibule du *Fer à Cheval* a reçu de nouvelles portes en bois sculpté, véritables œuvres d'art. Des communications plus directes ont été ainsi établies entre la chapelle de la Trinité, l'appartement des Reines mères, et la galerie de François Ier.

« Des arcades ouvertes interrompaient sur plusieurs points le parcours abrité du palais, et donnaient surtout un aspect claustral aux cours de la Fontaine et du Cheval Blanc. Des fermetures vitrées ont fait disparaître ce double inconvénient.

« Toute la partie de *l'aile neuve de Louis XV* comprise entre son escalier central et le *gros pavillon* a été entièrement réparée, et assainie par des travaux souterrains.

« Des corridors spacieux ont été établis, à tous les étages, sur trois faces du bâtiment de la *Cour des Princes*, pour en desservir tous les appartements qui se commandaient.

« Le déblaiement du sol de l'ancienne orangerie du palais, dont les ruines étaient restées sur place depuis l'incendie de 1702, avait mis à nu un pignon à l'extrémité de la galerie de Diane. Il y a été construit, pour le masquer, un pavillon architectural dans le style du xvie siècle.

« Le jardin particulier (l'ancien jardin de l'orangerie), se trouvait resserré entre les appartements d'habitation du souverain et une clôture très-rapprochée, du côté de la ville. Le roi lui donna la profondeur qui lui manquait, en acquérant et faisant démolir plusieurs maisons voisines, dont l'emplacement fut réuni au jardin et planté. Les nouveaux murs de clôture reçurent des fondations propres à supporter la construction ultérieure de grandes serres tempérées qui, indépendamment de leur destination principale, devaient offrir une communication couverte entre les bâtiments de la cour des Princes et ceux de l'aile des Ministres.

« Le triste état de la *galerie de François Ier*, dont les peintures à fresque attribuées au Rosso, sont presque entièrement effacées, et les sculptures du Primatice fort endommagées, appelait une restauration intégrale. Elle fut entreprise en 1846; et comme elle dut s'étendre à la reconstruction presque entière de ses murs, parce qu'ils menaçaient ruine, on en profita pour donner à la galerie plus d'élévation. Au commencement de 1848, les travaux étaient fort avancés. Les grosses constructions étaient achevées; la face éclairée par la cour des Fontaines avait été revêtue de lambris en chêne répétant la sculpture de ceux qui recouvraient la face opposée; toutes les études pour la restauration des peintures avaient été faites, et la restauration des fresques et des dorures allait commencer.

« La cour du *Cheval blanc* a été embellie par la construction d'une balustrade en pierre et de quatre piédestaux surmontés de candélabres. Le *pavillon de Sully*, les *grandes écuries*, les *écuries du Carrousel* ont été presque entièrement rétablis, et les grands perrons du parterre en partie reconstruits. Le grand canal du parc perdait ses eaux, à raison de l'état de dégradation de ses murs ; ils ont été refaits à neuf dans toute leur étendue ; et, afin de prévenir les accidents dont ce canal était assez souvent le théâtre, des moyens de sauvetage y ont été établis.

« Sur la place d'armes, à l'extérieur du palais, il a été construit pour le service des habitants du voisinage, une fontaine ornée de quatre sphinx en grès, sculptés par l'Espagnandel.

« Le volume des eaux de sources qui alimentent la résidence ayant sensiblement diminué par le mauvais état des aqueducs qui les y amènent, on avait entrepris la restauration du système général des eaux.

« Il faudrait donner à cette énumération, déjà si longue, des proportions démesurées pour y mentionner tous les autres travaux qui ont été exécutés au palais de Fontainebleau pendant la durée du dernier règne : ouvrages de consolidation, construction de caves, de souterrains, et de nombreux calorifères pour en chauffer toutes les parties (dispositions d'un haut intérêt pour des bâtiments édifiés en grès et sur un terrain où l'eau se trouve à deux mètres de profondeur), revêtement en asphalte de toutes les voûtes et terrasses exposées à l'infiltration des eaux ; restauration générale des anciens décors de tout genre et addition d'une foule de nouveaux ornements; nouvelles communications établies de toutes parts pour faciliter le parcours intérieur de ce *rendez-vous* de palais. Le roi n'a reculé devant aucune entreprise, aucune dépense, pour remplir la noble et tout à la fois modeste tâche qu'il s'était imposée : modeste en ce sens, que le plus souvent il s'est effacé personnellement pour conserver aux œuvres de l'art dont ce curieux édifice offre aux regards l'intéressante histoire, le caractère que chaque époque leur a imprimé.

« A la partie du programme qui était déjà réalisée, ou en cours d'exécution au 24 février, il faut ajouter les dispositions projetées dont le détail suit :

« Reconstruction de la partie centrale de la façade du palais en arrière et au droit de l'escalier du Fer à Cheval;

« Restauration du pavillon des Aumôniers et réunion de l'aile des Ministres au palais;

« Restauration complète de la grande chapelle de la Trinité, originairement fondée par saint Louis, reconstruite en 1529 par François Ier, et plus tard décorée par les rois Henri IV et Louis XIII ;

«Restauration de la salle de spectacle bâtie par Louis XV, comprenant la reconstruction de sa façade sur l'avenue de Maintenon, avec d'autres améliorations notables;

« Travaux complémentaires à la Porte dorée ;

« Établissement, sur la nouvelle limite du jardin particulier, de vastes serres tempérées avec une porte monumentale au centre ;

« Agrandissement du parterre du côté de l'abreuvoir ;

« Restauration intérieure du pavillon de Sully ;

« Restauration et agrandissement du bassin du Bréau ;

« Assainissement de la partie du parc que traversent à ciel ouvert les eaux ménagères de la ville, par la construction d'un aqueduc souterrain destiné à les recevoir, etc., etc.

« La dépense de ces différents travaux d'après les projets et devis qui en avaient été dressés, devait excéder trois millions.

V.

NOTE SUR LA RESTAURATION DU CHATEAU DE PAU.

Lorsque Louis-Philippe monta sur le trône, ce palais, auquel sont attachés de si grands souvenirs, allait tomber en ruine. Jusqu'alors on s'était contenté d'entretenir à peine les couvertures; tout le rez-de-chaussée servait de hangars et de magasins; les planchers de l'aile du sud n'existaient plus qu'en partie; les murs étaient nus et dégradés; quelques restes de cheminées et de corniches pouvaient seuls donner une idée de son ancienne splendeur. Au deuxième étage comme au premier, de rares solives portaient des chemins en planches pour aller d'une pièce à l'autre : c'est ainsi qu'on arrivait à la chambre où est né Henri IV et à l'appartement de la reine Jeanne d'Albret; enfin, du rez-de-chaussée on voyait le comble à travers les trois planchers. L'escalier, si remaquable par ses sculptures, était en partie dégradé, et plusieurs voûtes tombaient de vétusté.

La belle terrasse du sud était dégradée dans toute sa longueur. Dans les ailes de l'ouest et du nord quelques pièces seulement avaient été arrangées provisoirement, avant 1830, pour y loger le gouverneur du château et le régisseur.

Les tours de Montauzet, de Billères et de Mazères étaient dans le plus mauvais état. La vaste tour de Gaston Phœbus servait de prison dans sa partie basse et fournissait à la ville une salle pour ses archives. Le reste de la tour, l'escalier, les planchers des divers étages et le couronnement, étaient en ruines.

On n'arrivait au palais que par la ville et par des rues sombres et étroites.

Louis-Philippe avait formé plusieurs fois le projet d'aller visiter l'antique château de Pau. Le roi appelé au trône par une révolution qu'il n'avait ni désirée, ni préparée, ni faite, éprouvait d'avance une secrète satisfaction à penser que de tous les petits-fils d'Henri IV, il serait le premier à rendre au plus populaire de ses aïeux, un hommage négligé par tous ses prédécesseurs. Les sentiments de Louis-Philippe, d'accord avec les inspirations d'une bonne politique, lui faisaient donc désirer d'aller présider lui-même à cette restauration plus intime pour ainsi dire, et plus personnelle que les autres. Malheureusement les événements furent plus forts que la volonté du roi, et lui imposèrent la nécessité d'étudier, de loin et sur des plans, les projets qu'il lui eût été si doux d'examiner de près et de dicter sur le lieu même où Henri IV avait vécu. Il arrêta en 1837 un plan général qui reçut, dès l'année suivante, un commencement d'exécution. Depuis lors un crédit annuel permit à son architecte, M. Lefranc, aidé de l'utile collaboration de M. Latapie, architecte de Pau, de marcher incessamment vers le but marqué. En 1848 de grands résultats avaient déjà été obtenus.

Dans l'aile du sud et de l'ouest les anciennes salles délabrées, où les planchers même avaient presque entièrement disparu, ont fait place à des appartements richement décorés.

Le deuxième étage, qui comprend l'appartement de la reine Jeanne d'Albret, et la chambre où est né Henri IV, est entièrement restauré, dans le style du xve siècle, avec une magnificence toute nouvelle.

Deux des vieilles tours ont été rétablies : une tour semblable à la tour Mazères a été construite pour régulariser la façade de l'ouest et compléter l'appartement de la reine.

La terrasse du sud a été prolongée en avant de la tour Mazères, de la nouvelle tour sur la façade de l'ouest et de l'appartement de la reine : entourée en 1830 d'une pauvre grille en fer, elle est décorée aujourd'hui d'une balustrade en pierre, dans le style du reste de l'édifice.

La grande tour de Gaston Phœbus a été presque entièrement restaurée. Il ne restait, au mois de février 1848, pour la terminer, que l'achèvement de la pose de la grande corniche de couronnement avec ses machicoulis et les créneaux : tous les matériaux taillés étaient au pied de la tour.

Une chapelle a été édifiée dans l'aile bâtie sous Henri IV, à l'est de la tour de Gaston Phœbus ; du premier étage du palais on arrive à la tribune de cette chapelle en traversant le salon de service établi dans la tour de Gaston Phœbus ; on entre dans la nef par la porte de l'est, du côté de la ville.

Enfin un pont, jeté sur les fossés du château et sur la grande rue qui descend à la basse ville et au Gave, assure à l'habitation royale un double et inappréciable avantage. D'une part, le château est désormais réuni au parc et se trouve affranchi de la difficile entrée par la ville ; de l'autre, on peut arriver maintenant de la route de Bayonne à l'esplanade et à la cour, jusque sous un porche couvert, au pied du grand escalier restauré et agrandi.

En même temps que les architectes du roi, MM. Lefranc et Latapie, relevaient les ruines de l'antique château, un inspecteur du mobilier de la couronne, M. d'Henneville, avait reçu du roi la mission de le décorer d'un mobilier qui fût en harmonie avec sa vieille architecture, et ses souvenirs historiques. Cette mission, accomplie de 1838 à 1847, a complété le bel ensemble que le château de Pau offre déjà aux regards du voyageur.

Cependant, sa restauration n'était pas terminée : elle se poursuivait avec persévérance. Au mois de février 1848, de grands travaux étaient commencés dans l'aile du nord et la tour Montauzet; ils devaient être terminés dans un bref délai.

Plus tard, toute l'aile de l'est (côté de la ville) devait être reconstruite, et la tour de la Monnaie entièrement restaurée; deux grands escaliers devaient mettre l'esplanade en communication, d'un côté, avec le rez-de-chaussée du palais, et de l'autre, avec la basse ville. Enfin plusieurs pavillons dans le parc devaient compléter cette résidence chère au roi Louis-Philippe. — La révolution de 1848 a tout suspendu. Les fidèles habitants du Béarn attendent.

VI.

NOTE SUR LA CHAPELLE DE SAINT-LOUIS, A TUNIS.

La première pierre de la chapelle Saint-Louis à Tunis a été posée solennellement le 25 août 1840. Le procès-verbal de prise de possession, dressé le même jour sur son emplacement, avait été immédiatement signé par les ministres du gouvernement tunisien et par M. de Lagau, l'habile négociateur de ce petit traité si favorable aux intérêts de la France.

Les formalités de prise de possession ayant été remplies, une messe solennelle a été chantée, après la bénédiction du sol, par le révérend père Emmanuel da Malta, préfet de la mission apostolique de Tunis, en présence du consul général de France, d'un grand nombre d'assistants de distinction et des neuf sœurs de Saint-Joseph de la mission d'Afrique.

Les constructions de l'édifice ont été aussitôt commencées et continuées avec la plus grande activité jusqu'à leur entier achèvement.

La chapelle de Saint-Louis est fondée en grande partie sur les restes d'un ancien temple. Elle se trouve à six lieues de Tunis et deux lieues de la Goulette, entre Sidi-Bousala (l'ancienne Carthage) et les trois ports de l'antique citadelle de Birza.

Deux cents cyprès plantés autour de l'édifice complètent son ensemble et contribuent à lui donner un caractère religieux vraiment digne de cette oasis chrétienne sur une terre musulmane.

On lit au-dessus de la porte d'entrée, au dehors, l'inscription suivante gravée en lettres d'or sur un marbre blanc :

> Louis-Philippe, roi des Français,
> a érigé ce monument
> en l'an 1841
> sur la place où expira le roi saint Louis, son aïeul.

Les pierres qui ont servi aux constructions sont extraites d'un terrain voisin, près des ruines de l'antique Carthage et des riches carrières de marbre de Soliman, à huit lieues du mont Louis-Philippe. Les premières, dont la couleur est rougeâtre, et le grain poreux, sont enduites d'un stuc ou d'un mortier de chaux à la manière du pays. Les piliers, les points d'appui, les corniches et les arceaux des voûtes, ainsi que ceux de la calotte supérieure, en marbre de Soliman, sont restés apparents. Les voûtes et la calotte de la coupole, également recouvertes en ciment préparé, sont bâties en briques de Gênes.

La croix dorée qui s'élève au-dessus du sommet de la coupole, montre au loin sur le rivage et à une très-grande distance en mer, le signe vénéré de la religion chrétienne, symbole d'humanité et de tolérance religieuse. Implantée cette fois sans violence, sans opposition, sur le sol africain, elle atteste au monde entier les heureux progrès de la civilisation.

Le roi Louis-Philippe chargea un habile sculpteur français, M. Seurre aîné, de faire la statue de saint Louis, d'après celle qui décore son tombeau dans l'église de Saint-Denis : on sait que les traits du saint roi sont fidèlement retracés dans cette œuvre qui date de la fin du xiiie siècle.

Le 11 août 1841, quarante matelots sous la direction de M. Leray, capitaine de vaisseau, commandant la division navale, ont opéré promptement et sans confusion le débarquement de la statue.

Le commandant de l'arsenal, Sidi Mahmoud, avait envoyé une garde d'honneur, composée d'un détachement de cavalerie de la garde du bey, pour protéger le transport.

La statue étant placée sur un chariot construit par les officiers de la marine, le vice-consul, M. Gaspari, fit atteler douze chevaux et mulets qui devaient la conduire sur le mont Louis-Philippe ; mais, on dut bientôt renoncer à l'emploi de ces bêtes de somme peu accoutumées au travail de trait. On avait donc pris le parti de traîner la statue à bras, avec des moyens mécaniques, lorsque deux cents nizams (soldats réguliers du bey), commandés par un officier, le tambour en tête, vinrent, par ordre de Son Altesse, offrir leurs services. Grâces à eux on surmonta bientôt les difficultés qu'offraient les mauvais chemins et l'inégalité du sol. En moins de quatre heures la statue fut transportée sur le plateau de la chapelle.

Cette opération s'est faite en présence d'un grand concours de la population indigène, du consul général de France, M. de Lagau, des consuls étrangers, du vice-consul de la Goulette, M. Gaspari, du commandant de la marine royale française, M. Leray, du commandant du *Palinure*, M. Aubry de Bayeux, et de tous les officiers de marine des différents bâtiments qui ont voulu prendre part au transport du précieux monument.

Le 25 août 1841, à sept heures du matin, la statue était élevée sur son piédestal et placée au-dessus de l'autel.

Un grand nombre de personnages de tous les rangs, de tous les pays, avaient été invités par le consul général pour assister à l'inauguration du monument que le roi Louis-Philippe venait d'ériger à la mémoire de son saint aïeul.

Le révérend père préfet apostolique Emmanuel da Malta, après avoir de nouveau béni le sol, a célébré solennellement la messe, assisté de deux capucins italiens. Il a entonné ensuite, en actions de grâces, le *Te Deum*, qui a été chanté par des artistes européens et par les sœurs de Saint-Joseph, qui, vouées au soin des malades et à l'instruction de la jeunesse, se font remarquer en toute occasion par leur zèle assidu et par leur constante piété.

Au signal donné par un drapeau hissé dans ce moment sur le sommet de l'édifice, *le Montebello* et *le Neptune,* en rade, se sont associés par des salves de vingt-un coups de canon chacun à l'invocation religieuse et aux chants divins dont les voûtes de la chapelle retentissaient encore.

Bientôt après, les canons de l'arsenal et ceux de la Goulette ont mêlé les salves de leur artillerie à cet hommage solennel rendu à la mémoire de saint Louis.

Après les cérémonies religieuses, M. le consul général de France a déposé sous la première assise en pierre, qui est le support de l'autel, une cassette en bois de cèdre. Cette cassette renfermait une collection complète des monnaies de France au millésime de 1841, deux médailles à l'effigie du roi Louis-Philippe, et enfin une expédition sur parchemin du procès-verbal de l'inauguration :

PROCÈS-VERBAL

déposé solennellement sous l'autel de la chapelle Saint-Louis, le 25 août 1841.

L'an mil huit cent quarante et un, le vingt-cinq du mois d'août : nous, Charles de Lagau, consul général et chargé d'affaires de France à Tunis, assisté de M. Leray, capitaine de vaisseau, commandant la division navale devant Tunis, membre de la Chambre des députés; de M. Jourdain, architecte du roi, et en présence de MM. Guérin des Essarts, commandant le vaisseau *le Montebello;* Olivier, capitaine de corvette; Jean Monge et Jacques Foa, députés du commerce français à Tunis; du révérend père Emmanuel da Malta, préfet de la mission apostolique; de MM. le chevalier Baffo, conseiller et premier interprète de Son Altesse le bey de Tunis; Antonio Bego, second interprète de Son Altesse; Birzo, consul général et chargé d'affaires de Sa Majesté Catholique; le chevalier Tanqui, agent et consul général de Sardaigne; le chevalier Da Martino, consul général de Sa Majesté le roi des Deux-Siciles; H. Nuyssen, consul général de Sa Majesté le roi des Pays-Bas; Heap, consul général d'Amérique; d'Égremont, consul général de Sa Majesté le roi des Belges; Tusin, consul de Suède; Gaspari, vice-consul de France à la Goulette, gérant du consulat de Danemark; de MM. les officiers soussignés, faisant partie des états-majors des vaisseaux *le Neptune* et *le Montebello*, et de M. Duchemond, secrétaire interprète du roi; de MM. Delaporte, élève consul, Maurin et Chatellier, tous trois attachés au consulat général de France à Tunis;

Avons ce jourd'hui, pour immédiatement après procéder à l'inauguration de la chapelle élevée par Sa Majesté Louis-Philippe Ier, roi des Français, à la mémoire de saint Louis, son aïeul, mort ici le 25 août de l'année 1270, déposé dans une place ménagée sous l'autel de ladite chapelle une boîte en bois de cèdre, contenant des monnaies au millésime de l'année actuelle, et deux médailles, l'une en argent et l'autre en bronze, portant l'inscription suivante :

En l'an de grâce 1841
Et de son règne le douzième,
Louis-Philippe Ier, roi des Français,
Fit élever ce monument
A la mémoire de Louis IX (saint Louis)
Aux lieux
Où le saint roi a terminé sa glorieuse vie.

De tout quoi nous avons dressé en triple expédition le procès-verbal, qui a été fait et signé dans ladite chapelle, les jour, mois et an que dessus.

Signé : Emmanuel Da Malta.
Cav. Baffo, etc., etc., etc.

Avant 1848, le gouvernement avait pris toutes les mesures nécessaires pour la célébration habituelle du service divin dans la chapelle de Saint-Louis, et pour l'entretien de toutes ses parties. Un aumônier, M. l'abbé Bourgade, avait été nommé et pourvu d'un traitement convenable : en outre, un crédit avait été alloué sur les fonds de service du consulat général pour les réparations les plus urgentes.

Depuis 1848, les choses ont bien changé à Tunis. On assure qu'en ce moment il n'y a plus d'aumônier de la chapelle, et que les fonds d'entretien ont été supprimés ou suspendus au grand détriment du monument religieux dont plusieurs parties ont gravement souffert. Le gouvernement délibère, dit-on. Il est temps qu'il mette un terme à des indécisions qui durent depuis trois années. Son abstention indéfinie ne serait autre chose que l'abandon indirect et déguisé d'une pensée vraiment nationale, et un échec volontairement infligé à l'influence française en Afrique.

VII.

MONUMENT DU COMTE DE BEAUJOLAIS A MALTE.

Procès-verbal et inscription.

Au milieu des plus grands soucis de la royauté, au sein des dangers personnels toujours suspendus sur sa tête, la pensée de Louis-Philippe, étrangère à lui-même, se reportait sans cesse vers les souvenirs de sa famille et de notre histoire. Pendant qu'il réunissait à Versailles tous les grands souvenirs chers à la France, des missions lointaines allaient honorer en son nom tantôt le plus saint de ses aïeux à Tunis, tantôt le plus populaire de ses ancêtres à Pau, tantôt un frère bien-aimé à Malte.

M. le baron Taylor, inspecteur général des beaux-arts, envoyé par le roi Louis-Philippe pour présider à l'érection du monument destiné à monseigneur le comte de Beaujolais, était arrivé à Malte dans les premiers jours du mois d'octobre, sur le bâtiment de l'État qui avait à bord la statue du prince, due à l'habile ciseau de M. Pradier, membre de l'Institut. Mais une difficulté l'arrêta d'abord. Le procès-verbal ci-joint expose à la fois l'origine et la solution de cette difficulté :

« Cejourd'hui, 19 octobre 1843, heure de midi, dans l'église cathédrale de Saint-Jean-des-Chevaliers de l'ordre de Malte, chapelle des grands maîtres de la langue française, en présence de MM. J.-F. de Sontag, consul de France dans l'île de Malte et dépendances, officier de l'ordre royal de la Légion d'Honneur, le comte Léon Duparc, capitaine de corvette, commandant la corvette à vapeur de S. M. *le Véloce*, chevalier de l'ordre royal de la Légion d'Honneur; Emmanuel Rossignaud, docteur en théologie, chanoine de ladite cathédrale; William Lamb Arrowsmith, architecte superintendant des travaux de S. M. B., et J. T. J. baron Taylor, commandeur de l'ordre royal de la Légion d'Honneur, chevalier du Roi Léopold, inspecteur général des beaux-arts, envoyé par S. M. Louis-Philippe, roi des Français, pour faire élever un monument sur le caveau renfermant le corps de S. A. R. monseigneur le comte de Beaujolais.

« L'architecte, M. Arrowsmith, ayant déclaré qu'il était indispensable de refaire les fondations qui devaient supporter le monument et la statue envoyés par S. M. le roi des Français, il a fallu déplacer momentanément le corps de monseigneur le comte de Beaujolais, renfermé dans un double cercueil, le premier de plomb, le second de bois recouvert de velours écarlate, orné de fleurs de lis argent et portant l'inscription suivante :

« S. A. S. le très-haut, très-puissant et très-excellent prince
« Mgr. Louis-Charles d'Orléans, comte de Beaujolais, prince du
« sang et pair de France, né le 7 octobre 1779 au Palais-Royal,
« à Paris, et mort à Malte le 29 mai 1808. »

« Ce jourd'hui 19 octobre 1843, en présence des personnes ci-dessus désignées les dépouilles mortelles de Monseigneur le comte de Beaujolais, ont été déposées dans la chapelle souterraine où se trouve le tombeau de Villiers de l'Ile Adam, sans que le cercueil ait été ouvert et qu'il y ait eu rien de dérangé à l'enveloppe de velours qui couvrait le deuxième cercueil de bois. Ce cercueil a été replacé dans le caveau qui avait été construit le 7 mai 1808, avec tout le respect et le recueillement nécessaires à une aussi sainte cérémonie. M. le chanoine a dit des prières depuis l'instant où il a été retiré de la chapelle de Villiers de l'Ile Adam jusqu'au moment où l'architecte l'a fait descendre dans le caveau où il reposait autrefois : la tête a été placée regardant l'autel de ladite chapelle. Alors il a récité la prière des morts et a jeté l'eau bénite sur le cercueil. La cérémonie religieuse terminée, l'architecte a ordonné de commencer immédiatement les travaux pour la fermeture du caveau.

« Fait et rédigé sur la demande de M. le baron Taylor, à Malte, le 19 octobre 1843, dans ladite chapelle de l'église cathédrale de Saint-Jean des Grands Maîtres de l'ordre de Malte; présents : MM. de Sontag, comte Léon Duparc, E. Rossignaud, Arrowsmith et le baron Taylor, qui ont signé ce procès-verbal fait en double expédition dont une copie doit rester dans les archives du consulat de France, à Malte, et l'autre être remise à M. le baron Taylor. »

Un mois et demi après, le 5 décembre 1843, le monument fut inauguré par un service solennel célébré dans l'église de Saint-Jean, en présence du gouverneur de l'île, de M. le baron Taylor, du consul général de France, des consuls étrangers, des autorités civiles et militaires anglaises, et des états-majors des bâtiments français.

Le comte de Beaujolais est représenté à demi couché, en costume de voyageur, la tête appuyée sur son coude, pensif, et une carte de France dépliée sous sa main. Sur le monument, au-dessous de la statue, on lit l'inscription suivante :

<blockquote>
Fratris Carissimi Lud. Caroli de Beaujolais
Desiderata patria exulis
ad salutem propitiore Sole restituendam
a sollicito fratre ex Anglia avulsi
In hoc littore protinus extincti
Reliquias huic marmori mœrens credidit
Lud. Phil. d'Orléans, anno M.DCCCVIII.
</blockquote>

<blockquote>
Dans l'année 1808
Louis-Philippe d'Orléans
confia en pleurant à ce marbre
les restes de son bien aimé frère
Louis-Charles de Beaujolais,
Exilé d'une patrie
qu'il regretta toujours.
</blockquote>

Arraché de l'Angleterre
par la sollicitude fraternelle,
pour qu'un soleil plus propice
rétablit sa santé,
il expira en touchant ce rivage.

VIII.

ANALYSE ET CONCLUSION DES TRAVAUX DE LA COMMISSION D'ENQUÊTE NOMMÉE POUR APPRÉCIER LA GESTION USUFRUITIÈRE DU ROI LOUIS-PHILIPPE.

La commission d'enquête nommée pour examiner la gestion des forêts de la couronne a terminé ses travaux.

Sa mission était publiquement tracée par une décision de M. le président de la République rendue sur le rapport de M. le ministre des finances. Voici les termes de cet acte officiel :

RAPPORT A M. LE PRÉSIDENT DE LA RÉPUBLIQUE.

Paris, 2 mars 1850.

Monsieur le Président,

L'exposé sur la situation financière du pays, présenté à l'Assemblée constituante, dans la séance du 12 juin 1848, contient un aperçu des reprises que l'État pourrait avoir à exercer contre le domaine privé, en raison du mode de jouissance pratiqué par la Liste civile dans les forêts domaniales.

Pour la garantie des droits encore indéterminés du Trésor, le Gouvernement a requis immédiatement une inscription hypothécaire sur les biens du comte de Neuilly. Il s'est, en outre, préoccupé du mode de jouissance exercé par la maison d'Orléans dans les forêts qui lui ont été concédées à titre d'apanage, par les ordonnances de 1661, 1672 et 1692, et qui lui ont été remises en 1814.

Aujourd'hui que la grande opération de la liquidation de l'ancienne Liste civile marche vers son terme, le moment est venu d'apprécier à fond, et dans leur ensemble, d'une manière complète, les faits relatifs à la jouissance apanagère de la maison d'Orléans.

En conséquence, j'ai l'honneur de vous proposer, Monsieur le Président, de nommer une commission qui serait chargée de cette opération difficile; elle aurait pour mission de s'entourer de tous les documents propres à l'éclairer, de procéder à une enquête sur les résultats des exploitations pratiquées, et d'exprimer un avis sur la réalité et le montant des répétitions susceptibles d'être exercées sur le domaine privé, à raison de la jouissance des forêts remises à la maison d'Orléans en 1814, à titre d'apanage, et en 1832, à titre de dotation.

Si vous approuvez la création de cette commission, j'aurai l'honneur de vous proposer pour en faire partie :

MM. Troplong, premier président de la Cour d'appel.

Paillet, représentant du peuple.

Mortimer-Ternaux, id.

Ducos, id.

Flavigny, id.

Behic, conseiller d'État.

Legrand, directeur de l'administration générale des forêts.

Et M. Vandal, ancien inspecteur des finances, secrétaire.

Le Ministre des finances,
Achille Fould.

Approuvé :

Louis-Napoléon Bonaparte.

La Commission s'est immédiatement livrée à un examen approfondi de toutes les questions qui lui étaient soumises. Ses travaux, qui ont duré plus d'une année, ont été analysés dans un exposé rapide, mais complet, qui lui a été présenté par son savant président, M. Troplong. Cet exposé est souvent spécial et technique comme il devait l'être, mais nous en détacherons les passages les plus propres à faire apprécier l'esprit et la portée des conclusions de la commission d'enquête.

Voici dans quels termes M. le président Troplong s'exprime en commençant :

« Messieurs,

« Avant d'arrêter définitivement vos dernières résolutions
« sur la gestion usufruitière du roi Louis-Philippe, vous
« avez désiré qu'un exposé de votre président remît sous
« vos yeux l'état général et fidèle des faits, des preuves et
« des appréciations qui sont sortis de vos précédentes déli-
« bérations. La question qui vous a été soumise par M. le
« président de la République vous a paru si importante, que
« vous n'avez pas voulu la trancher sans vous recueillir de
« nouveau, afin d'ajouter aux analyses successives de tous
« les documents un coup d'œil synthétique sur l'ensemble
« de cette grande affaire. Je viens m'acquitter aujourd'hui
« du mandat que vous avez bien voulu me confier.

« Je le dirai en commençant, si, après tant de temps et
« tant de soins consacrés à vous former un avis, il vous
« est donné de soumettre à M. le ministre des finances des
« résultats certains, ce n'est pas seulement à vos études
« scrupuleuses que vous le devez, c'est encore (nous nous
« plaisons à le dire) à l'opinion publique qui lui est venue
« en aide par son impartialité.

« Les passions d'autrefois désarmées par une grande ad-
« versité ont semblé ne pas vouloir survivre aux circon-
« stances qui les avaient fait naître, et leur silence, hono-
« rable pour tous, a simplifié la tâche de la Commission en

« la laissant sur le terrain neutre de la justice. Néanmoins,
« ce travail aura quelque étendue. Vous avez senti que vous
« recherchiez la vérité non-seulement pour vous-mêmes et
« pour le Gouvernement qui vous la demande, mais encore
« pour tous ceux que d'anciens débats ont émus ou partagés.
« C'est afin que cette vérité se montre clairement aux
« hommes consciencieux que ce rapport entrera dans des
« détails arides peut-être, mais nécessaires pour répondre à
« de légitimes sollicitudes. D'un côté se présente l'intérêt
« toujours si grave de l'État que l'on dit avoir été blessé par
« une jouissance usufruitière avide, dédaigneuse du droit.
« De l'autre, vient se montrer l'intérêt non moins puissant
« d'un prince dont la couronne a péri dans une révolution
« et dont le patrimoine privé se trouve menacé par de sévères
« exigences. C'est aussi son honneur qui a à se défendre
« dans ce procès fait à la bonne foi du père de famille, à
« la loyauté du dépositaire. Il s'agit, en un mot, de savoir
« si les forêts de la Liste civile, les plus belles que la
« France possède, ont été frauduleusement administrées
« pendant le règne de Louis-Philippe et rendues à l'État
« dégradées et appauvries; ou bien, au contraire, si l'État
« ne les a pas reçues dans des conditions satisfaisantes et
« avec des améliorations qui en ont accru la richesse.

« Pour décider cette question, vous avez compris la né-
« cessité de remonter d'abord aux discussions politiques
« qui l'ont en quelque sorte préparée. Viennent ensuite les
« faits qui se sont passés après la révolution de Février, et
« la prétention nettement formulée, par le Gouvernement

« d'alors, d'exercer contre le domaine privé de Louis-Phi-
« lippe une reprise de 25 millions.

« Les raisons de cette prétention autant et plus encore
« que les chiffres auxquels elle aboutit, sont le fond de tout
« le débat. Il faudra les discuter à différents points de vue.
« Quelles ont été les intentions de la Liste civile d'après les
« correspondances produites et les faits allégués ? a-t-elle
« voulu *à priori* se procurer, en dehors de la légalité, des
« produits supérieurs à la possibilité des forêts ? Comment
« peut s'expliquer l'élévation des revenus qu'elle a obtenus
« pendant son administration, comparativement à la jouis-
« sance usufruitière de Louis XVIII et de Charles X ? Peut-
« on lui opposer, comme grief fondé sur l'article 591 du
« Code civil, qu'elle ne s'est pas renfermée dans les limites
« de la jouissance des deux règnes précédents ? En défini-
« tive, a-t-elle dépassé ou respecté la possibilité des forêts ?
« N'a-t-elle pas même amélioré le fonds par des percements
« de routes, des constructions de maisons de gardes et de
« vastes peuplements ? Ces améliorations ne doivent-elles
« pas entrer en ligne de compte quand on fait le bilan de
« l'usufruit royal depuis 1832 ? Enfin la Liste civile de
« Louis-Philippe a-t-elle encouru une responsabilité pécu-
« niaire par cela seul que sa jouissance n'a pas toujours été
« couverte par des aménagements réguliers conformément
« aux prescriptions du Code forestier ?

« Tels sont les points dominants que ce rapport va parcourir. »

Ici M. le président rappelle les discussions parlementaires de 1847, sur l'administration des forêts de la couronne, et les explications successivement données aux tribunes des deux chambres législatives par M. Dumon, ministre des finances, et par M. le comte de Montalivet, intendant général de la Liste civile ; puis il ajoute :

« De cette discussion il était surtout résulté une chose :
« c'est que M. le Ministre des finances, tout en affirmant
« que la Liste civile n'avait jamais dépassé la possibilité
« des forêts de la couronne, reconnaissait cependant
« qu'il était bon que des ordonnances, rendues confor-
« mément au code forestier, servissent de règle aux
« exploitations. Il déclara qu'il s'était déjà entendu à cet
« égard avec M. l'intendant de la Liste civile, et qu'il
« s'occupait des mesures à prendre pour rentrer dans la
« stricte application de la loi. »

« Quelque temps après, le trône n'existait plus, la révo-
« lution de Février l'avait renversé. On vit alors surgir du
« sein même de l'intendance entraînée dans cette ruine,
« des dénonciateurs subalternes qui crurent se rendre
« agréables au nouveau gouvernement en dénigrant, par
« des rapports mensongers, cette administration qu'ils
« avaient servie. »

« Le gouvernement voulut s'éclairer · il y était provoqué
« autant par ces dénonciations récentes que par les discus-
« sions de 1847. »

Ici le rapport expose les premiers travaux, trop tôt exigés, trop rapidement exécutés, qui ont pu faire croire au gouvernement provisoire, dans l'intérêt de ses finances obérées, qu'il existait une créance sérieuse de 25 millions contre le domaine privé du roi exilé. Mais avant d'aller plus loin, la commission avait dû se demander ce qu'il fallait penser des intentions même qui avaient dirigé la jouissance usufruitière. Les imputations d'abus prémédités et de mauvaise foi si souvent articulées contre elle étaient-elles fondées? La commission d'enquête avait entre les mains, non-seulement tous les chiffres, toutes les assiettes de coupes, mais encore toutes les correspondances, même les plus confidentielles, entre le conservateur des forêts de la couronne, siégeant à Paris à côté de M. l'intendant général et les inspecteurs locaux. — Voici dans quels termes l'exposé s'exprime à ce sujet :

« Quoi qu'il en soit, il faut aborder cette question de
« mauvaise foi qui a pesé si gravement sur l'usufruit de
« Louis-Philippe. Il faut voir s'il est vrai que les corres-
« pondances des agents de la Liste civile démontrent le
« parti pris de se procurer, en dehors de la légalité, des
« revenus en argent excédant la possibilité des forêts.
« L'accusation est formelle, elle est devenue publique ; elle
« ne peut rester indécise.

« Or, il a semblé à la Commission que cette correspon-
« dance, loin de conduire à cette conclusion, en renferme
« une toute contraire. Elle prouve en effet que l'intendance
« de la Liste civile a été mue par des vues irréprochables
« et qu'elle a agi de bonne foi, s'éclairant des observations
« de ses agents, tenant compte de leurs remarques, recher-

« chant par leur intermédiaire la possibilité des forêts et
« ramenant à ce *criterium* la série de ses opérations. »

Et plus loin :

« Tels sont, en définitive, les faits incriminés : telle est
« surtout cette correspondance qui, disait-on, devait dé-
« voiler les manœuvres de la Liste civile pour abuser des
« forêts de son usufruit et payer ses dettes aux dépens du
« fonds. On voit comment s'évanouissent ces fantômes de
« projets dilapidateurs. »

Après ce jugement porté sur la loyauté de l'usufruitier royal, le président de la Commission établit, en résumant les procès-verbaux et les pièces officielles, qu'il n'y a eu ni ordre, ni suite, ni régularité dans les jouissances qui ont précédé celle du roi Louis-Philippe. Il démontre que cette dernière, loin d'avoir été exagérée, a été modérée et paternelle. Le président entre, à cet égard, dans des détails particuliers sur les forêts de Villers-Cotterets, Fontainebleau, Compiègne, Saint-Gobain, qu'on avait désignées comme ayant été plus spécialement le théâtre des abus de jouissance de la Liste civile. Nous croyons devoir transcrire ce passage tout entier :

« On fait des aménagements, dit le rapport en parlant
« des aménagements antérieurs à 1830 ; bientôt après on
« les réforme ; puis on réforme encore les arrêts de réfor-
« mation. Au milieu de ces variations, la règle se perd ; il
« ne reste que des pratiques provisoires sans harmonie. On
« coupe tantôt plus, on coupe tantôt moins, suivant un

« arbitraire assez souvent équitable, mais quelquefois sans
« prévoyance. On est obligé aussi de faire la part des chas-
« ses royales et de déranger, pour elles, les dispositions de
« l'économie forestière. Puis (et ceci est bien grave), vien-
« nent les tristes résultats des mauvais usages de traite-
« ment; les essences dures étouffées font place aux essences
« tendres qui corrompent les peuplements; les semis natu-
« rels avortent et font place à d'immenses clairières où
« croupissent des mares d'eau, où ne croissent que des
« ronces et des genêts. Quand l'expérience prouve que tels
« sont les déplorables effets des usages, peut-on faire un
« reproche à l'usufruitier de ne les avoir pas adoptés aveu-
« glément, et d'avoir voulu les remplacer par des pratiques
« plus éclairées ?

« Le point à rechercher, quant à présent, est donc de sa-
« voir si Louis-Philippe, en innovant, n'a pas excédé la
« possibilité des forêts de la couronne.

« A cet égard, vous avez été complétement éclairés par
« les déclarations de M. le directeur général sur l'état de
« ces forêts. Depuis 1848, le personnel des employés qui
« les administrent a été changé. Tous les agents supérieurs
« de la Liste civile ont été remplacés par des agents nou-
« veaux sortis du sein de l'administration forestière qui ont
« eu le temps suffisant pour se faire des idées précises et
« qui, dégagés de tout précédent, de toute influence, sont
« autant de témoins dont l'impartialité n'est pas suspecte.
« Or, ils s'accordent tous à reconnaître que l'ensemble des
« forêts de la Liste civile est dans une situation tout à fait

« satisfaisante, que les peuplements y sont suffisamment
« riches, que s'il est des points sur lesquels il semble qu'on
« ait trop coupé, il en est d'autres sur lesquels il est cer-
« tain qu'on n'a pas coupé assez ; que toute compensation
« faite, la Liste civile, loin d'avoir forcé la possibilité, est,
« au contraire, restée en deçà ; qu'elle a planté sur de
« grands espaces, ouvert d'utiles débouchés, dépensé avec
« libéralité ; qu'en un mot, l'État trouve là des forêts am-
« plement fournies. Nous ne pensons pas qu'il y ait lieu de
« désirer une enquête plus concluante et émanée d'hommes
« plus compétents.

« Que si des esprits difficiles objectent que ces calculs,
« pour ainsi dire à vue d'œil, ne sont pas exempts d'illu-
« sions ou d'erreurs, s'ils essayaient de leur opposer des
« systèmes théoriques qu'il est toujours si aisé sur le papier
« de rendre victorieux, la Liste civile serait fondée à répon-
« dre que les forêts saisissent les yeux par une démonstra-
« tion matérielle, ces doutes savants ne sont que de vains
« efforts dans lesquels la raison ne voit rien de satisfaisant.

« Au surplus, pour fortifier sa conviction, la commis-
« sion a soumis à une étude attentive de nombreux dé-
« tails d'administration pratique, sur lesquels la Liste
« civile a appelé son examen, et qui viennent appuyer
« les témoignages des agents forestiers du gouvernement.
« Un résumé rapide de ces faits montrera que vous n'avez
« pas donné votre confiance à des résultats vagues, à
« des assertions conjecturales.

« On sait combien les taxations et les éclaircies ordon-
« nées en 1835 ont influé sur les produits obtenus par la
« Liste civile depuis cette époque. Il a été établi ci-dessus
« que le dessein de la Liste civile, en les entreprenant,
« a été de ménager les essences dures et de favoriser
« leur conservation et leur développement, de régénérer
« les peuplements abâtardis, de donner à l'avenir des
« produits de meilleure qualité.

« Ceci posé, voyons à quel résultat la Liste civile est
« arrivée, et prenons pour premier exemple la forêt de
« Villers-Cotterets, l'une de celles qui a tenu le plus de
« place dans les discussions de 1847.

« Avant que le système des éclaircies fût mis en pra-
« tique, c'étaient les bois durs provenant des futaies
« pleines qui étaient exploités en quantité plus considé-
« rable. Ainsi le voulait l'inflexibilité des coupes par con-
« tenance et balivage. Mais depuis l'introduction du sys-
« tème d'exploitation par éclaircies, c'est au contraire
« sur les bois blancs que s'est portée de préférence l'ex-
« ploitation : les bois durs ont été épargnés et les bonnes
« futaies sont devenues plus vigoureuses et plus riches.

« Il est arrivé autre chose.

« L'âge des futaies avait été abaissé à Villers-Cotterets,
« de cent cinquante à cent vingt-cinq ans environ, par
« suite de coupes extraordinaires autorisées du temps de
« l'apanage. Il ne restait plus, en 1832, que 1,900 hec-
« tares de futaies de cent ans et au-dessus; et si la Liste

« civile avait voulu user de son droit, elle aurait pu
« couper, par an, 76 hectares 73 c., conformément aux
« aménagements de 1672 et 1690. Mais en donnant à
« son droit cette plénitude de jouissance, la Liste civile
« aurait perpétué l'abaissement de l'âge des arbres et
« laissé la forêt de Villers-Cotterets dans son état de dé-
« cadence. Elle le comprit; elle n'hésita pas à restreindre
« la faculté qu'elle puisait dans les aménagements; elle
« réduisit les exploitations des futaies pleines, et les
« soumit au traitement des éclaircies successives faites
« avec modération pour obtenir un bon réensemencement.
« Pendant plusieurs exercices consécutifs, les arbres
« séculaires plus ménagés se sont rapprochés de l'an-
« cien âge, et, par là, la futaie de bois durs a gagné
« l'âge de cent trente-cinq ans au lieu de rester dans
« l'âge de cent vingt-cinq ans où elle était descendue
« avant 1832.

« Ainsi les futaies ont été épargnées quant à la quantité
« et améliorées quant à l'âge : voilà des résultats incon-
« testables.

« Prenons à présent un second exemple à Fontainebleau.

« Cette forêt avait été dégradée en 1793 et 1794 par
« des coupes anticipées, et sous l'empire par des coupes
« forcées tendant à obtenir un produit annuel d'un mil-
« lion, auquel on avait taxé la forêt : ces coupes avaient
« converti en taillis médiocres environ 4 à 5,000 hectares
« de jeunes futaies d'une magnifique espérance. D'autre
« part, le gros et le menu gibier avait causé de grands

« dégâts aux jeunes plantations malgré les entreillage-
« ments faits pour les défendre. Enfin, depuis de longues
« années on suivait un régime inverse du régime ration-
« nel, qui veut que des peuplements âgés fassent place
« aux jeunes générations. Par une raison ou par une
« autre, tantôt pour se procurer des produits de meil-
« leure qualité, tantôt pour satisfaire au besoin des
« chasses, on avait décimé les futaies les plus vigou-
« reuses, tandis qu'on laissait s'arriérer des futaies plu-
« sieurs fois séculaires, dont l'âge excessif avait usé la
« force et abaissé la valeur, et dont le sol durci et cou-
« vert de genêts était frappé de stérilité.

« La Liste civile procède autrement sous Louis-Phi-
« lippe; elle exploite les vieux arbres qui souffrent et font
« souffrir la forêt : elle choisit plus particulièrement les
« futaies dépérissantes, les gaulis mal venants, les bois
« blancs nuisibles, les taillis en mauvais état; tout ce
« qu'il y a de meilleur elle le conserve pour l'avenir,
« pour cet avenir qui est déjà commencé, et qui voit
« d'un œil satisfait des peuplements sans mélange et des
« réserves profitables.

« Ceci est prouvé par quelques chiffres.

« On exploite des futaies pleines de deux cent cinquante
« à quatre cents ans qui donnent, à l'hectare, un pro-
« duit moyen de 4,747 fr. 60 c. Si elles n'eussent pas
« excédé l'âge de la maturité et qu'on les eût coupées
« vers cent cinquante ans, elles auraient été vendues de

« 8 à 10,000 fr. l'hectare, le chêne étant très-recherché
« à Fontainebleau pour la menuiserie. Mais ce sont des
« futaies dépérissantes et éclaircies par les ouragans qui
« y ont multiplié les chablis, et leur produit est moindre
« de plus de moitié.

« Quant aux gaulis on peut également juger, par leur
« prix de vente, de leur triste état : on les vend 490 fr.
« 70 c. ou 596 fr. 78 c., tandis que de bons gaulis du
« même âge se vendent 2,500 fr. ou 3,000 fr. l'hectare.

« Qu'est-ce encore sous le rapport de la bonté que la
« moitié des taillis qui ont été coupés? des taillis que
« l'on vend 559 fr. 06 c. l'hectare. Au contraire, l'autre
« moitié, qui était dans de bonnes conditions, est ven-
« due 1,432 fr. 92 c.

« Ce sont donc les matières inférieures qui sont l'objet
« principal des exploitations. En revanche, à mesure que
« l'on s'approche de 1848, on voit dominer dans les
« coupes les bois de choix, les bois de service et d'œuvre.
« Quelle en est la raison? C'est que les essences dé-
« périssantes par vétusté tendent à s'épuiser, et que leur
« place est occupée par des peuplements sains et ro-
« bustes. Ce sont les peuplements que l'État va trouver
« sous sa main dans les exercices que l'avenir ouvre
« devant lui.

« On avait dit dans le public que deux masses de fu-
« taie, celle des Érables et du Déluge et celle de la
« Mare aux Évées, avaient été entièrement détruites par

« la Liste civile. Il est constant cependant qu'à la fin
« de 1847 on y comptait encore 11,569 arbres, évalués
« 69,153 stères.

« On avait aussi reproché à la Liste civile d'avoir abattu
« sans pitié de vieilles et magnifiques futaies qui sont si
« chères aux promeneurs et aux artistes. Q'arrive-t-il
« aujourd'hui cependant? Il arrive une chose que l'on
« retrouvera invariablement chaque fois que les coupes,
« passant d'un canton à un autre canton, attaqueront les
« produits matériels que le temps a amenés à maturité,
« à savoir, une lutte entre l'économie forestière qui veut
« qu'on les abatte, et les artistes qui veulent qu'on les
« épargne. A l'heure qu'il est, c'est le tour de l'État
« d'être critiqué parce qu'il coupe, non pas la totalité,
« mais une partie qui est à l'âge de l'exploitation, et
« on l'accuse de sacrifier avec un vandalisme inexorable
« les merveilles forestières conservées avec respect par
« la Liste civile à cause de leur antiquité, dans les can-
« tons de la Tillaie et du Bas Bréau. Mais toutes ces
« plaintes reposent sur une erreur palpable; elles ne
« distinguent pas assez la gracieuse courtoisie qui s'ac-
« corde volontairement aux beaux-arts, et le droit de
« l'usufruitier. Il existe en jurisprudence une maxime qui
« a ici quelque à-propos. *Nemo liberalis nisi liberatus.*
« Il est bon d'être libéral envers les autres, mais il faut
« avant tout se mettre en état de remplir ses obli-
« gations. La Liste civile avait les siennes, l'État n'en
« est pas exempt : tous deux ont usé d'un droit incon-

« testable en prenant un revenu à la source même où
« le cours naturel de l'âge permettait de le prendre.
« On voit, du reste, qu'en poursuivant la méthode des
« éclaircies, la Liste civile y avait mis des ménagements
« pour les souvenirs historiques auxquels on rend hom-
« mage aujourd'hui.

« Il est une autre remarque :

« Parmi les futaies exploitées de 1831 à 1847, il se
« trouva 966 hectares 61 ares où l'on ne rencontrait
« que des arbres épars et tellement rares qu'ils n'ont
« rendu que 140,18. 265,52. — 291,55 par hectare. Cet
« espace est aujourd'hui repeuplé d'une manière com-
« plète en arbres feuillus dominants et résineux.

« Ailleurs, 1,500 hectares de bruyères ont été arra-
« chées par entreprise et remplacées par de bons peu-
« plements en bois résineux.

« 15 millions de sujets ont été répartis sur toute la
« forêt; taillis, gaulis, futaie, sables et rochers; beau-
« coup de routes ont été plantées d'arbres de bordure :
« l'on évalue à 4,000 hectares la totalité des espaces
« entièrement repeuplés, repeuplements dont on a déjà
« tiré des produits par des nettoiements et éclaircies. Les
« forestiers reconnaissent qu'il y a là une source de
« produits dont la richesse de la forêt sera notablement
« augmentée. Des routes cavalières ont été ouvertes là
« où la forêt n'était accessible qu'aux piétons, les routes
« de vidange ont été réparées et multipliées, des assai-

« nissements ont été pratiqués particulièrement dans le
« massif de la mare aux Évées et des Vieux-Rayons,
« submergé une partie de l'année.

« Tous ces travaux, toutes ces améliorations démon-
« trent l'esprit qui animait la liste civile, et semblent ne
« pas permettre au reproche d'abus de jouissance de
« s'étendre à la forêt de Fontainebleau.

« On peut en dire autant de la forêt de Compiègne. Sans
« entrer dans des détails qui nous mèneraient trop loin
« et entraîneraient de fastidieuses répétitions, nous nous
« bornerons à constater que la Liste civile a épargné beau-
« coup de taillis qu'elle aurait été en droit de couper ;
« que les recrues de futaie provenant de l'ancien mode
« d'exploitation ont été complétées par des plantations qui
« ont comblé les clairières, résultat fâcheux de ce sys-
« tème ; que les futaies, traitées par la méthode des coupes
« de réensemencement, offrent 1937 hectares chargés d'un
« matériel abondant où dominent les sujets d'élite, où les
« classes secondaires ont fait place aux essences propres à
« la construction et à la menuiserie ; que la belle futaie des
« Beaux-Monts, bien qu'âgée de deux cent cinquante ans et
« plantée des chênes les plus magnifiques et les meilleurs à
« la menuiserie, a été conservée intacte, tandis que depuis
« 1831 la Liste civile aurait été en droit de l'abattre en se
« tenant à l'aménagement de 1685 ; que des assainisse-
« ments et des repeuplements nombreux ont augmenté
« sensiblement la richesse de la forêt ; que de nouvelles
« routes macadamisées et des réparations de chemins an-

« ciens ont favorablement influé sur le prix des bois et
« assurent, tant au présent qu'à l'avenir, une amélioration
« réelle; qu'enfin il n'y a qu'une comparaison favorable
« à faire entre la forêt de Compiègne telle qu'elle existe
« aujourd'hui, percée, assainie, peuplée d'essences de
« bonne qualité, et la forêt de Compiègne telle qu'elle a
« été livrée à la Liste civile en 1831, avec les dégâts occa-
« sionnés par le gros et le menu gibier, avec les tirés qui
« réduisaient à rien près de 1000 hectares, avec les dom-
« mages résultant des chasses depuis 1805 jusqu'à la révo-
« lution de juillet ; avec ses vides couverts de genêts, avec
« ses bois blancs si nuisibles au véritable peuplement, et
« la grande quantité d'arbres déshonorés, dominés et dé-
« périssants. »

« Les mêmes résultats peuvent être signalés dans les
« forêts des environs de Paris, dont les exploitations avaient
« été combinées, avant 1830, pour le service des chasses,
« et où les coupes avaient particulièrement en vue, tantôt
« de procurer au fauve une nourriture fraîche et abondante,
« tantôt de lui ouvrir des débouchés faciles dans des ga-
« gnages favorables, tantôt de conserver des tirés, tantôt
« de laisser la chasse à courre s'exercer sous le couvert
« épais d'arbres plus que séculaires. La Liste civile de
« Louis-Philippe, se mettant au-dessus de ces exigences,
« a dirigé les exploitations en vue de la production. Les
« documents mis sous les yeux de la commission par
« M. Fossier, pour Versailles et Saint-Germain, prouvent
« que dans la période postérieure à 1830, on s'est ap-

« pliqué à rester en dessous des contenances jusqu'alors
« exploitées, à augmenter les réserves et à les rendre meil-
« leures. Ainsi, par exemple, en 1830, il n'y avait à Marly
« que 162 hectares 13 centiares réservés pour croître en
« futaie. Il y en avait, en 1848, 1,631 hectares !

« Nous n'insisterons pas plus longtemps pour ajouter
« d'autres exemples à ces exemples. Nous ne rappellerons
« pas qu'à Saint-Gobain, où, depuis 1789, on avait converti
« en taillis de trente-cinq ans les futaies qui couvraient le
« sol, la Liste civile a rendu au fonds sa première desti-
« nation, et que frappée de la beauté des essences de
« chêne, hêtre et frêne, dont les taillis étaient dominés,
« elle a exploité principalement en vue de transformer les
« taillis en futaie ; nous en avons dit assez pour prouver
« que les témoignages de l'administration forestière dont
« M. le directeur général a été l'organe près de la Com-
« mission, ne sont pas des assertions légères et des ap-
« proximations hasardées, mais qu'ils reposent sur des faits
« matériels, certains, nombreux, et qu'ils offrent une des
« preuves les plus solides de la satisfaisante économie de
« la Liste civile. »

Une comparaison toute naturelle pouvait jeter une vive
lumière sur la réalité des abus de jouissance reprochés au
roi Louis-Philippe. La Commission ne l'a pas négligée ;
M. le premier président Troplong expose en ces termes
le résultat des investigations de la Commission :

« Tous les agents de l'administration forestière sont

« aujourd'hui d'avis que la Liste civile aurait pu, si elle
« l'avait voulu, se procurer des produits plus considérables,
« et qu'en abandonnant d'anciens procédés d'exploitation
« fâcheux pour les forêts, elle est loin d'avoir nui à leur
« prospérité future.

« Comment serait-il possible, d'ailleurs, d'en douter
« quand on réfléchit que la Liste civile a tiré de ses forêts
« des rendements moindres que ceux que l'État a recueillis
« dans les forêts dont il est propriétaire, et qui sont notoi-
« rement moins riches que celles de la Liste civile.

« Ce fait est important, et nous pourrions dire décisif;
« il doit frapper l'attention du gouvernement comme il a
« frappé la nôtre. Il a été justifié devant la Commission
« par la production d'un état dressé par les soins de M. le
« directeur général des forêts, et sévèrement contrôlé par
« une sous-commission [1]. Il en résulte :

« 1° Qu'avant 1830 les forêts de l'État rendaient, année
« commune, 52 fr. 62 c. à l'hectare, tandis que les forêts
« de la couronne et de l'apanage rendaient, taux moyen,
« 44 fr. 21 c.

« 2° Qu'après 1830 jusqu'en 1848, l'hectare de forêt
« rendait à l'État 52 fr. 46 c., tandis que les forêts de
« la Liste civile ne rendaient que 47 fr. 88 c.

« En sorte que pendant les deux périodes réunies l'État

---

1. La sous-commission était composée de MM. Mortimer Ternaux, Béhic et Vandal.

« a perçu 52 fr. 54 c., et la Liste civile 46 fr. 04. c. avec
« l'apanage.

« Remarquons que comparaison a été faite sur des bois
« de l'État voisins de ceux de la Liste civile, qu'ils sont
« situés dans des conditions aussi égales que possible de
« climats, de gisements et d'exploitabilité ; qu'il est même
« certain que les forêts de la Liste civile ont une supériorité
« marquée par les circonstances plus favorables dont la
« nature les a douées.

« Qu'arrive-t-il, au contraire, quand, après la Révolution
« de Février, l'État a repris l'administration des forêts de
« la couronne? L'inverse est constaté par les chiffres
« recueillis à la direction générale des forêts; l'État tire
« des forêts réunies plus que de ses propres forêts; il
« maintient le système des exploitations, il persiste dans
« les mêmes voies, il est le continuateur des pratiques
« dont, en son nom, on veut faire grief à la Liste civile.
« Et pour que la parité soit parfaite, on reproduit contre
« sa jouissance les reproches d'excès que la Liste civile
« semblait avoir épuisés. »

Après avoir démontré par une discussion lumineuse la supériorité du système d'exploitation adopté par l'ancienne administration des forêts de la couronne et suivi par l'État, le savant auteur de l'exposé reproche à l'administration de la Liste civile d'avoir attendu jusqu'en 1847 pour manifester son intention de faire rendre des ordonnances d'aménagement.

« C'est, dit-il, ce que M. le directeur général des forêts
« avait cherché à lui faire sentir en 1843. En se renfermant
« au point de vue purement administratif, on peut dire avec
« fondement que la Liste civile a manqué à une règle com-
« mandée par la prudence, et que par là elle s'est attiré elle-
« même les difficultés sur lesquelles la Commission est au-
« jourd'hui appelée à délibérer. De ce qu'elle n'observait
« pas les règlements qui sont le signe extérieur du droit, on
« a conclu qu'elle violait le droit même dans son essence,
« et les accusations se sont multipliées.

« La Liste civile aurait dû appuyer ses opérations sur des
« ordonnances spéciales, mais c'est là un de ces cas où le
« défaut de dommage réel est une excuse péremptoire de
« l'inobservation de la règle. Quand le résultat vient prouver
« qu'un usufruitier a joui en bon père de famille, le nu-pro-
« priétaire n'a pas d'action en réparation. Celui qui reçoit
« sa chose conservée ou améliorée serait repoussé par l'ex-
« ception, connue en droit sous le nom d'exception de
« dol, si, sous prétexte d'irrégularités non dommageables,
« il venait inquiéter l'usufruitier par des subtilités et des
« recours iniques.

« Or, après tout ce qui précède, il serait difficile de nier
« que la Liste civile a agi utilement et dans l'intérêt du
« fonds. Elle a procédé sans doute avec arbitraire. Mais
« l'arbitraire lui a servi pour faire ce qui était nécessaire et
« profitable; elle est dès lors irresponsable. Dans le droit
« civil, les actions en réparations ne se fondent pas sur le
« plus ou moins de fidélité à des formalités matérielles et

« extérieures ; elles ne sont écoutées que lorsqu'elles repo-
« sent sur un tort réel, sur un détriment appréciable. »

Enfin M. le président de la Commission arrivant au terme de sa tâche et rappelant une dernière fois les réclamations passionnées qui suivirent la révolution de 1848, termine ainsi l'exposé qu'il adresse à ses collègues :

« Mais l'esprit de justice, qui a dans notre pays une si
« grande puissance, est venu modérer une redoutable préci-
« pitation ; le gouvernement a senti le besoin de la lumière,
« il a demandé des études plus complètes, voulant juger
« cette grande question, non avec la colère des révolutions,
« mais avec l'impartialité et la maturité des hommes d'État.

« La Commission instituée par lui s'est livrée à des recher-
« ches patientes ; elle s'est efforcée de pénétrer dans les gé-
« néralités aussi bien que dans les détails de la difficulté ;
« elle n'a négligé ni les faces principales ni même les rai-
« sons accessoires qui lui ont paru avoir de l'influence. Elle
« croit avoir trouvé, avec la bonne foi du juge, la bonne foi
« de l'accusé.

« Si maintenant vous persistez, après de nouvelles ré-
« flexions, dans vos convictions, il vous restera à dire à
« l'État qu'il n'est pas de son équité, qu'il n'est pas dans
« son droit d'insister sur des contestations qui doivent
« s'éteindre. Louis-Philippe n'a qu'un tort, c'est d'avoir fait
« hors de la règle des choses que la règle eût autorisées.
« Au demeurant, il a administré en bon père de famille, il
« a conservé le fonds loin de l'avoir dégradé, il a fait des

« dépenses considérables pour l'améliorer. Il est donc d'une
« stricte justice, et par conséquent d'une bonne politique
« de mettre fin, dans toutes ses conséquences, à un débat
« désormais éclairci. Aucun tribunal, en France, soit civil,
« soit administratif ou politique, ne pourrait condamner un
« usufruitier qui, au lieu d'agir *in perniciem proprietatis*,
« mérite plutôt des éloges par les sacrifices qu'il s'est im-
« posés dans la vue de rendre meilleure la chose que l'État
« reprend de lui. »

Les termes des conclusions du savant magistrat qui présidait la Commission chargée d'examiner la gestion des forêts de la couronne, nous dispensent de tout commentaire.

La lumière est faite sur l'une des calomnies les plus dangereuses et les plus perfides dont le roi Louis-Philippe ait eu à souffrir. La Commission d'enquête, nommée par M. le président de la république, a condamné à son tour cette calomnie par un avis unanime et solennel, conforme à tous les principes de l'exposé qu'elle venait d'entendre.

En voici le texte :

« Vu l'exposé ci-dessus, la Commission, considérant qu'il résulte des documents placés sous ses yeux et notamment des correspondances produites, que la Liste civile de Louis-Philippe a usé de bonne foi des forêts dont elle avait l'usufruit d'après la loi du 2 mars 1832;

« Qu'à la vérité elle ne s'est pas conformée à la disposition de l'article 12 de la même loi qui exigeait que ces forêts fussent soumises aux aménagements réguliers prescrits par les articles 15, 86 et 88 du Code forestier ;

« Mais que cette omission ne serait de nature à donner à l'État une action en réparation qu'autant qu'il en serait résulté pour le fonds des dégradations; qu'en droit, il n'y a pas lieu à indemnité là où il n'y a pas dommage ;

« Considérant à cet égard, qu'il est constant pour la commission que les forêts de la couronne envisagées dans leur ensemble ont été restituées en bon état; que loin d'avoir forcé la possibilité, la Liste civile est restée, toute compensation faite, au-dessous de cette limite ;

« Que c'est à tort que les taxations de 1835 et les assiettes supplémentaires de 1841 seraient considérées comme des entreprises sur le fonds ; que ce sont en réalité des mesures forestières prises loyalement sur le rapport des agents et déterminées après examen par l'état des forêts et la surabondance des matières dépérissantes ou nuisibles ; que, soit dans ces opérations partielles, soit dans l'ensemble de sa jouissance, l'intention de la Liste civile constatée par la correspondance produite à la Commission, a été de favoriser la conservation et le développement des bonnes essences et de donner à l'avenir des produits de meilleure qualité ;

« Que si les revenus qu'elle a tirés des forêts de la couronne ont été plus considérables que les revenus des Listes civiles précédentes, cet excédant s'explique naturellement

1° par la suppression du régime des chasses qui enlevait à la production des parties de bois considérables; 2° par l'élévation de 3,39 p. 0/0 du prix moyen des bois depuis 1830 jusqu'en 1847, comparativement au prix moyen des bois pendant les deux règnes précédents; 3° par la mise en pratique du régime des éclaircies et par les coupes d'amélioration qui en ont été la suite, et qui, en faisant disparaître des sujets hors d'âge et arriérés, des bois blancs dommageables et des arbres surabondants ont procuré à la couronne des produits accidentels et temporaires dont elle avait le droit de profiter d'après l'article 585 du Code civil ;

« Que ce serait vainement qu'on voudrait assujettir la Liste civile de Louis-Philippe à la limite de jouissance suivie sous les deux règnes précédents ; que l'article 591 du Code civil ne soumet l'usufruitier qu'à l'usage imposé au fonds par le propriétaire lui-même, et nullement à l'usage des précédents usufruitiers qui n'ont pas plus de droits que lui; qu'il n'en serait autrement qu'autant que des aménagements toujours en vigueur auraient servi de règle aux jouissances antérieures à 1830; mais qu'il est constant en fait, que la plupart des aménagements anciens avaient été rompus, méconnus ou abandonnés comme vicieux et insuffisants, dans les périodes qui ont précédé le règne de Louis-Philippe ; qu'on ne saurait donc faire un reproche à la Liste civile de n'avoir pas suivi des usages qui, eux-mêmes, manquaient de base légale et ne présentaient pas des garanties suffisantes de la conservation des forêts; qu'en suivant des voies nouvelles, la Liste civile n'aurait pu encourir, suivant les circonstances, une responsabilité pécuniaire que si elle ne fût pas restée dans les rapports précis du revenu au capital. Mais que le contraire est établi par ce qui a été dit ci-dessus et par tous les documents ; que pour fortifier de plus en plus cette vérité, il suffit de faire remarquer que l'État a retiré de ses propres forêts des revenus plus considérables que ceux que la Liste civile a retirés des siennes, et cela, bien que ces dernières soient notoirement plus riches ;

« Considérant enfin que la Liste civile a opéré des améliorations considérables dans les forêts de la couronne ; qu'en sus des reboisements auxquels elle était obligée par l'article 4 du décret du 26 mai 1791, elle a mis en valeur de vastes espaces vacants et improductifs, au moyen de semis et plantations ; que, de plus, elle a ouvert des routes plus nombreuses, amélioré les routes existantes, construit des maisons de gardes, opéré des assainissements ; que par là elle a créé des valeurs nouvelles et augmenté les valeurs anciennes ; que s'il est vrai que, d'après l'article 599 du Code civil, l'usufruitier n'a pas le droit de réclamer une indemnité pour ses améliorations, il est certain, d'un autre côté, qu'il est fondé à exciper de ces mêmes améliorations pour se défendre par voie de compensation contre une action en dommage et intérêts ; qu'il est juste, par conséquent, de faire entrer en ligne de compte les augmentations de valeur dont il s'agit ; qu'en tout cas elles sont une preuve des idées de bon père de famille qui ont dirigé la Liste civile pendant sa jouissance ;

« Par ces motifs,

« Est d'avis à l'unanimité,

« Qu'il y a lieu de ne pas donner suite aux réclamations dirigées contre la Liste civile de Louis-Philippe pour abus de jouissance dans les forêts affectées à cette Liste civile par la loi du 2 mars 1832, et de lever l'hypothèque administrative prise par le ministre des finances en garantie des dites réclamations. »

Paris, 24 mai 1851.

IX.

NOTICE HISTORIQUE

SUR LES TROIS DIVISIONS DE LA MANUFACTURE DE SÈVRES.

Porcelaine.

La céramique, connue des Gaulois, a été des siècles à s'élever à la hauteur d'un art. Les faïences émaillées des Maures d'Espagne, qui paraissent avoir été les premières fabriquées en Europe, datent au moins du xiiie siècle; mais ce n'est qu'au commencement du xve siècle, que Lucca della Robia découvrit et perfectionna la poterie à reliefs et à figures coloriées. Bernard de Palissy porta cet art à son apogée en 1580.

La porcelaine était connue en Chine et au Japon deux ou trois siècles avant l'ère chrétienne : lorsqu'elle parvint en Europe, elle y fut très-recherchée, et on s'efforça de l'imiter. La fabrique la plus ancienne qui soit connue maintenant remonte à 1673. Elle était établie à Rouen, en vertu de lettres-patentes de Louis XIV à un sieur Louis Poterat. On en a recueilli quelques produits qui, si je suis bien informé, doivent figurer aujourd'hui dans les collections du musée céramique de Sèvres. Quelques années après, en 1695, il y eut à Saint-Cloud, à Chantilly, à Orléans, à Villeroy, des manufactures où l'on fabriquait une imitation de la porcelaine chinoise. Bientôt il s'en établit de nouvelles à Arras, à Tournay, à Saint-Amand-des-Eaux. Leurs produits sont connus sous le nom de porcelaine tendre, frittée ou vitreuse.

Au commencement du xviiie siècle, le kaolin fut découvert en Saxe par un chimiste allemand nommé Bottger, et employé bientôt par lui pour fabriquer de la porcelaine dure, identique à la porcelaine chinoise. Quelques-uns attribuent à un autre chimiste allemand, nommé Tschirnhausen, la découverte de la composition de la véritable porcelaine.

En 1738, le marquis de Fulvy, gouverneur de Vincennes, établit dans le château, avec l'aide des frères Dubois et du sculpteur Henri Bulidon, une manufacture de porcelaine qui devint plus tard la propriété des fermiers généraux. Ceux-ci firent bâtir l'édifice qu'on voit aujourd'hui à Sèvres, et y transportèrent, en 1756, l'établissement de Vincennes. Louis XV acquit cette manufacture en 1760.

On ne fabriquait à Sèvres que de la porcelaine tendre. Le secret de la porcelaine dure, c'est-à-dire fabriquée avec du kaolin, fut apporté en France par un Strasbourgeois. D'abord on fit venir du kaolin du Palatinat : puis, en 1768, cette matière ayant été trouvée près de Saint-Yrieix, la manufacture de Sèvres prit une activité nouvelle et produisit des vases de porcelaine d'une grande perfection. D'habiles artistes concoururent à les embellir : Bouillat, Papette, Micaud, Pithou, peintres de fleurs ; Armand, Castel, peintres d'oiseaux ; Chalot, Laroche, peintres d'arabesques ; Rosset, Evans, peintres de paysages ; Dodin, Caton, peintres de figures ; Vincent, Girard, Leguay, doreurs. La révolution de 1793 porta un coup sensible à la manufacture de Sèvres : elle n'existait presque plus que de nom, et la fabrication allait toujours en s'abaissant, lorsqu'en 1801 le premier consul la réorganisa, et lui donna M. Brongniart pour directeur.

L'empereur Napoléon, les rois Louis XVIII et Charles X accordèrent de puissants encouragements à la manufacture de Sèvres, mais aucun de ces souverains n'a fait d'aussi grands sacrifices que le roi Louis-Philippe pour donner un brillant essor à l'art et à l'industrie céramiques. Aucun n'en fit de plus utiles : il suffit, pour s'en convaincre, d'indiquer quelques-uns des perfectionnements introduits à Sèvres, de 1830 à 1848, sous l'administration du savant M. Brongniart et de son digne adjoint et successeur, M. Ebelmen.

Calibrage. — L'exécution des assiettes par le procédé du calibrage date de 1839. On obtient par ce moyen des produits d'un façonnage beaucoup plus parfait et plus élégant. On commence à l'employer dans diverses manufactures, notamment chez M. Honoré, à Champroux.

Coulage des plaques. — Le coulage des plaques de porcelaine avait eu lieu à la vérité avant 1830, mais les plaques de très-grandes dimensions n'ont été exécutées que depuis cette époque.

Cuisson : four à deux étages. — La construction du four à deux étages date de 1842. La consommation du bois a été réduite, par l'emploi de ces fours, d'environ 18 pour 100.

Cuisson à la houille. — Les essais du procédé de cuisson de la porcelaine dure avec la houille n'ont été commencés qu'en 1849, mais ils avaient été arrêtés en principe depuis deux ans, et le four où ils devaient être faits était en reconstruction pour être approprié à cet usage lorsque la révolution de Février est survenue. M. Ebelmen, alors administrateur-adjoint de la manufacture de Sèvres, avait été envoyé à Noirlac (Cher), en juin 1847, pour y étudier ce procédé de cuisson.

A côté des noms des artistes de Sèvres de la fin du xviiie siècle que nous avons cités plus haut et dont tous les amateurs ont gardé le souvenir, l'époque de Louis-Philippe pourra placer avec avantage :

Parmi les figuristes : Madame Jaquotot, dont les travaux remontent jusqu'à l'empire ; madame Ducluseau ; MM. Béranger, Constantin.

Parmi les peintres de genre : Devely.

Parmi les fleuristes : MM. Jacobber, Schilt et Philippine.

Parmi les ornementistes : MM. Fragonard et Chenavard.

ET JUSTIFICATIVES. 313

Je terminerai par une simple comparaison de chiffres entre les dépenses faites dans l'intérêt de la manufacture de Sèvres par les divers gouvernements qui se sont succédé, en France depuis cinquante ans :

Par l'empereur Napoléon (année moyenne). 279,000 fr.

Par le roi Charles X. . . . . . id. 343,000

Par le roi Louis-Philippe. . . id. 402,000

N. B. Je n'ai pas établi le chiffre exact de l'époque de Louis XVIII, mais je suis en mesure d'affirmer qu'il est inférieur à celui du règne de Charles X. Pour accorder à cette comparaison sa véritable valeur, il faut se rappeler que les ressources de Louis-Philippe dépassaient à peine la moitié de celles de ses prédécesseurs.

Depuis l'établissement de la République, les ressources attribuées à la manufacture de Sèvres, ont été réduites, année moyenne, à moins de 307,000 fr.

Émaux.

On prétend qu'il y avait des émailleurs à Limoges dès les premiers siècles de l'ère chrétienne. On ne peut cependant en constater authentiquement l'existence dans cette ville qu'après l'an 600. La trace des émailleurs de Limoges se perd au vm^e et au ixe siècle. Au xie, on y retrouve l'art de l'émailleur entièrement uni à celui de l'orfévre. Au xiie, la réputation des émaux limousins est répandue en Angleterre et en Italie. Au xvi₆ siècle, l'art d'émailler prend une direction nouvelle et se place à côté de la peinture. Léonard et Jehan Limousin, Pierre et Jean Courteix firent de véritables tableaux aussi remarquables par la pureté du dessin que par l'harmonie des couleurs. Mais le plus fameux artiste en ce genre fut Jean Petitot, né à Genève en 1607, et à qui Louis XIV donna une pension considérable et un logement au Louvre.

Depuis cette époque l'art de l'émailleur avait pour ainsi dire cessé d'exister. C'est en 1845, sous le règne de Louis-Philippe, qu'il a été remis en honneur par la création d'un atelier spécial à la manufacture de Sèvres. Les premiers produits ont paru à l'exposition de 1846 des manufactures royales.

Le 1er janvier 1848, vingt-cinq pièces émaillées, coupes, vases et buires, avaient été fabriquées et bon nombre d'autres étaient entre les mains des préparateurs et des artistes.

Verrières.

L'usage des vitraux coloriés remonte jusqu'à l'antiquité. Vers 1052, il en existait au monastère de Sainte-Bénigne de Dijon qui passaient déjà pour très-anciens. Suger, abbé de Saint-Denis, orna l'église de son couvent de verrières qui représentaient différentes histoires de la Bible et les événements militaires de la première croisade. Au xiii₆ siècle, tous les efforts de la peinture se portèrent sur les vitraux.

Des vitraux de ce temps subsistent encore en assez grand nombre en France. On en voit dans les cathédrales de Chartres, de Sens, de Bourges, etc. Au xive siècle on confectionna des verrières de très-grande dimension, on utilisa la peinture sur verre pour la décoration des palais royaux, des hôtels des seigneurs, des maisons des riches bourgeois. La profession de verrier fut particulièrement encouragée en France pendant le moyen âge. Les peintres verriers tenaient le premier rang parmi les artistes, et ils étaient exempts de tailles, d'aides, de guet, de garde-porte, etc. Les rois Charles V, Charles VI, Charles VII et Charles IX leur accordèrent d'importants priviléges. En Normandie, la fabrication du verre était, au milieu du xve siècle, entre les mains de quelques familles nobles et anciennes. Antoine de Brossard, écuyer de Charles d'Artois, établit, par le privilége de ce comte, dans la forêt d'Eu, une verrerie que les Caqueray, les Bongars, les Levaillant exploitèrent longtemps avec succès. Au xvie siècle, la peinture s'éleva à un haut degré de perfection. Nicolas Pinaigrier, Jean Cousin, Bernard de Palissy, Angrand Leprince, produisirent des chefs-d'œuvre. L'Italie devint tributaire de la France; des verriers marseillais allèrent peindre à Rome les vitraux du Vatican et des plus riches églises. La peinture sur verre déchut au xviie siècle, bien qu'elle ait encore produit à cette époque des ouvrages importants dus à Perrin, à Gannat et à Michu. Mais au xviiie siècle la décadence est complète, c'est même plus que de la décadence. On avait cessé entièrement de cultiver cet art quand le goût s'en réveilla vers 1798. Les essais de M. Dihl et plus tard les efforts de quelques industries privées commencèrent à le remettre en honneur. Mais le grand et nouvel essor que l'art des verrières a repris en France est plus récent. Il prend date surtout de l'époque de Louis-Philippe, qui y a beaucoup contribué par les développements qu'il a donnés à l'atelier des vitraux peints à la manufacture de Sèvres. Cet atelier avait été créé en 1828 sous le roi Charles X, mais ses produits jusqu'au 31 juillet 1830 ne s'étaient élevés qu'à la somme de 11,550 francs. Sous le règne de Louis-Philippe, cent deux grandes fenêtres d'église ont été fabriquées sans compter les coupoles, rosaces et panneaux, et les produits peuvent être évalués à une valeur d'un demi-million environ.

X.

NOTE SUR LE MUSÉE CÉRAMIQUE DE SÈVRES.

Les 4,500 numéros nouveaux provenant de l'accroissement du musée céramique de Sèvres sous le règne de Louis-Philippe, ne s'appliquent pas tous à une seule pièce, mais quelques-uns comprennent une suite d'objets qui présentent entre eux une grande analogie.

Les acquisitions faites à titre onéreux se composent de poteries, porcelaines, faïences et verres antiques, de presque tous les pays du monde; elles proviennent principalement de la vente des cabinets des voyageurs célèbres ou d'achats faits sur place par des agents français.

Les articles les plus saillants de ces acquisitions sont 1° les poteries péruviennes antiques, acquises de M. d'Orbignes en 1834; 2° les poteries, faïences et verres recueillis en Hollande et à Francfort en 1835 par M. Brongniart; 3° les vases grecs, étrusques et autres acquis à la vente du cabinet Durand en 1836; 4° les poteries, faïences et verres rapportés d'Angleterre et d'Allemagne en 1836 par M. Brongniart; 5° les anciennes porcelaines de Saxe acquises par voie d'échange avec le musée de Dresde en 1837; 6° les porcelaines de la manufacture impériale de Pétersbourg (1839), en retour desquelles il a été envoyé un riche présent en porcelaine de Sèvres; 7° les acquisitions faites aux musées chinois et japonais de M. Deschaux, à Paris en 1842; 8° les porcelaines de la Chine acquises par échange de M. Houssaye en 1845 ; 9° les acquisitions faites à la vente du cabinet de Guignes en 1846; 10° celles des faïences de Nevers en 1847, du cabinet de M. Grasset, de la Charité-sur-Loire; 11° les faïences italiennes du xvie siècle achetées à la vente de Delange en décembre 1847.

Cette énumération montre tout l'intérêt que portait le roi Louis-Philippe à l'accroissement du musée céramique.

Le musée de Sèvres a fourni à MM. Brongniart et Riocreux le texte d'une publication importante qui a reçu du roi Louis-Philippe une subvention de 10,200 fr.

On doit mentionner, enfin, parmi les encouragements accordés par la Liste civile à la science et à l'industrie, l'entretien pendant seize ans à la manufacture de Sèvres d'un chimiste spécialement chargé de l'analyse et de l'essai de tous les produits céramiques. MM. Laurent, Malaguti, Salvetat, ont occupé successivement ce poste, et ils ont fait pendant cette période, sous la direction de M. Brongniart, un nombre considérable d'expériences dont les résultats importants sont consignés dans le Traité des arts céramiques.

XI.

ÉPISODE, EN ANGLETERRE,
RELATIF AUX CRÉANCIERS DU ROI LOUIS-PHILIPPE. —
PROCÈS ET CORRESPONDANCE.

La calomnie vaincue en France, et, j'oserai le dire, condamnée au silence par l'évidence des faits que j'avais groupés et mis en lumière, s'était réveillée en Angleterre, poursuivant Louis-Philippe jusque dans son exil. Un sieur Lakeman, traduit devant la cour des banqueroutes à Londres, n'avait pas craint de le mettre en cause en l'accusant d'avoir voulu spéculer sur la détresse de ses créanciers après la révolution de février. Tout l'échafaudage de cette accusation reposait sur un fait : le sieur Lakeman avait eu avec M. le général de Rumigny, aide de camp du roi, certaines relations dont il avait su habilement profiter en trompant la bonne foi de ce brave officier. Quelques journaux anglais, ennemis irréconciliables d'un prince dont les conquêtes pacifiques n'avaient cessé d'agrandir au dehors l'influence morale de la France, quelques journaux français, heureux de rompre un silence qu'on pouvait prendre pour un aveu ou un remords, s'étaient faits l'écho de cette calomnie qui se produisait dans l'enceinte même de la justice. Le *Journal des Débats*, et après lui un grand nombre de journaux français et anglais, voulurent bien accueillir une réfutation qui devait avoir le même succès que la première. Elle est trop intimement liée à l'appréciation du règne et du caractère de Louis-Philippe pour que nous ne l'insérions pas ici comme un complément naturel de notre œuvre.

A M. le Rédacteur en chef du Journal des Débats.

Paris, 21 décembre 1850.

« Monsieur,

« Sur la foi d'un sieur Lakeman, cité devant la cour des banqueroutes à Londres, plusieurs journaux se sont efforcés d'établir qu'après la révolution de février, le roi Louis-Philippe se serait associé directement ou indirectement à une spéculation ayant pour but de racheter à 40 pour 100 de perte les nombreuses créances qui pesaient, en 1848, sur son domaine privé.

« Le dédain des calomnies a bien mal réussi au roi Louis-Philippe pendant sa vie ! Malgré le dégoût que j'éprouve à me baisser pour combattre, je n'hésite donc pas, après sa mort, à écraser sous le témoignage irrécusable des faits cette nouvelle et odieuse invention.

« Au milieu du mois d'avril 1848, un envoyé de M. le général de Rumigny vint me demander communication de la liste des créanciers du roi et du montant de leurs créances;

il agissait, disait-il, au nom d'une société dont le général faisait partie, et qui se proposait de racheter les dettes du roi. Je lui refusai toute espèce de renseignements, et je m'empressai d'écrire au roi pour l'informer d'une démarche que réprouvaient à la fois ma conscience, et surtout les instructions précises qui m'avaient été envoyées de Claremont. La réponse du roi ne se fit pas attendre; je lis dans une lettre de lui, du 30 avril 1848 : « Quant à la spéculation « sur les dettes, dont on vous a entretenu, je vous prie de « la désavouer nettement et positivement. » Le roi crut et dut croire que M. le général de Rumigny, sévèrement averti par lui, s'empresserait d'abandonner une affaire à laquelle il n'aurait jamais dû prêter un nom tel que le sien.

« Dès son arrivée en Angleterre, le roi m'avait autorisé à engager sa parole pour le paiement intégral, et aussi prochain que possible, de toutes ses dettes régulièrement constatées. Pour me conformer à ses ordres, je ne perdis aucune occasion d'inviter les créanciers à se refuser absolument à toutes négociations de leurs titres. J'insistai surtout près d'eux, pendant les six premiers mois qui suivirent le 24 février. C'était l'époque où la stagnation complète des affaires, et la crainte toute naturelle d'une confiscation possible des propriétés de la famille royale, auraient pu les rendre plus accessibles aux suggestions des spéculateurs.

« La parole royale fut donnée, les créanciers s'y confièrent, pas un n'aliéna ses titres.

« C'est du mois d'avril au mois d'août 1848 que furent

ET JUSTIFICATIVES. 323

signés les deux actes par lesquels M. le général de Rumigny livra son nom à la double spéculation du sieur Lakeman. Examinons quelle fut, à ces mêmes époques, relativement aux créanciers de l'ancienne Liste civile et du domaine privé, la pensée constante du roi Louis-Philippe, formulée dans ses notes, dans ses lettres, dans ses actes.

« Le 2 avril 1848, je recevais des instructions générales dictées par le roi au général Dumas. J'en extrais le paragraphe suivant : « Le roi est prêt à tout, soit qu'il convienne « d'abandonner l'usufruit aux créanciers jusqu'à l'extinc- « tion de leurs créances reconnues légitimes, soit qu'il faille « vendre, pour les solder, une partie du domaine privé, après « accord, à cet effet, entre l'usufruitier et les nu-proprié- « taires. » En effet, le roi recherchait incessamment, d'accord avec les princes ses fils, les combinaisons les plus propres à donner une valeur plus certaine et par conséquent plus grande à ces mêmes créances qu'on devait l'accuser plus tard d'avoir voulu racheter à vil prix. C'est dans ce but que tous les membres de la famille royale avaient posé entre eux les bases d'un acte authentique destiné à engager au profit des créanciers une masse de bien que le droit commun mettait en dehors de leurs atteintes. Le roi m'écrivait à ce sujet le 22 juillet 1848 :

« Mon cher comte, je partage entièrement votre opinion « sur les arrangements à faire avec les créanciers. Je pense « qu'il faut, avant tout, déclarer très-catégoriquement que « nous n'entendons point nous prévaloir de l'acte de dona- « tion du 7 août, pour soustraire à leur action les biens

« dont elle transmet la nue propriété à mes enfants, et
« qu'au contraire, nous sommes prêts à leur donner des
« hypothèques sur ces biens, même à consentir des ventes,
« si cette triste mesure devenait nécessaire. J'ai l'assenti-
« ment de mes enfants sur ce point, et je réponds de leur
« concours. Vous pouvez le déclarer très-positivement.

« Quant à tous mes usufruits, je ne demande d'autre ré-
« serve que celle d'une provision suffisante pour ma famille
« et pour moi, dont le montant sera stipulé de commun
« accord, et j'abandonnerai l'excédant aux créanciers pen-
« dant autant d'années que cela sera nécessaire pour ter-
« miner la liquidation complète de toutes les créances qui
« auront été reconnues légitimes par l'autorité compétente
« et par nous. Mais nous ne pouvons pas admettre comme
« telles celles reconnues par des arrêtés du gouvernement,
« des décisions ministérielles, etc. Nous réclamons la loi
« commune et les tribunaux ordinaires, rien de plus, rien
« de moins.

« Quant aux aliénations, loin de désirer de convertir nos
« biens en capitaux disponibles, nous voulons au contraire
« ou les éviter totalement, ou au moins les restreindre à
« celles que la liquidation rendrait indispensables dans l'in-
« térêt des créanciers. »

« Un mois ne s'était pas écoulé que la pensée constamment
poursuivie par le roi depuis les premiers jours de son exil
se formulait dans un acte authentique dont l'envoi m'était
annoncé par la lettre suivante :

« Claremont, 16 août 1848.

« Je vous envoie un acte notarié par lequel mes fils enga-
« gent, envers les créanciers de la Liste civile et de mon do-
« maine privé, les biens, immeubles, dont la nue propriété
« leur a été acquise par la donation du 7 août. Ils m'ont fait
« ce sacrifice avec ce dévouement et cette piété filiale dont
« ils m'ont donné tant de preuves, afin de m'aider à ac-
« quitter des dettes que je n'ai pas contractées par caprice
« ou par prodigalité, mais dans l'intérêt public, et pour sub-
« venir aux dépenses des améliorations de tout genre que
« j'ai faites au domaine de la couronne.

« Mes enfants ont partagé le vœu de mon cœur, pour
« atténuer les souffrances de mes créanciers autant que le
« permettent les ressources qui nous restent. Privé depuis
« six mois de toute action sur mes revenus personnels,
« comme tous les miens sur les leurs ; ignorant même, non-
« seulement quels sont leurs produits, mais l'usage qu'on
« en fait sous le séquestre dont on les a frappés indistincte-
« ment, il n'a pas dépendu de moi d'empêcher l'interruption
« des paiements progressifs que je faisais faire régulière-
« ment à mes créanciers avant le 24 février. Mais j'espère
« que l'engagement que prennent mes fils et les garanties
« hypothécaires qu'ils accordent, donneront assez de crédit
« à mes créanciers pour les préserver du malheur (qui en
« serait un de plus pour moi) de se trouver hors d'état de
« faire honneur à leurs affaires. C'est une de mes peines les
« plus douloureuses, que celle de voir tant d'hommes hono-
« rables menacés dans leurs plus chers intérêts, pour avoir

« mis leur confiance en moi ! Je vous charge de le leur
« témoigner de ma part, et de leur dire, en les remerciant
« des bonnes dispositions qu'ils n'ont cessé de me montrer,
« qu'ils me trouveront toujours prêt à les accueillir et à les
« seconder autant que cela dépendra de moi. »

« Bientôt après, les créanciers, ayant pris en assemblée générale connaissance de la lettre du roi du 16 août et de l'acte notarié qui l'accompagnait, s'exprimaient ainsi : « Lesdits créanciers, pénétrés d'une respectueuse reconnaissance, et en quelque sorte autorisés, n'hésitent pas, pour atteindre le but que se proposent le comte de Neuilly et les princes ses fils, à soumettre les propositions suivantes qui, si elles étaient acceptées, formeraient un engagement réciproque. » Puis venait une suite d'articles dans lesquels les créanciers autorisés par le roi, suivant leur propre expression, rappelaient que leurs augustes débiteurs s'engageaient à payer intégralement toutes les dettes de l'ancienne Liste civile et du domaine privé dans un délai de cinq années, avec des intérêts à 5 pour 100.

« En face des lettres du roi que je viens de citer et de l'acte authentique qui les résume ; en face de l'augmentation de valeur donnée aux créances par le débiteur lui-même, et de l'expression touchante de la reconnaissance des créanciers ; en face de tous ces faits qui se pressent entre les deux dates d'avril et d'août 1848, que devient la prétendue spéculation que les calomniateurs infatigables et intéressés osent imputer au roi Louis-Philippe, dans le moment même où il s'imposait les plus grands sacrifices pour l'acquittement de ses dettes?

« Plus tard, après comme avant l'acte notarié souscrit par les princes, les mandataires de la famille royale ne cessèrent, pas plus que M. Vavin, liquidateur général, de prémunir les créanciers de l'ancienne Liste civile et du domaine privé contre les tentations de tous les spéculateurs de rachats. C'est ainsi que M. Dupin écrivait, le 23 décembre 1848, dans le *Journal des Débats :* « Je me joins à M. le liquidateur général pour donner à ces créanciers l'assurance qu'ils seront intégralement payés. Ma certitude, à cet égard, a pour base la loyauté des débiteurs, l'importance du gage qui est infiniment supérieur au chiffre des dettes, et l'empressement avec lequel tous les membres de la famille d'Orléans m'ont adressé leurs pouvoirs, pour ajouter à la sécurité des créanciers, en leur accordant hypothèque sur des biens dont ils étaient devenus propriétaires avant l'époque où les dettes dont il s'agit ont pris naissance. Les princesses ont même déclaré qu'elles consentaient toute priorité sur leurs reprises et conventions matrimoniales, en faveur des créanciers. »

« De leur côté, les créanciers n'ont pas cessé de professer les sentiments de la plus vive reconnaissance pour le roi exilé. Il y a un mois à peine, ils se réunirent et s'exprimèrent ainsi dans une lettre adressée par leurs commissaires délégués, non au mandataire de la famille royale, non à l'administrateur du domaine privé, mais à M. Vavin, représentant du peuple et préposé au séquestre par le gouvernement de la république dès les premiers jours qui ont suivi la révolution de Février.

« Confiants en de royales promesses, nous avons préféré tous faire des sacrifices, *et tous, sans exception, nous sommes restés possesseurs de nos titres.* Ce fait, nous le savons, a été bien sensible au roi Louis-Philippe, qui vient de mourir, hélas! avant que nous ayons pu lui adresser nos respectueux remerciements. Nos regrets resteront fidèles à sa mémoire; nous ne pouvons oublier que dans l'exil, alors que ses biens étaient séquestrés, il poussa la grandeur et la générosité jusqu'à vouloir nous tenir compte des intérêts des sommes qu'il nous devait, même au delà des délais fixés par le décret du 25 octobre 1848. »

« Les commissaires délégués des créanciers du roi Louis-Philippe.

« Roussel,

« Ancien juge au tribunal de commerce,

« Ouachée, Broust. »

« On le voit, les faits seuls suffisent, aujourd'hui comme hier, à venger d'odieuses calomnies la mémoire du roi Louis-Philippe.

« Veuillez agréer, monsieur le Rédacteur, l'assurance de ma considération la plus distinguée.

« Montalivet. »

Le *Journal des Débats* contenait, dans le même numéro, une lettre des créanciers de Louis-Philippe, représentés par leurs commissaires. « Ces deux lettres, ajoutait le rédacteur en chef, roulent sur les mêmes faits et se confondent par leur exactitude même. Nous ne croyons pas moins devoir les insérer l'une et l'autre. La démonstration de la vérité acquiert ainsi une double force à laquelle nous sommes heureux de prêter l'aide de notre publicité. »

Nous croyons devoir publier à notre tour la lettre des créanciers, comme une confirmation nouvelle et définitive de tout ce que nous avons avancé. En voici le texte :

A M. le Rédacteur en chef du Journal des Débat.

Paris, 19 décembre 1850.

« Monsieur,

« On lit dans un journal, sous la rubrique de Londres, un fait dénaturé, dans l'intention de faire comprendre que le roi Louis-Philippe aurait voulu, par l'entremise d'une maison de banque organisée à Londres, racheter ou faire racheter à vil prix les titres des créances qu'il avait laissées en France, soit pour sa Liste civile, soit pour ses domaines privés.

« Commissaires délégués, nous venons, au nom de *tous les créanciers* du roi, donner à cette machiavélique insinuation le démenti le plus formel.

« Nous regardons comme un devoir de faire connaître que, dès les premiers moments de son séjour en Angleterre, le roi, par ses mandataires, n'a cessé de nous faire comprendre que nous devions rester possesseurs de nos titres, et que, pour nous couvrir des sacrifices que nous étions forcés de faire, il a voulu que les intérêts des sommes qu'il nous devait partissent du 1er mars 1848.

« Nous devons ajouter que, pour donner plus de valeur à nos titres, il nous fit même spontanément l'offre d'une hypothèque générale sur la totalité de ses biens, en y comprenant même ceux dont il avait disposé en faveur de ses enfants, par la donation du 7 août 1830.

« Nous sommes heureux de pouvoir dire ici, en témoignage de reconnaissance, que les princes, ses fils, se sont empressés d'abandonner leurs droits, en consentant cette hypothèque, qui dès lors assura l'intégrité des sommes qui nous étaient dues.

« Le contrat arrêté dans le courant du mois d'août, par lequel le roi et les princes s'engagent à payer toutes les créances, en tenant compte des intérêts, est la meilleure réponse que l'on puisse faire à des insinuations calomnieuses. L'original de ce contrat est entre nos mains, nous regrettons que son étendue ne nous permette pas de le transcrire en entier.

« Si quelques faiseurs d'affaires ont cherché à exploiter la fâcheuse position dans laquelle les événements nous avaient placés, nous devons aux recommandations réitérées du roi d'avoir échappé à leur avidité, et il est fâcheux, si le fait est vrai, qu'un nom honorablement connu se trouve mêlé à ceux des spéculateurs peu scrupuleux qu'a dû faire surgir l'appât d'une liquidation de 30 millions de francs.

« La lettre de remerciements que nous avons eu l'honneur d'adresser à M. le liquidateur général de la Liste civile et des domaines privés semblait prévoir l'odieuse calomnie que nous repoussons. Elle dit en parlant des créanciers : « Nous avons préféré tous faire des sacrifices, et tous, sans exception, nous sommes restés possesseurs de nos titres. Ce fait, nous le savons, a été bien sensible au roi Louis-Philippe, qui vient de mourir, hélas ! avant que nous ayons pu lui adresser nos respectueux remerciements. »

« Cette lettre à M. le liquidateur général porte la date du 10 novembre 1850, jour où elle lui fut remise.

« Dans l'intérêt de la vérité, nous vous prions, monsieur le Rédacteur, de vouloir bien insérer cette lettre dans l'un de vos plus prochains numéros.

« Les commissaires délégués des créanciers de la Liste civile
et des domaines privés du roi,

« T. Roussel, Ouachée, Broust. »

Les deux lettres qui précèdent ne pouvaient donner lieu à aucune incertitude, à aucune équivoque. En Angleterre, comme en France, la calomnie fut vaincue et condamnée à s'incliner devant la mémoire de Louis-Philippe.

XII.

ÉVALUATION DES DÉVASTATIONS
QUI ONT EU LIEU DANS LE DOMAINE PRIVÉ DE LOUIS-PHILIPPE,
LE 24 FÉVRIER 1848.

Pendant trente années, prince ou roi, Louis-Philippe s'était plu à embellir par de grands travaux le Palais-Royal et le château de Neuilly. Quelques heures ont suffi à la démagogie triomphante pour anéantir l'œuvre bienfaisante de tant d'années.

Je me propose de faire connaître en chiffres la valeur approximative de cette immense destruction.

Ce sera encore un hommage rendu à la mémoire de Louis-Philippe : ce sera un nouvel enseignement pour la France.

Pour plus de clarté, j'ai divisé cette espèce d'inventaire des pertes du domaine privé pendant la journée du 24 février 1848 en six catégories ainsi classées :

1. Bâtiments.   4. Mobiliers.
2. Objets d'art.   5. Écuries.
3. Bibliothèques.   6. Caves.

ET JUSTIFICATIVES. 333

PREMIÈRE CATÉGORIE. — BATIMENTS.

Trois résidences royales, les Tuileries, le Palais-Royal et Neuilly ont été envahies par les *vainqueurs* du 24 février. Dans aucune d'elles les œuvres de l'architecture n'ont été respectées : toutes ont vu leurs bâtiments plus ou moins saccagés. Mais dans le compte que nous nous proposons d'établir, nous ne devons faire entrer, en ce qui concerne du moins la catégorie des bâtiments, ni les Tuileries, ni le Palais-Royal. Le palais des Tuileries a fait de tout temps partie de la dotation de la couronne, et par conséquent du domaine de l'État. Il en est de même, mais à un autre titre, des bâtiments du Palais-Royal. Le Palais-Royal a fait retour à l'État en 1830, à la charge du paiement par le Trésor public des indemnités actuellement exigibles qui ont été prévues et stipulées en principe par les lettres-patentes de 1692 (art. 4 de la loi du 2 mars 1832), et qui ont été réglées au moyen d'une expertise contradictoire sous l'administration de M. Humann, ministre des finances.

Les bâtiments de Neuilly sont donc les seuls dont la valeur doive être portée au compte des pertes du domaine privé.

Ce château, résidence favorite de Louis-Philippe, a été incendié et ruiné de fond en comble. Il n'est pas destiné à revivre. Les exécuteurs testamentaires du feu roi poursuivent en ce moment la vente de ce qui reste de ses bâtiments, de son parc et de ses îles, pour acquitter une partie des dettes contractées par ce prince au nom de la mission royale qui lui avait été imposée. Bientôt ce souvenir des trente années de l'existence de Louis-Philippe en France aura disparu. Nous avons cru devoir en conserver au moins une trace, en plaçant à la fin de ce volume un plan du château de Neuilly tel qu'il était en 1848, au moment où la main de la démagogie s'est appesantie sur lui : les parties détruites ou saccagées y sont représentées par deux teintes différentes.

Les appartements occupés par la famille royale y sont indiqués par des annotations claires et précises.

Enfin chaque évaluation partielle nous permettra de rappeler par quelques détails la physionomie des principaux appartements de ce château que l'historien se proposera plus d'une fois de reconstruire par la pensée.

Mgr le duc de Montpensier habitait en dehors du château principal, et dans le parc, le pavillon de Wurtemberg, qui avait conservé le nom d'une princesse dont la mémoire rappelle les plus touchants souvenirs. Ce pavillon a échappé par hasard à la rage des bandes démagogiques qui n'y pénétrèrent pas : il est resté intact.

Mgr le duc d'Aumale habitait à l'extrémité inférieure du parc, au château de Villiers; ce château a été incendié et entièrement détruit.

ET JUSTITICATIVES.

Bâtiments incendiés et entièrement détruits.

Grand château.

Après avoir traversé la cour d'honneur, on se trouvait en face d'un porche d'ordre dorique grec au-dessus duquel étaient sculptées les armes de la maison d'Orléans, et qui donnait entrée dans la grande antichambre des valets de pied. — A droite et à gauche régnait un double portique du même ordre, qui servait à mettre en communication les ailes latérales du château.

Total de l'estimation du porche milieu et des deux galeries............ 111,840 fr. » c.

Après le péristyle venaient deux antichambres. La première (n° 1 du plan), celle des valets de pied, était décorée dans le style de Louis XIV, et la seconde (n° 2), celle des valets de chambre, était ornée de colonnes en stuc d'ordre ionique.

Total pour les deux antichambres... 98,464 50

Venait ensuite le salon des étrangers (n° 3 du plan), qui prenait toute la largeur du château. Son magnifique

A reporter.... 210,304 fr. 50 c.

Report......	210,304 fr. 50 c.

plafond, son parquet en marqueterie, les sculptures, les arabesques et les dorures dont il était couvert, ses dimensions enfin en faisaient une salle remarquable sous tous les rapports. Il était spécialement destiné aux audiences.

Salon des étrangers.............	130,868	»

La salle de billard (n° 4 du plan), richement décorée, était placée entre le salon des étrangers et le grand salon de réception. La famille royale s'y réunissait souvent après le dîner, surtout dans les premières années qui ont suivi 1830.

Salle de billard.................	45,888	»

Le salon de réception (n° 5 du plan), décoré d'un ordre corinthien, était la plus grande et la plus belle pièce du château. Ses lambris étaient en stuc précieux; ses voussures et son plafond étaient ornés de peintures et de sculptures dorées; c'est dans ce salon que se réunissait chaque soir la famille royale

A reporter......	387,060 fr. 50 c.

ET JUSTIFICATIVES. 337

Report...... 387,060 fr. 50 c.

tout entière. Le roi et les princes s'entretenaient avec les visiteurs pendant que la reine et les princesses, assises autour d'une table, travaillaient à des ouvrages précieux, destinés pour la plupart à des œuvres de charité. — On pouvait admirer dans le salon de réception une magnifique mosaïque représentant le temple de Pestum : elle avait été donnée en présent par S. S. le pape Grégoire XVIII à la reine Marie-Amélie. Cette vaste mosaïque, ouvrage d'art inappréciable, a été sauvée en grande partie. Les belles mosaïques, présent du roi de Naples, qui décoraient la cheminée, ont été complétement brisées et détruites.

Salon de réception............... 170,578 »

A côté du salon de réception s'ouvrait une pièce servant de bibliothèque (n° 6 du plan), qui contenait un grand nombre d'ouvrages de prix.

Pièce servant de bibliothèque...... 31,330 50

A reporter...... 588,969 fr. » c.

Appartement de la Reine.

Report......	588,969 fr.	» c.

Le salon de la reine ou de famille (désigné sur le plan par la lettre *a*), était orné de tous les portraits des princes et princesses. C'est dans ce salon, sur un grand divan adossé à la chambre de la reine, que le roi allait prendre place toutes les fois que les personnages politiques admis aux soirées de la famille royale réclamaient de lui une conversation particulière. Cette pièce communiquait avec le grand salon, la bibliothèque et l'appartement de la reine.

Salon de la reine, ou de famille..... 45,888 »

La vaste et belle chambre à coucher de la reine (lettre *b* sur le plan), à la suite du salon de famille, était richement décorée dans le style de Louis XV. Elle avait vue par deux fenêtres sur la grande pelouse du parc et par une fenêtre latérale sur un berceau de verdure où les princes et les princesses,

A reporter....... 634,857 fr. » c.

Report......	634,857 fr.	» c.

enfants, avaient joué sous les yeux de leur auguste mère. Ces vues faisaient de cette pièce une des plus agréables du château, et celle que la reine affectionnait le plus. Vers le fond de la chambre à coucher, à gauche, s'ouvrait un petit salon (lettre *c* sur le plan), visité souvent par la reine : c'est là qu'était déposée, à côté des couronnes décernées aux princes, pendant le cours de leurs études dans les colléges de Paris, la couronne offerte au roi, alors duc de Chartres, par la ville de Vendôme, témoin de son courage et de sa générosité.

Enfin, à côté de cette pièce était une charmante salle de bains (lettre *d* sur le plan), décorée avec un goût exquis par Lafitte.

Chambre à coucher de la reine, dépendances et accessoires............	131,064	»

Aile gauche.

Le rez-de-chaussée de cette aile contenait une vaste salle à manger décorée

A reporter......	765,921 fr.	» c.

Report...... 765,921 fr. » c.

avec une magnificence toute royale : ses faces latérales étaient ornées de peintures représentant les fleurs et les oiseaux des différents pays de la terre avec des encadrements allégoriques. A la suite se trouvait la chapelle restaurée et agrandie depuis 1830, et plus loin une petite galerie en pierre reliant l'aile gauche avec l'aile dite des Princes.

Total pour l'aile gauche.......... 429,600 »

Bâtiment d'aile dit des Princes.

Ce bâtiment, indiqué sur le plan par le nom de Mgr le duc de Nemours, était affecté dans toute son étendue à l'habitation de ce prince, de madame la duchesse de Nemours et de leurs enfants. Il était clos à son extrémité, du côté de la cour du petit château, par le jardin des petits princes. La décoration intérieure de ce bâtiment était des plus remarquables. Les principales pièces étaient revêtues de lambris et de portes en bois indigènes, avec in-

A reporter...... 1,195,521 fr. » c.

ET JUSTIFICATIVES.

Report...... 1,195,521 fr. » c.

crustations d'arabesques en bois précieux des îles : un grand nombre de panneaux étaient ornés par de belles peintures à l'huile faites sur glace.

Total pour le bâtiment d'aile dit des Princes. .... 486,795 »

Pagode du prince de Joinville.

Cette tour ou pagode s'élevait à l'une des extrémités du petit jardin de Mgr le duc de Nemours. Elle faisait partie des appartements de Mgr le prince de Joinville, situés au premier étage dans le bâtiment dit de la pagode. Son architecture, dans le style de la renaissance, et la richesse de son ornementation intérieure et extérieure en faisaient un petit monument remarquable.

Le comble était de forme pyramidale et contenait un indicateur des vents avec une boussole................ 56,000 »

A reporter...... 1,738,316 fr. » c.

Bâtiment dit de la Pagode,
faisant face à la cour du petit château.

Report...... 1,738,316 fr. » c.

Ce bâtiment comprenait les appartements de LL. AA. RR. le prince et la princesse de Joinville et leurs enfants. Les pièces principales étaient revêtues de lambris, de voussures et de plafonds en chêne; les panneaux de ces lambris étaient décorés de tableaux de marine et placés en partie sous glaces....... 120,080 »

Les autres parties du château incendiées et complétement détruites, autres que celles désignées ci-dessus, renfermaient des appartements de maîtres, des dépendances de toute sorte, des magasins, les offices et les cuisines. La perte de leur ensemble a été élevée à.................................... 585,050 »

MAISON HOLLANDAISE DANS LE PARC.

C'était une fort belle fabrique située sur les bords de la Seine............ 75,600 »

A reporter...... 2,519,046 fr. » c.

CHATEAU DE VILLIERS.

Report...... 2,519,046 fr. » c.

Le château de Villiers, demeure de Mgr. le duc et de Mme la duchesse d'Aumale, était orné de sculptures à l'extérieur, et richement décoré à l'intérieur : il a été estimé à.................... 348,750 »

BATIMENTS SACCAGÉS.

Aile droite du grand château.

Cette aile, qui comprenait l'appartement personnel du roi, celui de S. A. R. Madame Adélaïde et la salle du conseil, n'a pas été incendiée, mais elle a été saccagée au point qu'il n'y est pas resté une porte, une croisée, une cheminée, une glace intactes.

Nous avons indiqué sur le plan par la lettre P la place qu'occupait le cabinet du roi. C'est là que Louis-Philippe passait la plus grande partie de ses journées. Cette pièce était l'une des plus modestes du château, et ne se distinguait

A reporter...... 2,867,796 fr. » c.

Report...... 2,867,796 fr. »» c.

des autres que par le grand nombre de souvenirs de famille anciens et nouveaux, qu'il y avait réunis.

Petit château.

Le petit château de Neuilly était consacré à l'habitation de S. A. R. Mme la duchesse d'Orléans et de ses augustes enfants, le comte de Paris et le duc de Chartres. Il a été saccagé comme l'appartement du roi. On peut voir encore dans le voisinage du petit château, le jardin particulier de Mgr. le comte de Paris. Le jeune prince y a souvent travaillé sous la direction de M. Mathieu, jardinier, qui lui enseignait l'horticulture. Ce jardin contient encore des modèles de construction pour les fortifications, les canaux, les écluses de navigation, etc. Les matériaux préparés pour ces constructions étaient placés par le jeune prince sous la direction d'un appareilleur chargé de lui donner des leçons.

A reporter...... 2,867,796 fr. »» c.

Report......	2,867,796 fr.	» c.

Le petit monument, en pierre et en marbre, de Diane de Poitiers; la serre chaude, divers pavillons et fabriques du parc ont été également visités par les démolisseurs.

Total des dévastations dans les bâtiments saccagés...................	95,000	»
Enfin les châteaux de Neuilly et de Villiers contenaient 514 glaces de toutes grandeurs; pas une seule n'a échappé. Elles ont été évaluées ensemble à....	102,450	»
Évaluation totale des bâtiments incendiés, entièrement détruits ou saccagés par les bandes du 24 février (1re catégorie).........................	3,065,246	»

Cette évaluation a été établie par M. Lefranc, architecte du domaine privé. M. Labrouste, architecte du gouvernement délégué par la commission des dommages et par M. le ministre de l'intérieur, en a contrôlé tous les détails.

DEUXIÈME CATÉGORIE. — OBJETS D'ART.

Les objets d'art qui garnissaient en si grand nombre le Palais-Royal et le château de Neuilly appartenaient tous au Domaine privé.

Parmi ceux qui décoraient les Tuileries, presque tous faisaient partie des collections de la Couronne et appartenaient par conséquent à l'État. Le roi n'y possédait à titre privé qu'un certain nombre de portraits de famille placés dans le salon qui précédait son grand cabinet et quelques souvenirs de famille disséminés dans ses appartements intérieurs.

Il n'en existe pas une énumération suffisamment exacte : les pertes en objets d'art que le roi a faites aux Tuileries ne figureront donc ici que pour mémoire. Je me bornerai à donner le triste et douloureux détail de toutes les pertes faites par les arts, autant que par le Domaine privé, au Palais-Royal et dans le château de Neuilly. La liste en sera longue; mais j'ai cru devoir la consigner ici avec les noms glorieux ou modestes des artistes, et le sujet de chacune de leurs œuvres : Louis-Philippe avait voulu perpétuer le souvenir de ces noms et de ces œuvres en leur ouvrant l'entrée de ses galeries. En les inscrivant sur le registre des destructions du 24 février, je poursuivrai l'accomplissement de cette généreuse pensée autant que l'aura permis l'invasion des Barbares.

TABLEAUX DÉTRUITS

PALAIS-ROYAL

AUTEURS.	SUJETS DES TABLEAUX.
1. Abel de Pujol.	César le jour où il fut assassiné.
2. Alaux.	Cadmus combattant le dragon.
3. Albrier.	Portrait de la duchesse du Maine.
4. »	» Henri II en pied, petit.
5. »	» Henri II, buste.
6. »	» Louis XIII en pied, petit.
7. Barbier.	Le Château de Randan.
8. »	Un Réfectoire de couvent de femmes.
9. Barker.	La Mort de Louis XIV.
10. Bellangé.	Le Déjeuner au camp.
11. Béranger.	Jeune Fille allant puiser de l'eau.
12. Berré.	Une Lionne et ses petits.
13. Biefre (de).	S. M. la Reine des Belges en pied, petit.
14. »	S. M. le Roi des Belges en pied, petit.
15. Boilly.	Intérieur de café sur le boulevard.
16. Bonnefond.	Pèlerine secourue par des religieux.
17. Blondel.	Philippe-Auguste à la bataille de Bouvines.
18. Bonnington.	Une Marine (aquarelle).
19. »	Le Tombeau de saint Omer (aquarelle).
20. Bouhot.	L'Escalier du Palais-Royal en 1818.
21. Bouton.	La Fontaine de Siloé près Jérusalem.
22. »	Un Moine.
23. »	Le Calvaire de Saint-Roch (sepia).
24. Burtel.	Vue de la ville d'Eu (fixé sur verre).
25. »	Vue du pont de Neuilly.

TABLEAUX DÉTRUITS. — PALAIS-ROYAL.

AUTEURS.	SUJETS DES TABLEAUX.
26. Callow (W.).	Une Marine (aquarelle).
27. Canella.	Quatre vues de Paris dans le même cadre.
28. Carelli.	Paysage et animaux.
29. »	Paysage et eaux.
30. Champein.	La Vallée de Barèges (aquarelle).
31. Cogniet (Léon).	Capucin méditant pendant l'orage.
32. Corneille de Lyon.	Portrait du connétable de Montmorency.
33. »	Portrait d'Antoine de Bourbon, petit buste.
34. Couder.	La Victoire de Marathon.
35. Crépin.	La Vue du cap Nord en Norvége.
36. Daniell (William).	Le Château de Windsor.
37. »	Lock Cornisk, marine (sepia).
38. »	Le Château de Banffshire.
39. Decaisne.	Portrait du duc d'Orléans en artilleur, en pied.
40. »	Portrait de madame la princesse Clémentine, buste.
41. Delacroix.	Le Cardinal de Richelieu disant la messe.
42. Debay.	Proclamation de la patrie en danger.
43. Delorme.	L.-P.-J. duc d'Orléans, portrait en pied.
44. Demanville.	Paysage.
45. Deveria.	Refus de rendre la liberté à Broussel.
46. »	Bal donné à Christian VII au Palais-Royal.
47. Drolling.	Donation du Palais-Royal à Louis XIII.
48. Duplessis.	Portrait d'Adélaïde de Bourbon, buste.
49. Fielding (N.).	Une Barque à sec (sepia).
50. Fleury (Robert).	Le Conseil de régence au Palais-Royal.
51. Fontaine.	Quatorze sujets de l'Histoire du Palais-Royal (aquarelles).

ET JUSTIFICATIVES.

TABLEAUX DÉTRUITS. — PALAIS-ROYAL.

AUTEURS.	SUJETS DES TABLEAUX.
52. Fontaine.	Deux vues de Randan, même cadre (aquarelles).
53. Garneray (H.).	Retour d'une promenade sur l'eau.
54. Gassies.	L'Église de Saint-Pierre près Calais.
55. »	Dissolution du Tribunat.
56. »	Une Marine (sepia).
57. Génod.	Une Cuisinière.
58. Gérard.	La Reine en buste.
59. »	Le Roi en buste.
60. »	Le Roi en colonel général de hussards, en pied.
61. Géricault.	Un Cheval blanc.
62. Girodet.	Une Tête de femme.
63. Giroust.	Louis-Philippe d'Orléans jeune, buste.
64. Gosse.	Retour du duc d'Orléans au Palais-Royal.
65. »	Offre de la couronne de Belgique au duc de Nemours.
66. Gregorius.	Gustave Wasa, grand buste.
67. Granet.	La Bénédiction des maisons.
68. »	Un Moine en prières dans sa cellule.
69. »	Bernardo Strozzi, peintre.
70. »	La Villa Mécène.
71. »	Saint Paul en prison.
72. Grenier.	Avant-poste français.
73. Grossard (Mlle).	Adélaïde de Bourbon, portrait.
74. »	Louise-Marie-Adélaïde de Bourbon, duchesse d'Orléans, portrait.
75. Gudin.	La Chapelle de Guillaume Tell.
76. »	Marine (sepia).
77. »	Le Mont Saint-Michel (sepia).
78. »	Marine (aquarelle).
79. Guérard.	Environs de Grenoble.

TABLEAUX DÉTRUITS. — PALAIS-ROYAL.

AUTEURS.	SUJETS DES TABLEAUX.
80. Harley (G.).	Un Paysage (sepia).
81. »	Un Paysage (sepia).
82. »	Un Pêcheur dans un paysage (sepia).
83. Heim.	Duc d'Orléans proclamé roi.
84. »	Le Cardinal de Richelieu reçoit l'Académie française.
85. Hersent.	Le Coadjuteur chez la Reine.
86. »	La Reine en prières, 1650.
87. »	Abdication de Gustave Wasa.
88. »	Le duc de Montpensier en Auvergnat.
89. »	Le Roi en garde national, en pied.
90. »	Le Roi en colonel général des hussards, en pied.
91. »	Le Roi des Français, en pied.
92. Holbein.	Portrait de Charles-Quint.
93. »	Portrait d'Isabelle de Portugal.
94. Isabey (Eugène).	Grande marine.
95. »	Marine.
96. Johannot.	La Victoire d'Hastenbeck.
97. Lafaye.	Appartement de M. J....
98. Lepoitevin.	Les Bords de la Tamise.
99. Le Paon.	Georges Washington en pied, petit.
100. Lepeintre.	Louise-Marie-Adélaïde de Bourbon, en pied, petit.
101. Leprince (X.).	Un Chasseur dans un paysage.
102. »	Même sujet.
103. Lori fils.	La Chapelle de Guillaume Tell (aquarelle).
104. Loullain.	Une Foire de village.
105. »	Un Marché.

TABLEAUX DÉTRUITS. — PALAIS-ROYAL.

AUTEURS.	SUJETS DES TABLEAUX.
106. Malbranche.	L'Escalier du Vatican.
107. Mapoli.	Une Famille de pêcheurs napolitains.
108. Masaccio.	Tableau sur bois représentant une tête de chaque côté.
109. Mauzaisse.	Le Sommeil de Louis XIV enfant.
110. »	Laurent de Médicis et les hommes célèbres.
111. »	L'empereur Napoléon, buste.
112. Michallon.	Ruines du château d'Ostie.
113. Mignard.	La duchesse de Bourgogne et ses enfants, en pied.
114. »	Le maréchal de Turenne, buste.
115. »	Louis XIV enfant.
116. »	Henriette-Marie de France, reine d'Angleterre.
117. Monvoisin.	Monsieur prend possession du Palais-Royal.
118. Morel Fatio.	Le brick *la Reine Amélie*.
119. Mozin.	Cour d'honneur au Palais-Royal en 1828.
120. »	La Galerie de Bois au Palais-Royal en 1822.
121. O'Connor.	Environs de Hampstead près Londres.
122. »	Deuxième vue de Hampstead près Londres.
123. Porbus.	Henri IV, portrait.
124. Regnier.	Vue des environs de Riom.
125. Renoux.	Œuvres de Château-Gaillard.
126. Rigaud (Hippolyte).	Le Régent en pied, petit.
127. Robins.	Échouage du *Véloce* à Calais, août 1840.
128. Ronmi.	Laban cherchant ses idoles.

TABLEAUX DÉTRUITS. — PALAIS-ROYAL.

AUTEURS.	SUJETS DES TABLEAUX.
129. Ronmi.	Un Camp de Lapons en 1795.
130. Roqueplan.	Une Marine.
131. Reynolds.	Louis-Philippe-Joseph duc d'Orléans en pied, petite dimension.
132. Sandberg.	Gustave Wasa en paysan.
133. Scheffer.	Refus de rendre la liberté à Broussel.
134. Smith.	Le Lit de Justice de Louis XV.
135. Steuben.	La jeune Mère.
136. »	Broussel rendu à la liberté.
137. »	Guillaume-Tell quittant la barque de Gessler.
138. »	Le Serment des trois Suisses.
139. Storelli père.	La Chapelle royale à Palerme (sepia).
140. »	Une Chute d'eau dans un paysage (sepia).
141. Teniers (genre).	Un Repas flamand (porcelaine).
142. Truchot.	Vestibule du grand escalier au Palais-Royal, 1819.
143. »	Le Couvent des Petits-Augustins.
144. »	Intérieur d'une salle mauresque.
145. Van der Burch.	Les Bords du détroit de Messine.
146. Van der Meulen.	Louis XIV à cheval, petit.
147. Van Loo (L. M.).	J. M. de Bourbon, duc de Château-Villain.
148 à 168. Van Spandonck.	Vingt cadres représentant des Fleurs et des Fruits, — Œillets, — Tulipes, — Tubéreuses blanches, rouges, bleues et violettes, — Pois de senteur, — Pivoines, — Roses de diverses espèces, — Oreilles d'ours, — Pavots rouges, — Cerises.

ET JUSTIFICATIVES.

TABLEAUX DÉTRUITS. — PALAIS-ROYAL.

AUTEURS.	SUJETS DES TABLEAUX.
169. Vernet (Carle).	Un Rendez-vous de chasse.
170. Vernet (Horace).	L'Hospice du mont Saint-Gothard.
171. »	Le duc d'Orléans passant une Revue.
172. »	L'Arrestation des Princes. 1650.
173. »	La Confession du Brigand.
174. »	Ismayl et Mariam.
175. Vauzelle.	Le Château d'Anet (aquarelle).
176. »	Deuxième vue du même (aquarelle).
177. »	Salle de Repos dans l'Alhambra (aq.).
178. »	Salle des Lions dans l'Alhambra (aq.).
179. »	L'Église Saint-Ouen à Rouen (aq.).
180. »	Le Palais gothique à Rouen (aq.).

TABLEAUX DÉTRUITS

CHATEAU DE NEUILLY

AUTEURS.	SUJETS DES TABLEAUX.
181. Alaux.	Prière à la Madone.
182. Albrier.	F.-M. de Bourbon, duchesse d'Orléans, portrait.
183. »	Le Roi à cheval, d'après Horace Vernet.
184. Allart (Mlle).	E.-C. d'Orléans, duchesse de Lorraine.
185. »	Mlle de Lavallière.
186. »	L'Abbesse de Remiremont.
187. Arnhold.	Un Bouquet de fleurs (pastel).
188. »	Un Bouquet de fleurs (pastel).
189. Augustin.	Le Duc de Berry.
190. Azeglis.	Un Prisonnier.
191. Bafcop.	Les Servantes surprises.
192. Barbier.	Environs de Chartres.
193. Barbot.	La Chapelle de Palerme.
194. Bargaretto.	La Sainte Vierge et l'Enfant Jésus.
195. Barry.	Marine.
196. »	Marine par une tempête.
197. Bidauld.	Un Pêcheur dans un paysage.
198. »	Vue prise dans le parc de Neuilly.
199. »	Vue de San Germano.
200. Bellangé.	Prise de la Lunette Saint-Laurent.
201. Béranger.	Nature morte.
202. Bertin.	Vue prise dans le parc de Neuilly.
203. Biet (Mlle).	Atelier de dames chez Léon Cogniet.
204. Blondel.	La Visitation de la Vierge.
205. Boguet.	Un Paysage.

ET JUSTIFICATIVES.

TABLEAUX DÉTRUITS. — CHATEAU DE NEUILLY.

AUTEURS.	SUJETS DES TABLEAUX.
206. Boilly.	Le Marchand de tisane.
207. Bouhot.	Cour de roulage à Paris.
208. Bourdon.	Le Supérieur du couvent à Jérusalem, portrait.
209. Bouton.	Le Calvaire de Saint-Roch (aquarelle).
210. »	Sacristie de Saint-Wandril en Normandie.
211. »	Intérieur de caveau.
212. Brune (Mme).	La Grand' Mère malade.
213. Burtel.	Vue du château d'Eu.
214. Cabianchi.	Vue aux environs de Palerme.
215. »	Vue de Naples (gouache).
216. »	Vue de Palerme.
217. Caillet (Mlle).	Une Chaumière à Pont-en-Bessin.
218. Callow.	Une Vue du Tréport.
219. »	Vue d'Honfleur (gouache).
220. »	Vue de l'entrée de Portsmouth (gouache).
221. Caron.	Un Paysage (gouache).
222. Catel.	Vue prise à Palerme, Jardin de la Flore.
223. Cogniet (Jules).	Un Chemin dans le pays des Grisons.
224. »	La Plaine de Bautzen.
225. »	Vue de la ville de Thiers.
226. »	Vue prise en Bretagne.
227. »	Vue prise en Suisse.
228. »	Vue prise en Suisse.
229. Cogniet (Mlle).	Un Chimiste dans son laboratoire.
230. Colin (B.).	Une Odalisque.
231. Commanaro.	Diane et Endymion.
232. Cornu.	Remercîments au duc d'Orléans à Vendôme.
233. Couder.	La Madeleine devant Jésus (gouache).
234. Cruz (L.)	Portrait d'un homme blond décoré de plusieurs ordres.

TABLEAUX DÉTRUITS. — CHATEAU DE NEUILLY.

AUTEURS.	SUJETS DES TABLEAUX.
235. Daniell.	Vue prise dans le parc de Neuilly.
236. Daguerre.	Vue du village d'Unterseen, la nuit.
237. Dechantereine.	Une Corbeille de roses (gouache).
238. Decaisne.	Le Mari malade.
239. Delattre.	Tête de Chien bouledogue.
240. Destailleurs.	Trois vues d'Amboise (lavis).
241. Diday.	Vue prise dans l'Oberland (Suisse).
242. »	Étude de paysage.
243. Doquin.	Des Fruits.
244. Drolling.	Marchande de pommes tombée dans la neige.
245. Duboc.	Vue prise dans la plaine de Mustapha-Pacha.
246. Dubois.	Érection de l'Obélisque de Luxor.
247. Dubois (Théod.)	Une marine.
248. Ducis.	Mlle de Lavallière et madame de Thémines.
249. Duclaux.	Une chaise de poste attaquée par des voleurs.
250. Dubois Drahonnet.	Louise-Marie et Ferdinand d'Orléans.
251. » »	Duc de Nemours et princesse Clémentine.
252. » »	Ducs de Penthièvre, Montpensier et d'Aumale.
253. Dupré.	La Prière.
254. Duval Lecamus.	La Bénédiction des orphelins.
255. Fauvelet.	Nature morte et raisins.
256. Fergola.	Paysage et site de Naples.
257. Finart.	Arabes et Bédouins.
258. »	Halte de Mameluks.
259. »	Halte de Mameluks.
260. Flandin (Eug.).	Prise de Saint-Jean d'Ulloa.
261. » »	Prise de Constantine.

ET JUSTIFICATIVES.

TABLEAUX DÉTRUITS. — CHATEAU DE NEUILLY.

AUTEURS.	SUJETS DES TABLEAUX.
262. Flandin (Eug.).	Vue prise à Tivoli, près Rome.
263. Fleury (L.).	Vue prise sur les bords de la Marne.
264. »	Vue prise près de Naples.
265. »	Vue de la ville de Loches.
266. Fontaine.	L'arc de Titus à Rome.
267. Foussereau.	Des Chevaux dans une écurie.
268. Garneray (H.).	Porte d'entrée à Dreux.
269. Garneray (L.).	L'Ile d'or en Chine.
270. Garneray.	Une Marine (gouache)
271. Gassies.	L'église Saint-Nicolas, à Boulogne.
272. »	Un Chef arabe réclamant un esclave.
273. Genaro.	La Giralda, tour arabe à Séville.
274. Gérard.	Les Trois Ages de l'homme.
275. »	Daphnis et Chloé.
276. Gérard (Mlle).	Madame de Montjoie (pastel).
277. »	Le prince Philippe (pastel).
278. Géricault.	Un Grec dans une batterie.
279. »	Un Mameluk.
280. Gilbert.	La frégate *la Thétis* (gouache).
281. »	Navires courant devant le vent.
282. Girardet.	Vue prise à Caprée.
283. Gingembre.	Halte d'Arabes et Charge de hussards.
284. Gosse.	L'Adoration des Mages.
285. Granet.	Mlle de Lavallière aux Carmélites.
286. »	La Mort de Jacone.
287. »	La Mort de saint Antoine.
288. »	Les Premiers Chrétiens à Rome.
289. »	Un Repas de moines.
290. »	Intérieur de cuisine italienne.
291. Grégorius.	Louis-Philippe-Joseph, duc d'Orléans, copie.
292. Gros (Louis).	Paysage d'après Bertin.

TABLEAUX DÉTRUITS. — CHATEAU DE NEUILLY.

AUTEURS.	SUJETS DES TABLEAUX.
293. Gros (Louis).	Cabanes près Mexico.
294. » »	Route de la Vera-Cruz, à Mexico.
295. Gudin.	Maison de sir Pocock, à Twickenham.
296. »	Vue de la plage, à Sidi-el-Feruch'.
297. »	Vue de la ville de Caen.
298. »	Vue prise dans le parc de Neuilly.
299. »	Vue prise dans le parc de Neuilly (esquisse).
300. »	Vue prise dans le parc de Neuilly (esquisse).
301. »	Vue prise dans le parc de Neuilly (esquisse).
302. »	Vue prise dans le parc de Neuilly (esquisse).
303. »	Vue prise dans le parc de Neuilly (esquisse).
304. »	Une Pleine Mer.
305. »	Un Gros temps.
306. »	Route de Staoueli en Afrique.
307. »	Dieppe près de la vallée d'Arques.
308. Gué.	Village en Auvergne.
309. »	Vue du Puy-de-Dôme.
310. »	Ancien Presbytère à Bordeaux.
311. »	Village en Auvergne.
312. »	Un Pont dans un paysage (gouache).
313. Héroult.	Naufrage en pleine mer.
314. Hersent.	Le Duc d'Orléans, fils du roi, en artilleur.
315. »	Le Duc d'Aumale en voltigeur.
316. »	La Reine des Belges enfant.
317. »	La Reine des Français en pied, petite dimension.

ET JUSTIFICATIVES.

TABLEAUX DÉTRUITS. — CHATEAU DE NEUILLY.

AUTEURS.	SUJETS DES TABLEAUX.
318. Hersent.	La Princesse Marie.
319. »	Le Roi des Français en pied, petite dimension.
320. Hostein.	La Vallée de la Saône.
321. »	Environs de Thénon-en-Chamblais.
322. Hubert (J.).	Des Eaux dans un paysage (gouache).
323. »	Paysage et eaux (gouache).
324. Humbert.	Études d'animaux.
325. Isabey (E.).	Un Port de mer (gouache).
326. Jacques.	Le Roi des Français, miniature.
327. »	Soldat blessé (gouache).
328. Johannot.	Mlle de Montpensier devant Orléans.
329. Joinville.	Paysage.
330. »	Vue générale de la Marine, à Palerme.
331. »	Vue prise à Mar-Dolce.
332. »	La Place Marine à Palerme.
333. »	La Rade de Palerme.
334. »	Un Clair de lune.
335. Jolivard.	Vue prise dans les Pyrénées.
336. Jules André.	Vue prise près de Châteauroux.
337. Jubanton.	Louis XI et Crèvecœur.
338. Justin Ouvrié.	Hospice du Mont-Saint-Bernard.
339-340. »	Deux Vues de la cathédrale d'Anvers.
341. »	Une Vue de Londres.
342. Kellin.	Un Intérieur de ville.
343. »	Façade d'une église.
344. Kuwaseg.	La Chasse aux chamois.
345. Kramer.	Travaux de fortification.
346. Lacaze.	Richard en Palestine.

TABLEAUX DÉTRUITS. — CHATEAU DE NEUILLY.

AUTEURS.	SUJETS DES TABLEAUX.
347. Lamy (Eug.).	Prise de Constantine (gouache).
348. »	Duc d'Orléans à cheval (gouache).
349. »	Duc de Nemours à cheval.
350. Langlois (Mme).	Une Place publique.
351. Lapito.	Le lac de Brientz et celui de Brienne (gouache).
352. »	Vue prise aux environs de Moustier.
353. »	Pêcheurs dans le golfe de Gênes.
354. Larivière.	Un Nègre sauve des enfants (Martinique).
355. Laurent.	Page se parant de vieilles armures.
356. »	Cendrillon après le bal.
357. »	Une Rivière dans un paysage.
358. Lebihanc.	Un pont en fil de fer.
359. Leblanc.	Entrée d'une Église de Florence.
360. Lebrun (Mme).	Sa Majesté Marie-Christine, reine des Deux-Siciles.
361. Lecointe.	L'Enfant prodigue.
362. Lecomte (H.).	Des Cavaliers cuirassés.
363. Leloir (Mme).	La Terrasse (gouache).
364. Lepaulle.	Intérieur d'une chambre du temps de Louis XIV.
365. Leprince (X.).	L'Abri champêtre.
366. »	Le Modèle à la lampe.
367. Loubon.	Paysage.
368. »	Convoi de Bestiaux.
369. Lemoine (Victoire).	La princesse de Lamballe.
370. Mansson.	L'église de Saint-Pierre à Caen (gouache).
371. »	Le Supplice de Jeanne d'Arc (gouache).
372. Marsaud.	La Marchande de Poissons.
373. Maugendre.	Vue de la Cathédrale d'Amiens.
374. Mayer.	Fiske bottenden Voagoe.

TABLEAUX DÉTRUITS. — CHATEAU DE NEUILLY.

AUTEURS.	SUJETS DES TABLEAUX.
375. Mayer.	Le Cap Nord.
376. Mercey.	Chaumière normande.
377. Meyer.	Naufrage d'un bateau pêcheur.
378. Michallon.	Les Glaciers de Gründerwald.
379. »	Cascades en Auvergne.
380. »	Ruines du temple de Vénus.
381. »	Rivière en Auvergne.
382. »	Palais de la reine Jeanne à Naples.
383. »	Le Chêne de la reine Blanche.
384. »	Paysanne romaine assise.
385. »	Paysanne romaine.
386. »	Cascade de Terny.
387. »	Un Musulman.
388. »	Le Tombeau de Virgile.
389. »	Mazocchi, chef de brigands.
390. »	Romaine filant un fuseau.
391. Milet.	La Reine des Français.
392. »	Madame, sœur du roi.
393. Milon.	Une Entrée de la ville de Rouen.
394. Modenais.	Le Mont Geneurre.
395. »	Le Palais de Bois.
396. Monthelier.	Intérieur de l'Atelier de Truchot.
397. Monvel.	Intérieur de Cuisine.
398. Monvoisin.	Paysanne jouant avec un chevreau.
399. Morel Fatio.	Marine.
400. Moret.	Une Chute d'eau.
401. Morin.	Promenade de Mendiants.
402. O'Connor.	Vue prise dans le mont Oriel.
403. »	Vue des environs de Bruxelles.
404. »	Deuxième vue des environs de Bruxelles.
405. Omeganck.	Mouton broutant un roseau.
406. Orschvilliers (d').	Vue d'une ville (gouache).

TABLEAUX DÉTRUITS. — CHATEAU DE NEUILLY.

AUTEURS.	SUJETS DES TABLEAUX.
407. Orschvilliers (d').	Paysage (gouache).
408. Peltier.	Un Paysage (gouache).
409. »	Le Furtemberg sur le Rhin (gouache).
410. Petit.	Le Phénix, cheval bai.
411. »	L'Ardent, cheval blanc.
412. Picot.	Le Roi et la Princesse Marie en pied, petit.
413. Platania.	Une Dame (pastel).
414. Prevôt Dumarchais.	Le Pavillon de Flore aux Tuileries.
415. Ramelet.	La Fête de la maîtresse d'école.
416. Reynault.	Hector au char d'Achille.
417. Regny (de).	Une Famille de pêcheurs.
418. »	Vue de Naples.
419. Reynolds.	Le Père du Roi en pied, petite dimension.
420. Richard (T.).	Un Pâturage.
421. Ricois.	Vue du Château de Saint-Leu.
422. Rigaud.	Le Régent, grand buste.
423. Robert (Léopold).	L'Improvisateur napolitain.
424. Robert (A.).	Vue de la Forêt de Fontainebleau.
425. Rocco.	La Reine de Naples.
426. »	Henri IV.
427. Rondel.	Deux Enfants (pastel).
428. Ronmi.	Pont naturel en Virginie.
429. Roqueplan.	Marée d'équinoxe.
430. Roubaud.	Une Scène en Afrique.
431. Roulin.	Une Apothéose de la princesse Marie (gouache).
432. Rubio.	Paysanne des environs de Rome.
433. Rudder.	Gringoire à la Bastille (gouache).
434. Sablet.	Un Grec en grand costume.

TABLEAUX DÉTRUITS. — CHATEAU DE NEUILLY.

AUTEURS.	SUJETS DES TABLEAUX.
435. Schœfer.	Marguerite.
436. »	Laissez approcher les enfants près de moi.
437. »	Faust.
438. Schnetz.	Combat d'avant-poste.
439. Sebron.	Vue de la ville de Lucerne.
440. »	Souvenirs des Alpes.
441. »	Vue de l'Escaut près d'Anvers.
442. Senave.	La Chambre d'un cordonnier.
443. Silvestre.	Trompe-l'œil (lavis).
444. Siméon Fort.	Une Forêt.
445. »	Vue de la Cathédrale d'Anvers.
446. »	Vue du lac de Lucerne.
447. Smargiassi.	Marine (esquisse).
448. »	Marine (esquisse).
449. »	Marine (esquisse).
450. »	Marine (esquisse).
451. »	Port de mer (esquisse).
452. »	Au bord de la mer (esquisse).
453. »	Vue de Saint-Pierre à Rome (esquisse).
454. Storelli père.	Sommet du mont Cenis.
455. Strubberg.	Vue prise dans les Vosges.
456. Swebach.	Une Scène de chasse.
457. Tardieu.	La Servante de Palaiseau.
458. Thierry (J.).	Guerriers en embuscade.
459. Thierriat.	Le Cloître de Saint-André-le-Bas.
460. Thuillier.	Des Moines dans un paysage.
461. Triquetti.	Une Dame faisant l'aumône.
462. »	Isabeau de Bavière portée à Saint-Denis.
463. Turpin de Crissé.	Le Château de l'Œuf, la nuit.
464. »	Le Château de l'Œuf, le jour.

TABLEAUX DÉTRUITS. — CHATEAU DE NEUILLY.

AUTEURS.	SUJETS DES TABLEAUX.
465. Turpin de Crissé.	Le Palais Cavalli à Venise.
466. »	Le Champignon, rocher volcanique.
467. Valentin.	Un petit saint Jean (pastel).
468. Vanloo (A.-M.).	La duchesse de Chartres, portrait.
469. Vanspandonck.	Giroflées rouges.
470. »	Une branche d'acacia.
471. »	Branches de groseillier et de cerisier.
472. »	Pavots.
473. »	Narcisses.
474. »	Tubéreuses.
475. »	Chiens et Hiboux.
476. »	Cinq Chiens divers.
477. »	Études de feuilles.
478. »	Un Chien lévrier.
479. Van Os.	Fruits et Fleurs.
480. »	Fruits et Fleurs.
481. Verboeckhoven.	Marine aux environs de Blakenberg.
482. Vernet (Horace).	Champ de bataille de Waterloo.
483. »	Prise d'une porte de Constantine.
484. »	Étable à vaches à Sèvres.
485. Vigneron.	L'Enfant abandonné.
486. »	Les Apprêts d'un mariage.
487. Violet Leduc.	Vue de Venise (gouache).
488. Visserat.	Une Place publique.
489. Vivone.	Vue d'un Palais au pied des montagnes.
490. »	Intérieur de Chapelle.
491. Watelet.	Le Canal de Bruges.
492. »	Paysage dans le royaume de Naples,
493. Wild (W.),	Vue de Venise.
494. Wickenberg.	Paysage et Animaux.
495. Wheatley.	La Marchande de primeroses (gouache).
496. Winterhalter.	Le comte de Paris (gouache).

ET JUSTIFICATIVES. 365

A cette nomenclature des peintures détruites le 24 février au Palais-Royal et à Neuilly, il convient d'ajouter cent cinquante-six ouvrages dont les noms d'auteurs sont inconnus et qui se divisaient ainsi :

    81 tableaux à l'huile.
    21 gouaches et pastels.
    10 aquarelles et lavis.
    44 miniatures.

Cinquante-un dessins encadrés de divers maîtres ont disparu en même temps que les tableaux.

Enfin deux cent douze épreuves de choix, gravures ou lithographies, ont péri avec leurs cadres dans les deux palais dévastés.

Les bandes du 24 février 1848 ont donc détruit en quelques heures au Palais-Royal et à Neuilly une galerie tout entière comprenant *neuf cent quatorze* œuvres d'art, tableaux, dessins ou gravures.

―――

D'autres tableaux en grand nombre ont été crevés ou endommagés. Nous en avons fait dresser également l'état pour servir à l'histoire du 24 février. Cet état, comme le précédent, nous a été fourni par M. Belot, ancien conservateur des tableaux du Domaine privé.

TABLEAUX ENDOMMAGÉS

PALAIS-ROYAL

AUTEURS.	SUJETS DES TABLEAUX.
1. Albrier.	Marie Stuart (copie).
2. »	Charles IX (copie).
3. Allart (Mlle).	Charles de France, duc de Berry (copie).
4. »	Duc d'Aumale, fils du roi (copie).
5. Bacler d'Albe.	Homère aveugle (aquarelle).
6. »	Alfred dans le camp des Danois (aq.).
7. Berré.	Une Panthère et ses petits.
8. Bonnard.	Le Palais de la République à Florence.
9. Bouton.	Le Solitaire des ruines.
10. Bourgeois.	Légumes et Fruits.
11. Champaigne (Ph. de).	Le cardinal de Richelieu en pied.
12. »	Le cardinal Mazarin.
13. Court.	Le portrait de Marie Dubois, modèle.
14. Courtin.	Vue de la galerie Nemours au Palais-Royal.
15. Decaisne.	La princesse Clémentine, grand portrait en pied.
16. »	Mademoiselle de Montpensier, grand buste (copie).
17. Duvidal (Mlle).	Jeune Bacchus.
18. Forbin (c^{te} de).	L'église de Césarée.
19. Fragonard.	Le connétable de Bourbon en pied, moyen.

TABLEAUX ENDOMMAGÉS. — PALAIS-ROYAL.

AUTEURS.	SUJETS DES TABLEAUX.
20. Gérard.	La princesse Amélie, duchesse d'Orléans, en pied.
21. »	La princesse Adélaïde, duchesse d'Orléans, en pied.
22. Gernon (de).	Souvenirs de Bretagne.
23. Géricault.	Une Fileuse et ses Enfants.
24. »	Intérieur d'écurie.
25. Girodet.	Tête de Tydée.
26. Girodet et Gros.	Tête de jeune Turc.
27. Girodet.	Katchef Dahout, mameluk.
28. Godefroid (Mlle).	Princesses Louise et Marie, enfants, en pied.
29. »	Ducs d'Aumale, de Penthièvre et Montpensier, en pied.
30. »	Prince de Joinville, princesse Clémentine, enfants, en pied.
31. Gosse.	Le Roi en garde national en pied.
32. Gregorius.	Madame de Staël, grand buste (copie).
33. »	Comte de Beaujolais, grand buste.
34. Grossard (Mlle).	Adélaïde de Bourbon, duchesse d'Orléans (copie).
35. Gué.	Pont de Rialto.
36. Hostein.	Rive de la Saône.
37. Hue.	Une Scène de naufrage.
38. Jolivard.	Coup de vent.
39. Kint (mademoiselle).	Charles le Téméraire, portrait.
40. Lapito.	Vue de Corse.
41. Laurent.	Gutenberg inventant l'imprimerie.
42. Laurent (J.-A.).	Galilée en prison.

TABLEAUX ENDOMMAGÉS. — PALAIS-ROYAL.

AUTEURS.	SUJETS DES TABLEAUX.
43. Lebrun (Mme).	Louis-Philippe d'Orléans, portrait.
44. »	Madame de Montesson, portrait.
45. Mauzaisse.	Arrestation du comte de Beaujolais.
46. »	Portrait du comte de Beaujolais.
47. Michallon.	L'Ermite de l'île d'Ischia.
48. »	Ruines du théâtre de Taormine.
49. »	Saint Pierre aux Lions à Rome.
50. Monvoisin.	Mentor enlevant Télémaque.
51. Nattier.	Louis-Philippe d'Orléans, portrait.
52. »	Louise-Henriette de Bourbon Conti, buste.
53. Pallière (L.).	Prométhée livré au vautour.
54. Peter Lely.	Louis Robert de Bavière, grand buste.
55. Petit.	Une Calèche à six chevaux.
56. »	Le Pavillon de Gabrielle à Charenton.
57. Reynolds.	Louis-Philippe-Joseph d'Orléans, grand portrait.
58. Rigaud.	Charlotte de Bavière, grand buste.
59. Rimbault (Mme).	Catherine de Médicis et Marie Stuart.
60. Robert (Léopold).	Napolitaine pleurant sur les débris de sa maison.
61. Rosalba.	Son Portrait par elle-même (pastel).
62. Sebron.	Le château de Reinsfield.
63. Schnetz.	La Femme du brigand.
64. »	La Bataille de Valmy.
65. »	Franklin au Palais-Royal en 1778.
66. Santerre.	Le Régent et madame de Parabère à ses pieds.

TABLEAUX ENDOMMAGÉS. — PALAIS-ROYAL.

AUTEURS.	SUJETS DES TABLEAUX.
67. Turpin de Crissé.	La Colonne de Pompée.
68. »	Le Temple d'Antonin.
69. »	Le Parthénon.
70. »	Les Ruines de Palmyre.
71. Vallin.	La Femme foudroyée.
72. Vernet (Horace).	La Bataille de Valmy.
73. »	La Bataille de Jemmapes.
74. »	La Bataille de Hanau.
75. »	La Bataille de Montmirail.
76. »	La Druidesse.
77. »	La Paysanne d'Aricia.
78. »	Camille Desmoulins au Palais-Royal.

TABLEAUX ENDOMMAGÉS

NEUILLY

AUTEURS.	SUJETS DES TABLEAUX.
79. Achard.	La Vallée de Grésivaudan.
80. »	Vue prise à Sainte-Égrève.
81. Baccuet.	Arc-de-triomphe en Algérie.
82. Barbier.	Le Château de Randan.
83. »	Le Château de Randan (pendule).
84. Barry.	Sortie du port de Marseille.
85. Bertrand (Mlle).	Fleurs et instruments d'art.
86. Blanchard.	Un Bal à bord.
87. Boilly père.	Le Carnaval sur le boulevard.
88. Borget.	Un Temple chinois.
89. »	Mosquée dans le territoire d'Assam.
90. Bouhot.	La Maison Beaumarchais.
91. Bouquet.	Une Femme en Bretagne.
92. Bouton.	Le Calvaire de Saint-Roch.
93. Crépin.	Sauvetage de la gabarre *l'Alouette*, 1817.
94. »	Façade du château de Neuilly.
95. Demadière (Mlle).	Un Paysage (aquarelle).
96. Drolling.	Intérieur de cour rue du Bac.
97. Fielding.	Des Dames dans un paysage.
98. Fleury (L.).	Rochers à Sassenage.
99. Gérard (L. A.).	Vue du pont de Neuilly.
100. Gernon (de).	Vue d'une partie des Pyrénées.

ET JUSTIFICATIVES.

TABLEAUX ENDOMMAGÉS. — NEUILLY.

AUTEURS.	SUJETS DES TABLEAUX.
101. Girardet.	La Mosquée de Saïd au Caire.
102. Girodet.	Atala, tête d'étude.
103. Gudin.	Une grande marine.
104. »	Le Mont Saint-Michel.
105. Gué.	Église de Notre-Dame du Puy en Auvergne.
106. »	Cabanes au Mont-d'Or.
107. Isabey.	Pêcheurs débarquant du poisson.
108. Jacob.	Une Marine.
109. Jolivard.	Les Environs de Saint-Cloud.
110. Laurent.	Gutenberg dans son laboratoire.
111. Lestang Parade.	Église souterraine de Saint-Joseph à Palerme.
112. Ménessier.	Paysage.
113. Mongin.	Le Moulin de Valmy.
114. Paris.	Groupe de moutons, bergerie.
115. »	Des Moutons.
116. Perrot (A.).	Dôme de l'église de Sienne en Italie.
117. Petit.	Maison de madame la duchesse douairière à Ivry.
118. Rémond.	Vue de Salerne.
119. Robert (A.).	Intérieur de forêt.
120. Robert (Léopold).	Scène d'enterrement à Rome.
121. Roger.	Enterrement dans un village.
122. Ricois.	Vue du Tréport.
123. Ronmi.	Convoi d'une jeune fille des États romains.

TABLEAUX ENDOMMAGÉS. — NEUILLY.

AUTEURS.	SUJETS DES TABLEAUX.
124. Ronmi.	Vue prise dans le parc de Neuilly.
125. Rohenn.	Vue prise dans le parc de Neuilly.
126. Swebach.	La Malle-poste.
127. Scheffer (A.).	Des Femmes grecques en prières.
128. Taunay.	Combat de cavaliers et de fantassins.
129. Triqueti (de).	Galilée devant l'inquisition.
130. Truchot.	Intérieur de l'église de Louviers.
131. Vanderburch.	Vue de la Jungfrau.
132. Vernet (Horace).	Souvenir de Vendôme.
133. Vinit.	Pyramides en Afrique.
134. »	Église Saint-Marc à Venise.
135. Watelet.	Vue prise dans le parc de Neuilly.
136. Ziégler.	Le Palais du doge à Venise, la nuit.
137 à 154. Inconnus.	Seize tableaux à l'huile et deux pastels.

Pour connaître toute l'étendue des pertes que l'art a faites au 24 février, il faut ajouter à la triste énumération qui précède, un grand nombre d'objets d'art en marbre, en bronze, en argent, en mosaïques, qui ont été brisés ou endommagés au Palais-Royal et à Neuilly. Il n'en existe pas d'état régulier et complet. Nous citerons seulement quelques-unes de ces œuvres perdues ou mutilées, et nous nous bornerons à faire remarquer que nous négligeons ainsi une valeur assez considérable que nous aurions pu faire entrer en ligne de compte :

Barre. François Ier, roi des Deux-Siciles, statuette en bronze.
Debay. Talma en Léonidas, statue en marbre.
Duret. Invention de la lyre, statue en marbre.
» Femme coiffée en cheveux, buste en marbre.
Dumont. Leucothoé et Bacchus, groupe en marbre.
Flatters. Une femme coiffée avec des fleurs, buste en marbre.
Foyatier. Le duc d'Orléans régent, statue en marbre.
» Amaryllis faisant répéter l'écho, statue en marbre.
Franconi. Vénus accroupie, statue en marbre.
Houdon. Voltaire, buste en marbre.
Kinstein. Des Cerfs, tableau en argent repoussé.
» Une Chasse, tableau en argent repoussé.
Jacquot. Amour à cheval sur un cygne, groupe en marbre.
Seurre. Léda, statue en marbre.
Sotto. Incendie de Hambourg, bronze.

L'ensemble des pertes connues que nous venons d'énumérer a été l'objet d'une évaluation régulière établie par M. Bélot, ancien conservateur des tableaux du Domaine privé. Voici le résumé de son travail :

		fr.
Tableaux dont il ne reste plus de traces.	{ Palais-Royal.	361,660
	{ Neuilly . . .	259,220
Tableaux crevés ou endommagés (évaluation de leur restauration).	{ Palais-Royal.	12,000
	{ Neuilly . . .	24,000
Évaluation des bordures et des glaces		50,000
Sculptures détruites ou endommagées		61,900
Total de l'évaluation des objets d'art détruits ou mutilés le 24 février (2ᵉ catégorie).		768,780

N. B. Parmi les objets d'art à jamais anéantis par la catastrophe de février 1848, il en est un certain nombre que nous n'avons pas dû comprendre dans notre travail. Nous devons du moins leur consacrer un souvenir, ou plutôt un hommage : nous voulons parler de nombreux ouvrages d'art dus aux princes et aux princesses de la maison d'Orléans. Soixante-cinq d'entre eux ont disparu, parmi lesquels des fleurs par la reine Marie Amélie, une tête de jeune Grec par le duc d'Orléans, et une Jeanne d'Arc peinte par la princesse Marie.

TROISIÈME CATÉGORIE. — BIBLIOTHÈQUES.

Il n'a pas été possible jusqu'ici d'établir, d'une manière rigoureusement exacte, l'état détaillé des pertes supportées par les bibliothèques du Palais-Royal et de Neuilly. Toutefois, on peut signaler, dès à présent, avec une parfaite certitude, une grande partie des lacunes qu'elles présentent ou des dégradations qu'elles ont subies. Les chiffres d'évaluation seront inférieurs à l'importance du dommage qui en est résulté, mais ils en donneront une idée approximative.

PALAIS-ROYAL.

On peut citer, au nombre des pertes de cette bibliothèque :

1,000 volumes environ de divers formats, appartenant à des ouvrages qui se trouvent incomplets.

La collection des *Causes célèbres*, 400 volumes.

Dictionnaire de la Conversation, grand papier, riche reliure, 61 volumes.

Plusieurs portefeuilles renfermant des gravures *avant la lettre*.

Cinq albums contenant 305 dessins à l'aquarelle, représentant les tableaux des galeries du Palais-Royal et de Neuilly (ils avaient coûté 30,500 fr., indépendamment de leur riche reliure).

14 volumes appartenant à la collection des portraits historiques gravés qui formait 122 volumes in-folio. Cette

collection était unique et avait coûté quinze années d'un travail que le roi, alors duc d'Orléans, avait préparé lui-même.

2,000 livraisons environ en feuilles, faisant partie d'ouvrages d'art et d'histoire naturelle, qui sont maintenant incomplets.

Médailles.

Le médaillier en argent de Louis XIV, renfermé dans une caisse dont il ne reste qu'un fragment, a été entièrement pillé.

La collection des médailles antiques est complétement perdue. Elle se composait de deux parties, dont l'une renfermait les médailles des peuples et des villes; l'autre les médailles romaines.

La première partie comprenait 260 médailles en or, en électrum, en argent et en bronze. Elle était d'un grand intérêt. On y trouvait des médailles de quatre-vingt-trois peuples ou villes, et d'un grand nombre de rois ou chefs, de toutes les parties du monde connu des anciens.

La seconde partie, celle qui se composait des médailles romaines, n'était pas moins intéressante; elle présentait une belle suite d'empereurs, d'impératrices, de princes et de princesses, et s'élevait à 813 médailles. Il y en avait de très-rares, entre autres celle de Népotien.

Un assez grand nombre d'autres médailles en argent et en bronze, la plupart modernes, acquises en même temps que la riche collection des portraits de M. Marron;

Toutes les médailles en argent et en bronze des règnes de Louis XV, Louis XVI, Louis XVIII, Charles X et Napoléon ;

Des monnaies françaises et étrangères en argent;

Des monnaies en or offertes au roi par la reine d'Angleterre;

Des médailles modernes en or;

Des cachets également en or;

Enfin, tout ce qui avait une valeur intrinsèque a été volé.

C'est ce qui explique pourquoi les tableaux qui se trouvaient dans la salle des médailles ont été respectés, et la partie de la bibliothèque, qui était attenante, préservée de la destruction. Occupés aux médailles, certains *héros* ne songeaient plus aux tableaux et aux livres.

NEUILLY.

Cette bibliothèque se composait de 9,565 volumes : 1,691 volumes manquent. Sur les 7,874 retrouvés, plus de 2,000 appartiennent à des ouvrages dépareillés qui perdent ainsi presque toute leur valeur. Nous citerons entre autres :

La belle édition de Voltaire de 1785, richement reliée.

Les *Hommes illustres de Plutarque*, édition de luxe, exemplaire d'artiste, avec une riche reliure ; (cet exemplaire avait coûté 12,500 fr.)

Les Galeries de Versailles, exemplaire de luxe sur papier de Chine ;

La belle édition anglaise de *Shakspeare* (9 volumes in-folio richement reliés) ;

Le Livre des Rois, collection orientale dont tous les volumes ont été mutilés ;

Les Oiseaux d'Amérique, d'Audubon, papier grand aigle, ouvrage que Cuvier signalait comme le plus beau monument élevé par l'art à la nature. Il avait coûté plus de 10,000 fr. ; il ne reste qu'un seul volume, brûlé dans les angles ;

Divers ouvrages d'art et d'histoire naturelle mutilés ou brûlés en partie ;

Deux volumes de l'*Histoire généalogique*, du père Anselme, avec des notes manuscrites du roi Louis-Philippe et des blasons coloriés par les membres de la famille d'Orléans ;

Le volume le plus regrettable est un manuscrit du xve siècle sur vélin, orné de riches peintures et qu'on désignait sous le nom de *Livre d'heures de la princesse Marie*.

Quant au magnifique manuscrit du *Livre des chasses de Gaston Phœbus*, comte de Foix, donné par Louis XIV au comte de Toulouse, aïeul maternel du roi, il ne sera pas plus perdu pour la science que pour le Domaine privé.

Après le sac du château de Neuilly, ce qui restait de ses livres et de ses manuscrits fut reçu en dépôt par la Bibliothèque nationale de la rue de Richelieu. Depuis, ce dépôt a été remis intégralement aux ayant droit, hormis ce précieux manuscrit. Les administrateurs de la Bibliothèque nationale au département des manuscrits en refusèrent obstinément la restitution malgré les vives réclamations de M. Vavin, préposé par l'État à la liquidation de la Liste civile et du Domaine privé. — La Bibliothèque nationale prétend que Louis XIV n'avait pas eu le droit de disposer d'un livre de la Bibliothèque royale. — L'opinion publique jugera le procédé. — Les tribunaux, s'il y a lieu, prononceront sur le fond. — En tout cas, le manuscrit a échappé au vandalisme du 24 février.

L'évaluation établie par M. Brenot, bibliothécaire du Domaine privé, se résume ainsi :

Palais-Royal.................. 30,800 fr.
Médailles.................... 24,500
Palais de Neuilly............. 29,800

Total des pertes approximatives provenant du sac des bibliothèques privées du roi Louis-Philippe (3ᵉ catégorie)... 85,100 fr.

QUATRIÈME CATÉGORIE. — MOBILIER.

Une partie seulement du mobilier des Tuileries appartenait au Domaine privé. En effet, le roi devait compte à l'État de tous les meubles trouvés par lui dans les résidences royales au moment de son avénement au trône. Mais il en avait beaucoup accru le nombre et la richesse. Cet accroissement officiellement désigné sous le nom de *plus-value du mobilier de la Couronne* lui appartenait en propre. Une Commission nommée par le gouvernement de la république en vertu d'un décret de l'Assemblée nationale du mois d'août 1850, a terminé la reconnaissance du mobilier garnissant le palais des Tuileries. Il résulte de son travail qu'un grand nombre des meubles de *plus-value* ont péri dans le pillage du palais. Ces pertes du Domaine privé y sont estimées à . . . . 203,000 fr. »

PALAIS-ROYAL. — CHATEAU DE NEUILLY. — LE RAINCY.

Les mobiliers de toute espèce qui garnissaient ces deux résidences appartenaient sans aucune exception au Domaine privé de Louis-Philippe. Pour connaître l'étendue des pertes de cette catégorie, il suffit de comparer les inventaires établis avant 1848, avec les objets existant encore après les dévastations du 24.

Palais-Royal. — Les inventaires du mobilier de ce palais

présentent les divisions et chiffres d'évaluation ci-après, savoir :

1° Grands appartements, logements des princes et princesses, etc.	1,193,685 fr.	50
2° Logements pour la suite et le service.	90,573	»
3° Appartements neufs du 1ᵉʳ étage de l'aile Montpensier.	264,385	»
4°. Mobilier des fêtes.	126,046	»
5° Matériel d'éclairage.	23,314	»
6° Magasin de dépôt.	29,490	»
7° Maisons rue Saint-Honoré et Cour des Fontaines.	128,676	50
Total...	1,853,170	»

La destruction s'est étendue principalement sur les appartements de la première et de la troisième division, c'est-à-dire sur les plus beaux et les plus richement meublés. On a constaté que les meubles épargnés dans les logements des princes et dans les appartements neufs de l'aile

A reporter..... 1,853,170 fr. »

Report...	1,853,170	»
Montpensier représentent une valeur de.......	388,007	»

Dans les cinq autres divisions les dégâts ont été beaucoup moindres. La partie du mobilier qui a échappé à la dévastation dans les appartements secondaires du palais doit être évaluée à..... 369,099 50

De sorte que tout le mobilier conservé du Palais-Royal et dépendances représente, suivant les évaluations des anciens inventaires, une valeur de........... 757,106 50   757,106 50

En retranchant cette somme du chiffre total de ces inventaires, on obtient une différence en moins de.......... 1,096,063 50
qui représente la valeur du mobilier du Palais-Royal détruit le 24 février.

Château de Neuilly. — Les états et inventaires dressés avant le 24 février 1848, présentaient par catégories les chiffres d'estimation suivants, savoir :

Ébénisterie...............	290,224 fr.	25
Tentures, rideaux, etc.........	371,136	75
Meubles meublants...........	200,643	50
Bronzes de toutes sortes.......	223,300	50
Lingerie.................	292,290	»
Argenterie...............	407,000	»
Batterie de cuisine..........	70,000	»
Porcelaines et cristaux........	66,000	»
Mobilier de service..........	32,500	»
Caisses et matériel de jardins.....	40,000	»
Marine.................	40,000	»
Valeur...	2,033,095	»

De toute cette richesse mobilière il est resté après février 1848 : 1° l'argenterie qui a été restituée sauf quelques pièces qu'on ne saurait estimer à moins de 15,000 fr., soit.. 392,000 »

2° Divers objets mobiliers de toute nature qui ont été affectés au service de la résidence et aux locations.......... 117,935 »

A reporter...... 2,033,095 »

Report......	2,033,095	»

3° Une 3ᵉ portion composée de débris de toute espèce vendus sur place par les ordres de M. le liquidateur général, moyennant. . . . . 52,000 »

4° Un certain nombre d'objets mobiliers de toute nature mis en magasin, représentant une valeur de. . . . . 319,993 »

881,928 »

Évaluation totale du mobilier échappé au désastre de Neuilly. . . . . 881,928 » 881,928 »

Ce qui constitue une différence en moins de. . . . . 1,151,167 »

Cette différence représente la valeur du mobilier de Neuilly, détruit le 24 février.

Le Raincy. — L'inventaire de ce mobilier peu important se résumait, en y comprenant la valeur des glaces qui décoraient le village russe, dans un chiffre total d'évaluation de. 20,728 fr. 50

Le montant des articles qui ont échappé aux dégâts est de. . . . . 10,209 »

Le chiffre des objets détruits est donc de. 10,519 50

Récapitulation des pertes de la quatrième catégorie (Mobilier) :

Tuileries.	203,000 fr.	»
Palais-Royal.	1,096,063	50
Neuilly.	1,151,167	»
Le Raincy.	10,519	50
Total. . .	2,460,750	»

CINQUIÈME CATÉGORIE. — ÉCURIES.

Voitures des écuries du roi qui ont été brûlées le 24 février 1848.

7 Berlines de ville.	66,580 fr.
2 Berlines de voyage.	18,086
5 Berlines dites commodes de ville et de voyage.	75,036
1 Landau.	12,000
6 Coupés de ville.	27,060
2 Petits coupés bas.	9,000
1 Wourtz.	3,000
1 Cabriolet.	2,200
2 Fourgons de transport.	6,800
5 Chevaux tués ou volés.	11,995
Total des pertes de la cinquième catégorie (écuries).	231,757 fr.

SIXIÈME CATÉGORIE. — CAVES.

État des vins pillés ou volés dans les caves du roi.
Palais des Tuileries.

3,000 Bouteilles de différents vins : Bourgogne, Bordeaux, Champagne, etc.......................... 7,300 fr.

Palais-Royal.

10,961 Bouteilles de différents vins : Bourgogne, Bordeaux, Champagne, etc......	16,444 fr.
7 Pièces de Beaune..................	2,100
Total.....	18,544 fr.

Château de Neuilly.

5,000	Bouteilles	Madère sec.............	25,000 fr.
8,000	»	Malaga................	40,000
6,000	»	Xérès.................	36,000
3,000	»	Bourgogne-Madère......	18,000
1,500	»	Constance.............	15,000
4,000	»	Laffitte...............	12,000
		A reporter.....	146,000 fr.

ET JUSTIFICATIVES.

			Report......	146,000 fr.
3,000	»	Latour.........		7,500
2,000	»	Champagne......		5,000
10,000	»	» rouge....		20,000
10,000	»	Sillery blanc..		20,000
500	»	Vin de Sicile..		2,000
1,000	»	Lunel..........		2,000
12,000	»	Différents crûs		18,000

66,000 Bouteilles.　　　　　　Total... 220,500 fr.

Vins en fûts.

150 Pièces	Bordeaux-Médoc............	30,000 fr.
150 »	Mâcon.....................	15,000
112 »	Beaugency.................	10,080
10 »	Bordeaux fin..............	6,000
10 »	Lunel.....................	5,000
10 »	Sicile....................	5,000
1 Pipe	Madère....................	2,500
2 »	Malaga....................	5,000
1 »	Rhum......................	1,500

446 fûts.　　　　　　Total.... 80,080 fr.

　　　　　Total pour les caves de Neuilly.... 300,580 fr.

Les bandes révolutionnaires du 24 février ont donc bu, brisé ou volé dans les caves du roi :

79,961 bouteilles et 450 fûts } valant ensemble au moins. 326,421 fr.

Nota. Dans le tableau des pertes de la sixième catégorie (caves), les prix portés en ligne de compte ne sont autres que les prix moyens obtenus aux enchères publiques pour chacune des mêmes espèces de vins, lors des ventes faites, en 1848, par l'administration du séquestre des biens de la maison d'Orléans.

RÉCAPITULATION GÉNÉRALE.

1re Catégorie.	Bâtiments...............	3,065,246 fr.
2e	»	Objets d'art.............	768,780
3e	»	Bibliothèques...........	85,100
4o	»	Mobilier.................	2,460,750
4e	»	Écuries.................	231,757
6e	»	Caves...................	326,421

Total par évaluation approximative des dévastations qui ont eu lieu dans le domaine privé de Louis-Philippe, le 24 février 1848.......................... 6,938,054 fr.

Environ sept millions! — Cette évaluation est entièrement indépendante des pertes de tout genre supportées par la reine et par les autres membres de la famille royale. Dans le nombre, il faut placer en première ligne la destruction presque complète de la bibliothèque de la reine. Cette bibliothèque, située dans l'aile de Valois au Palais-Royal, a beaucoup plus souffert que celle du roi. Presque tous les ouvrages d'art ont été jetés par les fenêtres, brûlés ou dérobés; une grande partie des ouvrages de sciences ou de littérature sont également perdus ou dépareillés. — Cependant nous n'avons cru devoir tenir aucun compte de ces valeurs détruites, dans un travail entièrement personnel au roi Louis-Philippe.

XIII.

COUP D'ŒIL SUR LES DÉCRETS DU GOUVERNEMENT PROVISOIRE
CONCERNANT LE DOMAINE PRIVÉ.

J'ai cherché par des chiffres, presque tous insuffisants, à donner une idée de l'immense destruction opérée, en quelques heures, dans le domaine privé du roi Louis-Philippe. Je n'ai cru devoir ajouter aucunes réflexions à ce tableau : le montrer c'était punir ! Je veux seulement le compléter par quelques lignes du roi, relatives aux profanations dont la résidence de Neuilly a été le théâtre.

Un an ne s'était pas écoulé, depuis les abominables scènes du 24 février, lorsque Louis-Philippe reporta ses regards vers son cher Neuilly, ainsi qu'il l'a souvent appelé devant moi. Il prit alors la plume, non pour maudire ceux qui avaient fait, ou qui avaient laissé faire tant de mal, mais pour s'occuper des misères qu'il avait tant de fois soulagées. Il m'écrivait, à la date du 2 février 1849[1] :

---

[1]. Il ne faut pas perdre de vue qu'à cette époque le roi exilé ne disposait en rien de l'administration de ses biens placés sous le séquestre par une loi d'exception.

« Empêchez, si cela se peut, de rayer des dépenses du
« Domaine privé les 8,000 fr. que je fournissais à la maison
« des sœurs de charité de Neuilly.

« Vous savez qu'au moment où la foudre est tombée sur
« moi, j'étais sur le point de réaliser un projet qui avait été
« proposé du temps de Martin (du Nord), et dont il est pro-
« bable que les minutes soient encore dans les cartons du
« ministère de la Justice et des Cultes. Ce projet consistait
« à constituer légalement cet établissement par ordonnance
« royale et à lui attribuer une rente, sur le grand livre, de
« 8,000 fr. prise sur ou détachée de celle d'environ 60,000
« francs, que j'avais accumulée dans la vue d'avoir sous la
« main une rente qui me servît à subvenir à la dotation
« d'établissements que j'aurais fondés ou dotés. »

Tel était le langage de Louis-Philippe alors qu'il touchait presque au douloureux anniversaire du 24 février.

Occupons-nous maintenant du gouvernement provisoire : les chefs après les soldats. Ce n'est pas que je veuille, poussant l'indignation jusqu'à l'injustice, marquer d'une égale flétrissure les dévastations de la veille et les mesures révolutionnaires du lendemain. Parmi ceux que l'insurrection victorieuse porta aux déplorables honneurs du gouvernement de février, plusieurs réprouvaient au fond de leur âme les actes qu'ils n'osaient punir. Mais tous, dans des mesures diverses, ont encouru les justes sévérités de l'histoire. Elle se demandera sans doute si les plus éclairés n'ont pas été les plus coupables ; si la pensée n'a pas été quelquefois plus criminelle que l'action. Les enseignements audacieux ne sauraient être absous par cela même qu'ils auraient été trop bien compris. Ce qui frappe avant tout l'observateur dans l'ensemble des faits révolutionnaires du 24 février, c'est, à tous les degrés de l'échelle démagogique, la confusion de toutes les notions du bien et du mal, jointe à une ignorance surprenante des choses dont on parlait, des lois qu'on voulait réformer.

Comment expliquer autrement la conduite de la majorité des membres du gouvernement provisoire et des premiers ministres de la révolution de février envers les débris de la fortune royale ? Je ne veux pas recommencer contre certains noms ce que, par un singulier dédain pour la morale, on a appelé la petite guerre ; mais il m'est impossible de ne pas rappeler en passant, pour justifier la sévérité de mon langage, qu'aussitôt après la catastrophe du 24 février, une partie du mobilier personnel des princes fut livrée aux exigences des hôtes révolutionnaires du Luxembourg ; que des ouvriers, payés des deniers du roi exilé, ont été employés aux fêtes de la république et de ses premiers représentants ; que des serviteurs de la maison royale, également rétribués par le domaine privé, ont été attachés au service personnel des nouveaux maîtres de la France ; que les voitures, les chevaux d'attelage et de selle du roi, de la reine et des princes, ont été mis à la disposition de tous les fonctionnaires républicains qui en ont réclamé le bénéfice, etc... jusqu'à ce qu'enfin un décret, présenté par M. le général Cavaignac, chef du pouvoir exécutif, et par M. Goudchaux, ministre des finances, vint rétablir, en partie du moins, les droits méconnus du propriétaire, et mettre un terme à de honteux abus, en donnant plus de force et de pouvoir au liquidateur de l'ancienne Liste civile et du Domaine privé.

Je le répète, c'est dans une ignorance étrange des faits, même les plus notoires, que je veux trouver, pour quelques-uns de ces hommes du moins, non l'excuse, mais l'explication de tant de désordres. Plusieurs, en effet, ne savaient même pas qu'ils portaient la main sur le bien d'autrui : ils croyaient profiter d'un avantage assuré par l'État à ses premiers fonctionnaires. Le reste ne prenait aucun souci des droits sacrés de la propriété.

Cette ignorance profonde de toutes choses et cette confusion de toutes les règles morales étaient poussées plus loin qu'on ne saurait l'imaginer. Je demanderais pardon des détails dans lesquels je vais entrer à ce sujet, si l'on ne devait y trouver la plus complète justification du jugement sévère que je viens de porter.

M. le Cte Duchâtel, et après lui M. Odilon-Barrot, avaient à peine quitté le ministère de l'intérieur, dans la journée du 24 février, que M. Ledru-Rollin vint s'y installer. L'une des premières personnes qu'il manda près de lui fut M. Ducoroy, chef du service matériel. La conversation suivante s'engagea entre eux : je la tiens de la bouche même de M. Ducoroy.

« Monsieur, j'ai de nombreux amis qui viendront m'assister. Ayez soin qu'ils ne manquent de rien. Vous commanderez toutes choses pour ma table comme pour celle de mes prédécesseurs. — Mais, monsieur le Ministre, rien de tout cela ne me regarde : il n'y a ni cuisinier, ni maître d'hôtel attachés à l'administration. — Il n'y a donc rien ici? Comment faisait donc M. Duchâtel? — Il avait son service personnel, monsieur le Ministre, et il en faisait toute la dépense. » M. Ledru-Rollin n'insista pas. Cependant un de ses amis vint à son secours par un procédé qui mérite d'être connu. Il avait demandé de son côté les clefs de la cave : on lui fit observer que tous les vins appartenaient à M. Duchâtel. « Qu'il vienne les chercher, dit-il, sinon nous les boirons ». Et tout a été bu jusqu'à la dernière bouteille.

Mais j'ai hâte de sortir de ces bas fonds de l'histoire contemporaine pour arriver à un sujet plus sérieux, aux actes du Gouvernement provisoire en ce qui touche les biens de la famille royale.

Le 25 février on lisait sur tous les murs de Paris :

« Le Gouvernement provisoire rend aux ouvriers, aux-
« quels il appartient, le million qui va échoir de la Liste
« civile.

« Les membres du Gouvernement provisoire :

« *Signé* : Dupont (de l'Eure), Arago, Marie, Lamartine, Crémieux, Ledru-Rollin, Garnier-Pagès, Louis-Blanc, Arm. Marrast, Flocon, Albert. »

Ce simple début renferme, comme en un résumé fidèle, les principaux caractères du génie révolutionnaire de 1848.

Le Gouvernement provisoire parle du *million qui va échoir de la Liste civile*. Chaque million dû mensuellement par l'État au roi Louis-Philippe était compté par avance, le 1er de chaque mois, au trésorier de la couronne (art. 18 de la loi du 2 mars 1832); il n'y avait donc pas, le 24 février, de million à échoir pour la Liste civile : — Ignorance.

Quoi qu'il en soit, le Gouvernement disposait du million parce qu'il le croyait dû. — Dû, il appartenait au roi Louis-Philippe ou à ses créanciers. Dans ce cas, le Gouvernement provisoire disposait du bien d'autrui : — Confiscation.

Le million versé chaque mois par le Trésor public dans les caisses de la Liste civile, était le produit de l'impôt général, c'est-à-dire la propriété de tous; et cependant le Gouvernement provisoire disait à quelques-uns, aux hommes armés, aux souverains du jour : ceci est à vous, prenez votre bien : — Spoliation d'un côté, flatterie et privilége de l'autre.

Ce n'est pas tout. En jetant à des masses égarées le salaire de leur journée du 24 février, on donnait un témoignage de mépris à ceux-là même qu'on voulait courtiser.

Enfin, une promesse était faite : elle n'a pas été tenue. — Dernier trait de l'esprit révolutionnaire.

On le voit, rien ne manque au décret du 25 février sur le million de la Liste civile.

Cependant, une année s'était à peine écoulée que l'historien intéressé d'une déplorable époque ne craignait pas de proclamer la sainte horreur du gouvernement provisoire pour toute mesure spoliatrice, sa sollicitude magnanime pour les intérêts privés de la famille royale en exil. Pour moi, je continuerai à invoquer le témoignage des actes mêmes du Gouvernement provisoire.

On lit dans le bulletin des lois du 18 avril 1848, un décret daté du 26 février qui contient les dispositions suivantes :

« ART. 2. — Les biens désignés sous le nom de biens
« du *domaine privé, tant ceux de l'ex-roi, que ceux des*
« *membres de l'ex-famille royale*, meubles et immeubles,
« *seront administrés sous séquestre*, sans préjudice des
« droits de l'État et des droits des tiers auxquels il sera
« pourvu.

« ART. 3. — Une commission sera nommée pour la liqui-
« dation de l'ancienne Liste civile, et des délégués du gou-
« vernement seront chargés de maintenir le séquestre mis
« sur les biens des membres de l'ex-famille royale jusqu'à
« ce que l'*Assemblée ait statué sur la destination ulté-*
« *rieure de ces biens.* »

Et quelques jours après le gouvernement ajoutait :

« Art. 4 du décret du 9 mars 1848.

« Le domaine dit privé continuera de rester provisoire-
« ment sous le séquestre *à la disposition de l'Assemblée*
« *nationale.* »

On le voit, si le Gouvernement provisoire, reculant devant l'énergique résistance de quelques-uns de ses membres, n'a pas expressément rétabli l'odieux principe de la confiscation, il ne l'a surtout ni repoussé ni flétri : il en a fait tout au plus une question réservée qu'il a laissée suspendue comme une menace sur les biens du roi Louis-Philippe et des princes, sur les dots de la reine et des princesses, sur les rentes des mineurs et des enfants. C'est donc à d'autres qu'au gouvernement provisoire, c'est à l'initiative du général Cavaignac, c'est au concours des chefs du parti modéré dans l'Assemblée constituante, c'est à l'Assemblée elle-même que revient le mérite d'avoir écarté la confiscation des biens de la maison d'Orléans.

Sans doute le décret rendu par l'Assemblée, le 25 octobre 1848, portait encore l'empreinte du despotisme des passions révolutionnaires ; mais, dans ses écarts même, ce décret reconnaissait formellement le principe de la propriété.

Jusqu'au mois de juin, au contraire, chacun des actes du gouvernement provisoire semblait, en ce qui touche le domaine privé, un pas de plus vers la confiscation. C'est ainsi qu'un décret du 9-10 mars, statuait, non sans une certaine ironie révolutionnaire, que le ministre des finances était autorisé à « faire convertir immédiatement en monnaie, *au type de la République*, l'argenterie et les lingots provenant du château de Neuilly—. » Cette argenterie se composait en grande partie de celle du duc de Penthièvre, véritable œuvre d'art, épargnée déjà en 1793. Grâces à MM. Garnier-Pagès et Duclerc, avertis par moi, elle fut sauvée une seconde fois de la destruction.

Quelques jours après, par un arrêté du 22 mars, le gouvernement provisoire portait la main sur le domaine de Neuilly.

« Art. 1er. — Les clôtures du parc de Neuilly, sur le bord
« de la Seine, seront reculées de manière à rétablir le che-
« min de halage, conformément aux dispositions de l'or-
« donnance de 1669.

« Art. 2. — La dépense des travaux à exécuter, tant pour cet
« objet que pour construire une voie praticable, sera mise à
« la charge de l'ancien domaine privé de la couronne. »

Où trouver, en moins de mots, une violation plus flagrante de toutes les lois protectrices de la propriété ?

Enfin, le 15 avril, le gouvernement provisoire rendait un décret ainsi conçu :

« Art. 1er. — Les bois et forêts qui dépendaient du domaine
« privé de l'ex-roi Louis-Philippe, seront régis et adminis-
« trés par l'administration des forêts de l'État.

« Art. 2.— Les produits de ces propriétés seront perçus et
« encaissés suivant les règles tracées par l'arrêté du ministre
« des finances en date du 14 mars dernier ; ils devront être
« distinctement classés dans les comptes des agents de
« l'État. »

La destruction de la plus belle partie du parc de Neuilly, et la remise des forêts de la maison d'Orléans à l'administration des forêts de l'État n'ont pas eu lieu, grâces à la résistance persévérante de M. Vavin, liquidateur général de l'ancienne liste civile et du domaine privé. Ce fonctionnaire a maintenu ainsi dans ses mains tous les biens de la famille royale jusqu'au jour où le décret du 5 octobre 1848, de l'Assemblée constituante, est venu rapporter implicitement ceux du gouvernement provisoire. — Quant aux revenus, ils ont été perçus de mars en décembre 1848 par le trésor public, qui en doit compte encore au domaine privé.

On le voit, si la plupart des actes qui semblaient échelonnés pour conduire plus tard à la confiscation des biens de la maison d'Orléans sont restés impuissants et sans résultats, le mérite ne saurait en revenir au gouvernement provisoire ; il appartient tout entier à quelques fonctionnaires honorables dont la résistance ou l'abstention ont permis d'attendre des temps meilleurs.

Nous le répétons donc avec assurance, et pièces en main : il n'appartient à personne de vanter la sollicitude du gouvernement provisoire pour les intérêts de la famille qui avait pendant dix-huit ans régné sur la France.

Les faits parlent assez haut : ils se fortifient d'un témoignage plus élevé et plus sûr que celui des panégyristes de la révolution de 1848.

Dans sa correspondance avec moi, Louis-Philippe s'exprimait ainsi sur la conduite du gouvernement provisoire à son égard.

« Le séquestre dont nos biens sont frappés est une mesure
« qui ne peut être justifiée par aucune loi antérieure, ni
« même par aucun précédent.

« Les séquestres et les confiscations dont les biens des
« princes de la famille royale qui avaient émigré ont été
« frappés en 1792, ne l'ont été que par l'effet de la loi com-
« mune sur l'émigration et exactement de même que sur
« les biens de tous les particuliers portés sur la liste des
« émigrés ; tandis que même après l'abolition de la royauté
« et l'établissement de la République, à la même époque,
« les princes de la famille royale, qui étaient restés en
« France n'éprouvaient aucune persécution, et ne furent
« point inquiétés dans la possession ni dans la jouissance de
« leurs propriétés ou de leurs biens.

« Le duc de Penthièvre, mon grand-père, resta en pos-
« session de tous ses biens, et mourut dans son château
« de Bizy, le 4 mars 1793, époque à laquelle ma mère re-
« cueillit sa succession sans aucune difficulté.

« Le prince de Conti, mon oncle, et la duchesse de Bour-
« bon, ma tante, restèrent également en possession de leurs

« biens jusqu'au mois d'avril 1793, lorsque l'un fut arrêté
« dans son château de la Lande, et l'autre dans son hôtel
« de l'Élysée-Bourbon, pour être tous deux transférés à
« Marseille.

« En 1814, lors de la première chute de l'empereur
« Napoléon, la famille impériale fut maintenue dans la
« possession de toutes ses propriétés.

« Enfin, lors de la révolution de juillet, le roi Charles X
« et sa famille ne subirent pas de séquestre sur leurs biens
« personnels ou patrimoniaux, ni sur leurs effets mobiliers.

« Quant à ma famille et à moi, le traitement que nous
« subissons est bien différent de ceux que je viens de rap-
« peler. Non-seulement la dévastation et l'incendie nous ont
« fait éprouver des pertes immenses et irréparables, mais
« un séquestre rigoureux a été frappé à l'instant même,
« tant sur les effets mobiliers qui avaient échappé au pillage
« des Tuileries, du Palais-Royal et de Neuilly, que sur
« nos biens et sur nos propriétés sans aucune exception,
« en sorte que nous sommes tous arrivés sur la terre étran-
« gère dans un dénûment absolu. »

FIN.

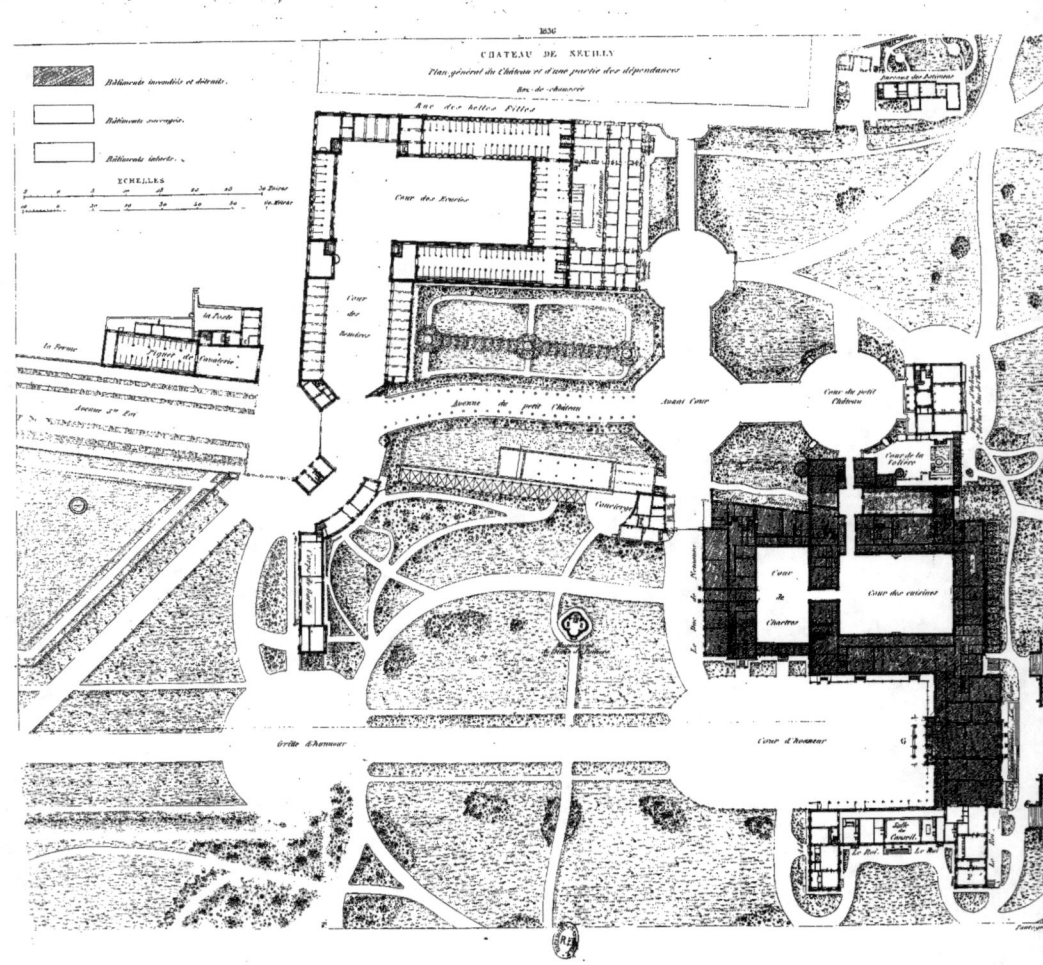

TABLE DES MATIÈRES

TABLE DES MATIÈRES

	Pages.
Avant-propos	III

I. Les calomnies. — Comment elles ont été confondues. 3

II. Origine des embarras de la liste civile et du domaine privé. — Le roi Charles X. — La famille Bonaparte. — Le commerce et les ouvriers. — Benjamin Constant. — Audry de Puyravau. — J. Laffitte...... 17

III. Suite du chapitre précédent. — La loi de la Liste civile. — La question des dotations............ 47

IV. Galeries historiques de Versailles. — Restauration et décoration des palais. — Chapelle de Saint-Louis à Tunis. — Parcs et Jardins. — Forêts. — Accroissement du domaine de l'État aux frais du roi Louis-Philippe.................................... 69

V. Le roi Louis-Philippe au Musée du Louvre. — Encouragements aux manufactures royales, à l'industrie et aux lettres............................... 107

TABLE DES MATIÈRES.

Pages.

VI. Louis-Philippe dans les dépenses de sa maison, dans ses rapports avec quelques princes étrangers et avec l'État. — Dernière réfutation de la calomnie par les chiffres.................................. 147

VII. Étude sur Louis-Philippe. — Son humanité. — Sa clémence. — Deux mots sur le 24 février........ 173

PIÈCES ANNEXES ET JUSTIFICATIVES.

I. Deux lettres. — M. Napoléon Bonaparte et M. de Montalivet.................................. 221

II. Évaluation du revenu net du domaine privé (Année moyenne) sous le règne de Louis-Philippe. — Un mot sur l'emploi de ce revenu. — Chapelle de Dreux...................................... 227

III. Note sur la création et sur l'inauguration des galeries historiques du palais de Versailles.............. 240

IV. Note sur les travaux exécutés au palais de Fontainebleau sous le règne de Louis-Philippe........... 249

V. Note sur la restauration du château de Pau....... 262

VI. Note sur la chapelle de Saint-Louis, à Tunis........ 267

VII. Monument du comte de Beaujolais à Malte........ 275

VIII. Analyse et conclusion des travaux de la commission d'enquête nommée pour apprécier la gestion usufruitière du roi Louis-Philippe................. 280

TABLE DES MATIÈRES.

Pages.

IX. Notice historique sur les trois divisions de la manufacture de Sèvres.................................... 309

X. Note sur le Musée céramique de Sèvres............ 347

XI. Épisode, en Angleterre, relatif aux créanciers du roi
Louis-Philippe. — Procès et correspondance...... 320

XII. Évaluation des dévastations qui ont eu lieu dans le
domaine privé de Louis-Philippe, le 24 février 1848. 332

XIII. Coup d'œil sur les décrets du gouvernement provisoire concernant le domaine privé.............. 390

FIN DE LA TABLE.

www.ingramcontent.com/pod-product-compliance
Lightning Source LLC
Chambersburg PA
CBHW050905230426
43666CB00010B/2033